社会構成主義
キャリア・
カウンセリングの
理論と実践

ナラティブ、質的アセスメントの活用

編著 ▶ 渡部昌平

著 ▶ 下村英雄
　　 新目真紀
　　 五十嵐敦
　　 梛野潤
　　 高橋浩
　　 宗方比佐子

福村出版

[JCOPY] 〈(社)出版者著作権管理機構 委託出版物〉
本書の無断複写は著作権法上での例外を除き禁じられています。複写される場合は、そのつど事前に、(社)出版者著作権管理機構（電話 03-3513-6969、FAX 03-3513-6979、e-mail: info@jcopy.or.jp）の許諾を得てください。

---まえがき---

　本書は2014年9月に行われた日本産業カウンセリング学会第19回大会の自主シンポジウムの1つである「新しいキャリア・アセスメント――質的キャリア・アセスメントを考える」企画から派生して企画されたものです。自主シンポジウムではありましたが，会場いっぱいに40名以上の方に参加していただき，本邦においても質的キャリア・アセスメントに対する関心が高くなっていることが見て取れるシンポジウムでした。
　ただ本書では，シンポジウム内容そのまま（質的キャリア・アセスメントだけ）の企画ではなく，その背景となる社会構成主義やナラティブ・アプローチについても深くかつ丁寧に触れ，また実践例も数多く掲載することで，キャリア・カウンセリングやキャリア・ガイダンス，キャリア教育の実践家が「社会構成主義キャリア・カウンセリングを理解して使える」書籍を目指してみました。読者の皆さんのお役に立てれば幸いです。
　第1章ではシンポジウム同様，労働政策研究・研修機構の下村英雄先生に「質的キャリア・アセスメントとは何か」そしてその元となる「社会構成主義キャリア理論」についてお書きいただきました。その理論背景としてSavickas（2011），Cochran（1997），McMahon & Patton（2006），Amundson（2003）など社会構成主義キャリア・カウンセリング実践家をご紹介いただき，これら論者に共通する「構築論的（自分のキャリアは自分で作り上げることを重視）」「物語論的（自分のキャリアを1つの物語であるかのように考える）」「構成論的（広い意味での「他者」とともに考える）」という特徴と留意点について解説いただいています。
　続いて第2章では，職業能力開発総合大学校の新目真紀先生からMcMahon & Patton（2006）"CAREER COUNSELLING　Constructivist Approaches"を中心にご紹介いただいています。McMahon & Patton（2006）はオーストラリアを中心にカナダや南アフリカなど全世界に広がる執筆者によって書かれており，社会構成主義キャリア・カウンセリングがアメリカだけでなく欧米でも広がっていることがよく分かると思います。STF（System Theory Framework）

3

という枠組みをカウンセラー教育にもキャリア・カウンセリングにも使えるものとして整理している同書は，社会構成主義キャリア・カウンセリングを初めて学ぶ人にも有用な内容だと思っています。引きつづき第3章では，秋田県立大学の渡部昌平より Gysbers（2006），Osborn & Zunker（2012），Wood & Hays（2013）等で紹介されている各種の質的キャリア・アセスメントの紹介と，大学での実践，そして質的キャリア・アセスメントの応用・拡張等について報告させていただきました。本邦で一般に知られている質的キャリア・アセスメントだけでなく，いろいろな種類の質的キャリア・アセスメントがあること，質的キャリア・アセスメントで価値観や人生観を比較的容易に引き出すことができることがご理解いただけるのではないか，と思っています。

　第1部の最後（第4章）には福島大学の五十嵐敦先生から実践に当たっての各種の課題ほか鋭くも暖かいコメントをいただいたので，実践家の皆さんには実践に際しての参考にしていただければ，と思っています。

　以上が自主シンポジウムの参加者による「内容のリライト」ですが，本書ではさらに社会構成主義，ナラティブ・アプローチを多面的に理解するために，第2部としてあと3人の方に執筆を依頼しました。

　第5章では，労働政策研究・研修機構の榧野潤先生に Super の理論から現在に至る Savickas の流れについて記載していただきました。Savickas のこれまでを追うことで，社会構成主義キャリア・カウンセリングがどう構築されていったのか，また Savickas は理論をどう構築していったのかが見て取れるのではないかと思います。さらに拡張して考えれば，皆さんが皆さんのキャリア・カウンセリングをどう構築していけば良いのかのヒントになるかもしれません。

　第6章では，ユースキャリア研究所の高橋浩先生に「ナラティブ」の視点からキャリア・カウンセリングを捉え直していただきました。他の章に比べると，趣きが少々違うように感じられる方もいらっしゃるかもしれませんが，この章により「より多面的に，ナラティブを意識することができる」のではないかと思います。

　第7章では，金城学院大学の宗方比佐子先生から「社会構成主義キャリア・カウンセリングを教える」というテーマで，如何に学生にキャリア・カウンセ

リングを教えているか，学生の反応はどうかという辺りについて理論の説明とともに解説していただいています。

　各執筆者の社会構成主義（もしくは構成主義あるいは構築理論／文脈理論），ナラティブ・アプローチに対する捉え方は大まかには合致しているものの，多少なりとも違いがあります。各執筆者がどう生まれ育ち，これらアプローチにどう触れ，どう理解したかの違いが出ているものと思います。個人内力動に注目する論者は「構成主義（または構築主義）」，システム論を重視する論者は「社会構成（構築）主義」という単語を選びがちなようなのですが，本書の編者（渡部）は「キャリアは自己理解と仕事（役割）理解によって形成される」という立場から「社会構成主義」という用語で基本的に統一しようとしました。ただし読んでいただいて分かるとおり，筆者により立場が違います。Savickasもあまり明確には述べてはおらず，欧米における用語の不統一を日本語に訳し分ける方法が統一されていない（各筆者の共通見解にはなっていない）ということだとご理解いただければ，と思います。

　なお基本的に書籍の大まかな流れと形式的な修正（用語の統一）以外は各執筆者に記述内容をお任せしていますが，各執筆者の専門と力量により，本書が想像以上に社会構成主義，ナラティブ・アプローチを多面的かつ実践的に記述できたのではないかと自負しているところです。

　これらアプローチについて，個人的には「半構造的なインタビュー（もしくはワーク／マッピング）を用いたカウンセリングの形式」と捉えています。体験的には，カウンセリングの効率化（早期終結）・深化・クライエントの自己理解にも効果があるほか，傾聴の定義の拡張やスーパービジョンの効率化にも役立つと感じており，今後ぜひ実践された皆さんとの情報・意見交換をさせていただきたいと思っています。

　実践された方はぜひ学会発表やシンポジウムその他の場所で，その成果・課題をご報告ください。

平成27年5月
秋田県立大学
渡部昌平

もくじ

まえがき　*3*

第1部　社会構成主義，ナラティブ，質的アセスメント　*9*

第1章　コンストラクション系のキャリア理論の根底に流れる問題意識と思想　*10*
1．Parsons の職業選択理論とキャリア構築理論　*10*
2．キャリア理論のパラダイム・シフトとキャリア構築理論　*14*
3．Holland の特性因子論とキャリア構築理論　*18*
4．検査・ツールとキャリア構築理論　*21*
5．キャリア構築理論と質的アセスメント　*25*
6．Super のキャリア発達理論とキャリア構築理論　*30*
7．「やりたいこと志向」とキャリア構築理論　*32*
8．心理的構築主義と社会的構成主義　*36*
9．まとめ　*41*

第2章　社会構成主義アプローチの実際　*44*
1．はじめに　*45*
2．構成主義手法の系譜　*46*
3．System Theory Framework（STF）とは　*48*
4．My System of Career Influences（MSCI）とは　*51*
5．『CAREER COUNSELLING Constructivist Approaches』概要　*55*
6．研究会グループでの実践事例　*64*
7．高等教育機関での実践事例　*68*
8．まとめ　*72*

第3章　質的キャリア・アセスメントとその応用　76
　1．はじめに　76
　2．質的キャリア・アセスメントとは　79
　3．質的キャリア・アセスメントの実際　81
　4．集団実施，遠隔実施，ピア・カウンセリング等の可能性　91
　5．集団実施に向けた実践例　93
　6．集団実施の応用例（責任感・役割概念への拡張）　94
　7．さらなる応用・拡張へのヒント　96
　8．課題　98
　9．まとめ　100
　付録1　興味・価値観の明確化　104
　付録2　責任感・役割概念への拡張　110
　付録3　全米キャリア発達指針（抄訳）　115

第4章　可能性と課題　122
　1．状況の変化に即応する社会的構成主義アプローチ　123
　2．時間的展望としてのキャリア意識　125
　3．ナラティブということの非主体性　126
　4．相談者の構築された世界観　129
　5．実証研究との関係　131

　　　　第2部　押さえるべき背景，更なる応用・実践　135

第5章　キャリア構築カウンセリングの理論とプロセス―職業発達理論
　　　からキャリア構築理論へ　136
　1．はじめに　137
　2．キャリア構築カウンセリングの理論　139

3．キャリア構築カウンセリングのプロセス　*153*
　　4．社会構成主義とキャリア構築カウンセリング　*165*
　　5．キャリア・カウンセリング・モデルの研究　*170*
　　Appendix　キャリア構築インタビューの解説　*176*

第6章　キャリア・カウンセリングにおけるナラティブ・アプローチ　*188*
　　1．ナラティブ・アプローチの概要　*188*
　　2．ナラティブ・セラピーの3大流派　*197*
　　3．WhiteとEpstonの（狭義の）ナラティブ・セラピー　*199*
　　4．AndersonとGoolishianの無知の姿勢（コラボレーティヴ・アプローチ）　*207*
　　5．Andersonのリフレクティング・チーム　*211*
　　6．Brottのストーリード・アプローチ　*215*
　　7．日本におけるナラティブ・アプローチの活用例　*221*
　　8．まとめ　*226*

第7章　構成主義キャリア・カウンセリングを教える　*230*
　　1．構成主義キャリア・カウンセリングの理論を教える　*230*
　　2．構成主義キャリア・カウンセリングの実践を教える　*238*
　　3．構成主義キャリア・カウンセリングが目指すこと　*247*

あとがき　*251*

第1部
社会構成主義,ナラティブ,質的アセスメント

―――第1章―――

コンストラクション系のキャリア理論の
根底に流れる問題意識と思想

――――――――――――――――――――――――下村英雄

　Savickas のキャリア構築理論や Cochran のナラティブ・アプローチ，Richardson の社会構成主義的理論といった様々なタイプの新しいキャリア理論が，現在，世界的に注目されている。これらの理論群で用いられる用語は，日本語では，社会構成主義，社会構築主義，または単に構成主義・構築主義など訳語が統一されていない。しかしながら，いずれも何らかの意味でコンストラクション（構築，構成）をキーワードとしている。そこで，本章では，これらの理論をコンストラクション系のキャリア理論と総称することとする。その上で，これらの理論群が何を問題にしているのかを取り上げたい。コンストラクション系のキャリア理論は，その主張内容そのものは理解できるとしても，なぜあえてそう考えなければならないのか，その必然性は何なのかが伝わりにくい。そこで，その背景にあるものの考え方，思想といったものに注目して論じていきたい。

1. Parsonsの職業選択理論とキャリア構築理論

(1) Parsons の「賢い職業選択のための3要素」

コンストラクション系のキャリア理論は，単に新しいというだけで注目を集めている訳ではない。この21世紀の現代に，まさにそのように考えなければキャリア発達やキャリア支援が全くうまくいかないという切実な問題意識を背景にしている。以下，本章では，Parsonsの職業選択理論，Hollandの特性因子論，Superの職業的発達理論など，日本でもよく知られたキャリア理論を手がかりにしながら，コンストラクション系のキャリア理論の基本的なものの考え方，思想といったものに着目していきたい。

まずは，Parsonsの職業選択理論を取り上げる。よく知られているとおり，Parsonsは，1908年にボストンの職業紹介所で，今で言う若年就労支援を始めたキャリア・カウンセリングの元祖である。Parsonsの実践と理論は，瞬く間にアメリカ全土に広まり，やがて世界に広まった。現在，キャリア・カウンセリングを学ぶ人，資格を取得しようとする人は必ず目にする名前であり，キャリアの支援を専門的に学んだ人でParsonsの名前を知らない人はいない。

とは言え，Parsonsはもっとも誤解されるキャリア理論家でもある。多くの人は，Parsonsの創始者としての偉業を認めつつも，一方で，悪しき適材適所論，マッチング理論の権化，丸い釘穴に四角い釘を押しこむ強引なガイダンスの主導者として理解している。もっとも基本的な考え方であるが故に，もっとも素朴で単純な考え方，後のキャリア心理学の礎ではあっても，やがて乗り越えられるべき存在と見ている。

その印象は多くのキャリア・カウンセリングのテキストに書かれる「賢い職業選択のための3要素」からくるだろう。

自己理解を行い，職業理解を行って，マッチングを行う。現代から見れば，

表1-1 賢い職業選択のための3要素（Parsons, 1909）

①自分自身，自己の適性，能力，興味，希望，資質，限界，その他の緒特性を明確に理解すること
②様々な職業や仕事に関して，その仕事に求められる資質，成功の条件，有利な点，不利な点，報酬，就職の機会，将来などについての知識を得ること
③上記の2つの関係について，合理的な推論を行いマッチングすること

あまりに素朴すぎる理屈だてである。実際,「自分が好きなことや得意なことを考えて,それとあった職業を調べて,両方があう仕事を選べば,それがうまい職業選択である」と主張しているのだから,単純な自己と職業のマッチングと理解されて致し方ない面がある。

しかし,Parsonsの本当の偉大さは,多くの人が,あまり深く考えずに読み飛ばす「合理的推論」の部分にこそある。

Parsonsは,単に自己理解と職業理解の重要さを訴えたのではない。そうではなく合理的に推論すること,もっと簡単な言葉で言えば「よく考えて決める」べきだと主張したのだ。そして,そのための前提として,自己理解と職業理解の重要性を訴えた。したがって,あくまで力点は,「合理的推論」,つまり,よく考えて決めることにあったのだと言えよう。

(2) Parsonsの職業選択理論が生まれた時代

では,なぜ,Parsonsは「よく考えて決める」べきだと主張する必要があったのだろうか。

それは,その当時,ほとんどの若者が,また,その支援者が,よく考えて職業を選ぶということを重視していなかったからである。当時の職業紹介がどのようなものであったのかについては,現在,詳しい資料が残っていない。しかし,Parsonsの記述から推測されるのは,次のようなものだ。

とても混雑した職業紹介の窓口に,多くの求職者が訪れる。田舎から,地方から,大都会ボストンに向けてやってくる。大都会に来れば,仕事があると思うからだ。さらには,ヨーロッパから移民もやってくる。なかには,言葉もおぼつかない者もいる。しかし,すぐにでも働き口を見つけなければならない。求職者のかなりの割合が若者であり,自分に何が向いているのか,何が好きなのか,どんな仕事に就けば将来性があって成功する見込みがあるのかなど,まったく分からない。そもそも,周りの大人は誰もそういうことを考えるように言ってはくれなかった。よく分からないから,みな求人が出れば飛びついた。空きがあれば,すぐさま手を挙げなければ仕事にあぶれてしまう。職業紹介を行う側も,求人があれば,適当にそこに押し込むような,とても荒っぽい紹介

の仕方をしていた。

　Parsons は，こうした状況に大きな問題を感じ取って，「よく考えて決める」ことを主張した。Parsons と言えば，今では，生涯にわたるキャリア発達を訴えた Super に乗り越えられた存在として理解されている。しかし，Parsons の有名な原典の書き出しは「伴侶の選択を除けば，職業の選択ほど人生で大切なものはない（Parsons, 1909, p.3）」である。当時，伴侶とは生涯を寄り添って暮らすのが当然であった。職業も，既にして生涯にわたるものとして考えられていたのである。

　Parsons は，一貫して，場当たり的な職業選択を拒否し，その後の一生を考えた科学的な職業選択であるべきであることを繰り返し述べたのだ。

(3) Parsons に立ち返る

　ここまで，Parsons の職業選択理論を長々と確認したが，これには理由がある。実は，コンストラクション系のキャリア理論の著作や論文は，Parsons に言及することが多いのだ。

　例えば，90年代中頃に，Savickas が書いた初期のキャリア構築理論に関する論文は，1994年の論文も 1995年の論文も Parsons に言及している（Savickas, 1994；1995）。

　このように Parsons への言及が多々見られる理由は何か。やはり，Parsons は革命を起こしたと認識されているからである。例えば，Savickas は，Parsons を職業心理学の哲学・思想をゼロから導き出した人物として高く評価している。当時，Parsons の生きた時代背景を考えれば，何もそこまでする必要はなかったにもかかわらず，それでも Parsons は職業相談所に訪れる若者達を何とかしたいと考えた。そして，現代の一般的なイメージとは裏腹に，Parsons は年若いクライエントに親身になり，自分でよく考えるように伝え，物事を調べるように勧めた。また，クライエントの話をよく聞くように求め，そのためにクライエントの話を引き出す質問をたくさん考えた。

　コンストラクション系のキャリア理論の多くは，こうした Parsons の取り組みにキャリア・カウンセリング，キャリア・ガイダンスの本質を見て，そこに

立ち返ろうと主張しているのである。

　キャリア構築理論やナラティブ・アプローチに代表されるコンストラクション系のキャリア理論は，新しい理論であるだけに，どれだけ斬新で目新しい理論なのかと期待する人も多い。

　ところが，これらの理論群は，まったく見たことも聞いたこともない新しい主張をしているのではない。むしろ，まったく逆に，創始者である Parsons の時代から脈々と続くキャリア・カウンセリング，キャリア・ガイダンスの本質に立ち返ろうと主張している。

　その意味で，あえて例えるならば，むしろ Parsons に戻ろうという「ルネッサンス」と言えよう。Parsons がこだわり続けた「よく考えて決める」ということを，21 世紀に生きる我々の時代にあった形で復興させようとするニュアンスを含む。キャリア構築理論をはじめとするコンストラクション系のキャリア理論は，キャリア・カウンセリング，キャリア・ガイダンスの 100 年の歴史を踏まえたキャリア理論の大いなる革命であると言って過言ではないであろう。

2. キャリア理論のパラダイム・シフトとキャリア構築理論

(1) キャリア理論のパラダイム・シフト

　キャリア理論は 50 年に一度，大きなパラダイムのシフト（転換）を迎える。

　1900 年代には前節でみた Parsons の職業選択理論（マッチング理論）が唱えられた。1950 年代以降は Super のキャリア発達理論が出現した。そして Savickas のキャリア構築理論は，1990 年代から徐々に知られるようになり，やがて 2000 年代に入って，Savickas（2002：2005）などの文献によって，全体像がまとまった形で示されるに至って，大々的に注目を集めるようになった。

　ただし，Savickas のキャリア構築理論と類似のアプローチをとるコンストラクション系のキャリア理論は他にも多くある。表 1-2 に代表的な書籍を年表形式で記した。

　また，学術論文はさらに多く枚挙に暇がない。なかでも 90 年代の初期の文

第1章 コンストラクション系のキャリア理論の根底に流れる問題意識と思想

キャリア理論には約50年ごとに大きなパラダイム・シフトがある。
キャリア構築理論はキャリア発達理論を継承・発展させながら，
むしろ，パーソンズの職業選択理論の精神と相通じるものがある。

図1-1　50年ごとに訪れるキャリア理論のパラダイム・シフト

表1-2　コンストラクション系のキャリア理論の代表的な書籍

Cochran, L.	1997	Career Counseling : A narrative approach.
Savickas, M. L.	2002	Career construction : A developmental theory of vocational behavior.（本の1章）
Amundson, N. E.	2003	Active Engagement : Enhancing the career counselling process.
Savickas, M. L.	2005	The theory and practice of career construction.（本の1章）
McMahon, M. & Patton, W.	2006	Career Counselling : Constructivist approaches.
Savickas, M. L.	2011	Career Counseling.
McIlveen, P. & Schultheiss, D. E.	2012	Social Constructionism in Vocational Psychology and Career Development.
Maree, J. G.	2013	Counselling for Career Construction : Connecting life themes to construct life portraits : Turning pain into hope.

献であるPeavy（1992），Richardson（1993），Savickas（1995）は，この領域のもはや古典と言うべき論文である。現在は，コンストラクション系のキャリア理論を駆使して，具体的にどのように介入支援を行ったかを記す事例研究が多くなっている。積極的にキャリア構築理論に基づくカウンセリング事例を報告している南アフリカの研究者Maree（2014a；2014bなど）はその代表である。

15

(2) 構築論的・物語論的・構成論的

　これらコンストラクション系のキャリア理論の共通点は，構築論的・物語論的・構成論的という3点であり，以下の特徴をもつ。
- 自分のキャリアは自分で作り上げることを重視→構築論的
- その際，自分のキャリアを1つの物語であるかのように考える→物語論的
- 広い意味での「他者」とともに考える→構成論的

　まず，「構築論的」とは，自分のキャリアを自分でよく考えて作り上げることを強調する立場である。この点は，必ずしもコンストラクション系のキャリア理論だけの特徴ではなく，従来からあるキャリア理論が等しく強調するところではある。しかし，例えば「キャリア発達」という言葉には，どこかキャリアが自然と発達すると言ったニュアンスがある。より本人の主体性を強調する言い方が「コンストラクト」という言葉を多用するキャリア構築理論ということになる。

　次に「物語論的」とは，漠然と考えているキャリアを，映画のストーリーのように客観視して，自分のキャリアを映画監督のように考えるという視点である。よくドラマの筋を「プロット」と呼ぶが，自分の人生の細かいエピソードを取捨選択して統合し，1つの意味あるプロットに仕上げるということでもある。その際，エピソードを組み合わせて，意味ある筋書き（プロット）を作り出したり，そのプロットの背後にあるテーマを考えたりする。そのプロットによって，理解も進み，目標も与えられることになり，そこに「意味」や「価値」が提供される。

　さらに「構成論的」とは，基本的に物語は他人に向けて作るものであるため，物語である以上，独白（モノローグ）であることは少なく，普通は観客（他人）を前提とした対話（ダイアローグ）にならざるを得ない。すなわち，自分で主演しながら，同時に観客を意識しつつ客観視する映画監督も務める状態となる。この主観－観客－客観の三重構造が重要となる。常に他者の視点を意識し，他者の意向を先回りし，他者からの影響を受けて「構成される」。このことによって，独り善がりにならずに，より現実的で，より有益なキャリア・カウンセリングとなり得るのである。

(3) 21世紀のキャリア理論

 では，なぜ，21世紀のキャリア理論と称されるコンストラクション系のキャリア理論は，あえてこういう考え方をしなければならないのだろうか。

 こうした考え方の大転換（パラダイム・シフト）の背景には，情報化・グローバル化に伴うキャリア環境の変化の激しさというマクロな社会経済的要因がある（下村，2008a；2013）。仮に，キャリアをめぐる環境がより安定していると信じられたずっと以前の時代であれば，ある時点における人と職業のマッチングをきちんと行っておけば十分であった。ひとたび職に就いてしまえば，後はいろいろあったとしても，おおむね安定的なキャリアを歩んでいけるからである。そういう時代には，1回の職業選択を正しく行うことが重要であり，その1回の職業選択とは，おおむね学校卒業前後の初職選択を意味していた。

 しかし，そうした時代はいつしか去り，もはや安定的なキャリアというものは想定しにくくなった。そして，その原因が世界全体の環境変化である情報化・グローバル化である以上，これは日本だけのことではない。先進国ではどこでも若者の職業選択の問題を中心とした若年就労問題が大きな社会問題となり続けた。Savickasらが，今現在の状況とParsonsが若年就労支援をはじめた当時の状況を，重ねあわせて論じようとする背景にはこうした事情もからむ。

 環境変化が激しく，不安定で，自分と職業との関係が常にめまぐるしく変化してしまう状況下では，安定的で静的で固定的な一時点での人と職業のマッチングを念頭に置いた理論背景ではいかにもおかしい。

 そこで発見されたのが，今や不安定で動的で流動的な理論というものが必要だということであった。こうした時代だからこそ検査や情報にのみ頼るのではなく，できるかぎり人と話し，社会と向き合い，その中で目まぐるしく変わっていく自分と職業の位置関係をつかみ，自分と職業を重ねあわせる作業を常日頃やっていかなければならないということであった。その重ねあわせの作業の際に重要になってくるのが，自分が何をしようとしているのかを一言で示すテーマである。これがSavickasの理論の重要概念である「ライフテーマ」ということになる。

 Savickasのキャリア構築理論はとても抽象的で，カウンセリングルームの

中だけで組み立てられた非現実的な理想論のように見えないではない。また，実際，外国においてもそういう類の批判はある。しかし，キャリア構築理論は，世界のどこかで発生した大事件が遠く離れた我が身のキャリアに影響を与えかねないという，情報化・グローバル化という現実の問題を極めて深刻に受け止めている。そのため，途中で，キャリア発達のプロセスが予期せぬ重大な出来事によって分断されるという事態をベースに考えている。コンストラクション系のキャリア理論の特徴は，現代社会の特徴を重く受け止めた上で理論構成をしている点にもある。

3. Hollandの特性因子論とキャリア構築理論

(1) 従来のマッチングの考え方―Hollandの特性因子論

　職業選択や職業紹介，さらには職業相談の本質ということを考えた場合，それが自分と職業の結びつけであることは，どれほどキャリア理論が発達しようとも否定しようがない。しかし，従来，その結びつけの部分が，あまりに無頓着すぎたという批判が，キャリア構築理論ではなされる。

　例えば，人と職業を結びつける概念として，「P-E fit」というキャリア心理学の専門用語がある。PはPeople（人），EはEnvironment（環境）の略語である。日本語に訳せば「人－環境適合」となる。そして，この専門用語で「環境」といった場合，だいたいは職場環境と考えて問題ない。要するに，この「P-E fit」という専門用語は，「人と職業のマッチング」を，より現代的な言い方で言い表したものだ。

　このマッチングをめぐっては，従来から，様々な説が唱えられてきた。しかし，キャリア構築理論の立場からすれば，従来の人と職業のマッチングのロジックは，いずれにせよ同じようなものであった。すなわち，自分の適性なり興味なり，ともかく何らかの特性を詳しく測定する一方，職業の特徴を示す特性も何らかの形で把握しておく。そして，自己の特性と職場の因子が，どの程度，合致したかを示す「適合度」のような概念を設定して，どのくらい自分と

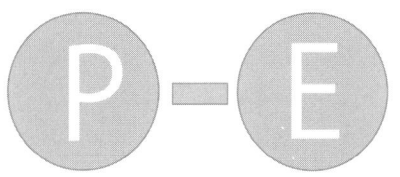

PはPeople（人）
EはEnvironment（環境）

図1-2　P-E fitの従来の考え方

職業があっているかを判定する。その判定結果に基づいて，人と職業を結びつける。これが，Hollandの名前とともによく知られた特性因子論であり，一般的には，Parsonsの考え方を直接，受け継ぎ，発展させたものと捉えられている。

しかし，適合性が高いとは，「あっている」とは，「結びつける」とはどういうことなのか。何が適合していて何があっているのか。マッチング理論は後の時代になればなるほど，その理論構成が複雑になり，内容も精緻なものになる。例えば，本人の性格特性と職場の環境因子の適合度で説明すれば，それは特性因子論ということになる。しかし，どれほど人の特性と職業の因子を複雑に捉え，精緻に測定したとしても，なお，人と職場があっているとはどういうことかという問題が残る。どうなっていれば適合していると言えるのか。

人によっては何をことさら難しく考えているのかと思うかもしれない。例えば，元気に明るく飛び込み営業をすることが，何より会社の売上をあげると信じている会社があるとして，そういう会社に，元気で明るい人柄の人間が入社したならば，それを人と職業の適合性が高いというのではないか。そういう職場には，元気で明るい社員が大勢いるのだろうし，そうすれば，元気で明るい人柄の彼は，当然になじみが良いだろうし，なじみがよければ，早く仕事を覚え，一人前の働きをするようになるだろう。こういうことを，マッチング理論は言っているのではないのか。

人が素朴に思いつく職業選択の最も自然な考え方が，適材適所論や向き不向

きを念頭に置いたマッチング理論的な考え方である。人々が素朴に思いつく考え方には，一定の正しさがあるはずだとも言えよう。

(2) キャリア構築理論のマッチングの考え方

しかし，一方で，素朴なマッチング理論を聞かされて，何かつい反論をしたくなる人も多いのではないか。

例えば，そういう職場に入ったところで，その後はいろいろあるだろうし，似たような人達が集まる職場でも，その中で，特に性格があう人もいればあわない人もいるだろう。元気で明るい社風といっても，実際，入社してみたら，そんな人ばかりが集まる会社の中では，自分はさほど元気で明るい人でもなかったと改めて気づかされることもあるだろう。人と職業があっているとかあっていないとかを簡単に言うが，本当はもっと流動的で，その時々の条件や環境で変わるものなのではないのか。

キャリア構築理論の出発点の1つはここにある。本当のところ，何がどうなっていれば人と職業があっていると言えるのか，本質的にはっきりと決まらない以上，人は，常に自分と職業があっているか否かを考え続けなければならない。そして，そのつど，暫定的に自分と職業があっているという感じを持ちつつも，自分と職業があわなくなってきていると感じたら，あわせていく方向に何らかの対処・対応を行っていかなければならない。このように考えると，結局，「何が」あっているかいないかということが問題なのではなく，「どのように」あわせていくかが問題なのだと言えるであろう。

従来のキャリア理論が，冒頭に触れたParsonsの言う「賢い」選択を行うことに注意を向けていたとすれば，キャリア構築理論では「賢く」選択を行うことに関心を向ける。前者がどんなキャリアであるかを重視するとすれば，キャリア構築理論はいかにキャリアを考えるかを重視する。「賢く」という点を強調する以上，それは，どうやって賢く選択するのかという問題に目を向けているということになる。

この点について，Savickasは，従来，人－環境適合（P-E fit）を論じるにあたってはPなりEなりを細かく論じることが多かったと述べる。それに対し

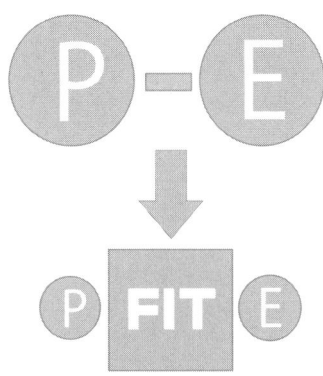

図 1-3　PとEの重視からFITの重視へ

て、むしろ自分はPとEに挟まれた「‐」を論じているのだとする。PとE は完全にマッチングすることはないとし、継続的にPとEに対する意味づけ や解釈を変化させていきながら次第に両者を近づけていくこと、そうするこ とでキャリアを作り上げていくことが重要になると述べる。

　こうして「適合性」＝マッチングという概念を、ある時点でなされるものと して固定的に考えるのではなく、長期間にわたって変化するものと捉える。あ る時点の合う合わないを問題にするのではなく、長期間にわたる合う合わない を問題にすることにしたとも言えるだろう。

　ただし、この点については、キャリア・カウンセリングの実践で、実際に検 査やツールを使っている人は、もともと今でもそのようにやっていると言うこ とだろう。まさにそのとおりであり、コンストラクション系のキャリア理論は、 検査やツールに対する問題意識も高い。次節ではこの点を取り上げる。

4. 検査・ツールとキャリア構築理論

(1) 検査やツールの時代

　従来から、キャリア・カウンセリング、キャリア・ガイダンスは、検査や

ツールとの関わりが深い。人と職業のマッチングは何らかのツールを用いてなされると考えられてきたし，その証拠に，数多くの職業適性検査や職業興味検査が世に送り出された。1900年代から1950年代にかけての20世紀前半のキャリア・カウンセリング，キャリア・ガイダンスとは，検査を行い，検査に基づいて診断を下し，人と職業のマッチングを行うということであった。

検査に比重がかかっていたため，より正確でより客観的でより信頼性・妥当性が高い検査が求められた。20世紀前半の職業心理学者の主な仕事は検査を開発することであり，それに基づいて研究を行うことであった。例えば，偉大なSuperも，初期の研究テーマは，空軍パイロットの適性診断のためのテスト開発とそのテストを用いた研究であった。

しかし，キャリア構築理論は検査の部分が本質的であるとは考えない。つまり「検査を行い，検査に基づいて診断を下す」という部分にそれほどの重きを置かない。当然と言うべきか，むしろ，その後の「人と職業のマッチング」の部分を重視する。診断を下すために検査を行っているのではなく，マッチングを行うために検査を行っているのだから，その焦点は，むしろマッチングの部分に絞られるべきだという主張が込められている。

そして，うまくマッチングするためには，検査結果を参考にしつつも，むしろ，その結果をもとに話し合い，考え，自分で職業やキャリアへ向かう道筋を考えることが大切であると訴える。

(2) 検査結果に納得しないクライエント

キャリア構築理論を考える際に，とても有効なケースとなるのは，適性検査に納得しない次のようなクライエントの場合である。

> 職業適性検査を行った結果，クライエントの適性は，数字や計算などの抽象的で細かい物事を取り扱うことであるという結果が示されました。結果を解釈したところ，適職として会計士のような職業群が示されました。
> しかし，本人は，まったく納得していません。
> 「自分は，もともと美容師になりたいと考えていた。美容師になりたく

> て，そのための専門学校に通おうかどうかを考えていた。ただ，今ひとつ，ふんぎりがつかない。ここに来れば職業適性検査をやってもらえて相談に乗ってもらえると聞いてやってきた。それなのに，今さら会計士に向いていると言われても困る，すっかり美容師になることの出鼻をくじかれた」
> 　彼はそう言うなり，すっかり憮然として憤慨しています。

　このような場合，腕利きのキャリア・カウンセラーはどのように対応するものだろうか。様々な対応が考えられるが，専門的な勉強を行い，資格を取得している今どきのキャリア・カウンセラーは，検査やテストは絶対であると強引に検査結果を押しつけることはしないだろう。それは，まさに悪しき適材適所論・マッチング理論というものであり，検査やテストなどのツールを活用する際に初学のキャリア・カウンセラーが何よりも学ぶべき基本中の基本である。

　現在，この状況で，たいていのキャリア・カウンセラーは，美容師になりたいという希望を最大限に活かしつつ，かつ適性検査の結果も有効に活かすような形で話を進めるはずである。例えば，美容師になりたいという夢は今後も大切に追求するべきだが，仮に美容師として独立し，自分で店を美容師となれば会計の知識なども必要となる。その際，数字や計算の適性活かせる可能性があるといった解釈を伝えることであろう。また，美容師という職業に興味を持ちつつも，それにこだわらず，美容に関連する会社に勤務し，そこで数字や計算を取り扱う会計の業務に就くことも考えられると示唆することもあるだろう。

　いずれにせよ，本人の夢や希望，可能性や将来性を最大限に活かしつつ，検査の結果を解釈していくことであろう。こうした介入支援の方法・スタイルこそ，キャリア発達理論に基づくアプローチというものである。

(3) キャリア構築理論に基づく検査やツールの活用

　では，さらに進んで，キャリア構築理論はどのようにアプローチするのか。この状況で，本当に経験豊富なベテランの腕利きキャリア・カウンセラーは，もっとゆっくりとしたアプローチをとるだろう。具体的には，「なるほど，美容師になりたいという夢があったのですか。それは本当に良い夢ですね。それ

で，この検査の結果について，もし自分なりに解釈するとしたら，どういうことが言えそうですか」とか，「検査の結果が今ひとつ，自分が考えているものと違って，意外に思い，がっかりしたでしょう。ただ，せっかくですから，この結果を活かすとしたら，どんなことが考えられそうですか」と言うだろう。そして，こうした受け答えこそがキャリア構築理論的な介入支援ということになる。

ポイントは，キャリア・カウンセラーの側からは，あまり答えや解釈を提供することなく，クライエント本人にどう思うかを聴き，話してもらい，考えることを促す点である。対話を促進し，カウンセラー－クライエントの会話を広げていく方向でアプローチをする。それによって，クライエント自身に答えを出すきっかけを与え，自分で考えることを促す。こうして，キャリア構築理論では，クライエントとカウンセラーの会話・対話を促すという点を重要視する。

ここでキャリア構築理論が言いたいこととは，もともとキャリアの支援や相談に乗るとはそういうことだったのではないのかということである。

キャリア・カウンセラーの役割は，キャリア・カウンセラー自身が適職であるとか望ましいキャリアであるとかを示し，今後の指針を与えることではなく，クライエント自身が自分で探り当てるように導くことではないか。そのためには，安易に答えを出す方向で話を進めていくのではなく，答えが出るまでゆっくりと時間をかけ，クライエント自身が回答を出すのを側面的に支えていくというのが，基本的なキャリア構築理論の実践の考え方のベースとなる。

人と環境の適合性とは静的でも固定的でも厳然と客観的に存在しているものではない。むしろ，人々の解釈や理解によるものであり，容易に変化しうる動的なものであり，その意味で主観的なものである。そのように捉える方が現実に即していると考える。

したがって，キャリア構築理論が好んで用いるツールや検査というものもある。それが，質的アセスメントである。

5．キャリア構築理論と質的アセスメント

(1) 質的アセスメントとは何か

　近年，コンストラクション系のキャリア理論の隆盛と相まって，「質的アセスメント」という手法が注目されている。質的アセスメントとは，質問項目に回答し得点を求め，何らかの個人特性を数値として量的に把握する，いわゆる通常の検査やツールである「量的アセスメント」の対義語である。

　質的アセスメントでは，検査やテストを使って数字で「量的」診断を下すのではなく，クライエント自身の考え方を「質的」に引き出そうとする。いわゆる通常の検査，テスト，尺度以外のアセスメントの総称である。クライエント自身が自分なりの枠組みで解釈し，表出し，自分で自由に考えを深められるような形で考えられているツール・ワーク・手法と定義できる。

　具体的には，職業カードソート技法，ライフライン法，描画法，自由記述法，ＳＣＴ，20答法，キャリアジェノグラム（職業家系図），アーリーリコレクション（幼い頃の思い出の想起），ガイデッドファンタジー技法（想像法・イメージ法），「理想の１日」技法など，実に多数のものがある。

　これらは多かれ少なかれ，全国各地のキャリア支援，キャリア・ガイダンス，キャリア・デザイン，キャリア教育の実践で行われてきたものであり，実践面での活用が先行しているのが特徴である。裏を返せば，実践場面で行われてきたワークや課題をすべて「質的アセスメント」の名称でくくり，その意味や目的を拡張し，拡大し，再評価しているという面がある。

(2) 質的アセスメントへの注目の背景

　では，なぜ，近年，この質的アセスメントを重視し，再評価しようという流れが出てきたのだろうか。１つには，キャリア・カウンセリングの現場で常に陥りがちな，ある種の型に対する反省・批判がなされるようになったからである。ある種の型とは何か。それは，単にテストを実施し，結果を解釈

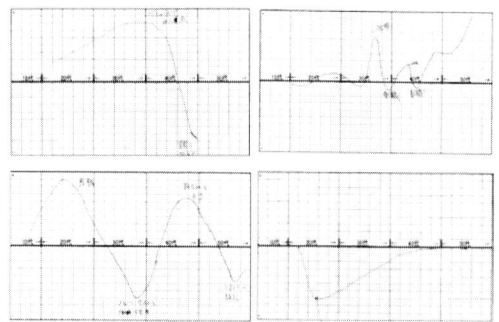

図1-4 描画法（上），ライフライン法（下）の例

それぞれ下村（2008b；2013）より

し，フィードバックし，方向性を決める「単純で機械的なカウンセリング」（Krumboltz & Henderson, 2002）である。

そのため「量的に検査者が診断を下す」スタイルから「質的に協力者（カウンセラー）が支援を提供する」スタイルを目指している。

すなわち，コンストラクション系のキャリア理論の立場をとる実践家は，クライエントに向き合うのではなく，むしろクライエントと並び立ってクライエントの物語を見つめる役割を果たす。判定者ではなく解釈者の立場であり，診断者ではなく協力者の立場をとる。さらにはマッチングを行うというよりは「エンプロット」を支援する立場となる。この「エンプロット」という言葉

第1章　コンストラクション系のキャリア理論の根底に流れる問題意識と思想

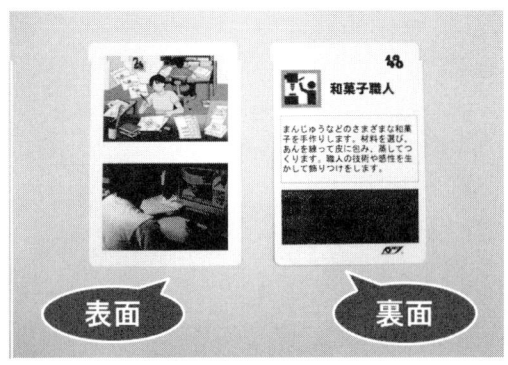

図 1-5　職業カードソート法の例

下村・室山（2012）

は，Cochran のナラティブ・アプローチなどで使用される専門用語である。先に「物語論的」の説明で述べたプロット（物語の筋書き）を作ることを「エンプロット」と言う。つまり，本人のキャリア物語の筋立てを一緒に作ることを支援の目的とする。

　ちなみに，質的アセスメントツールとしては，描画法も考慮に値する。大学時代に心理学を専攻した方の中には，実習や演習でバウム・テストをやった人も多いだろう。バウムとは「木」という意味のドイツ語であり，クライエントに木の絵を描かせて様々な知見を得る典型的な投影法の技法である。その単純さゆえに，心理学専攻の学生は何かと触れる機会が多い。

27

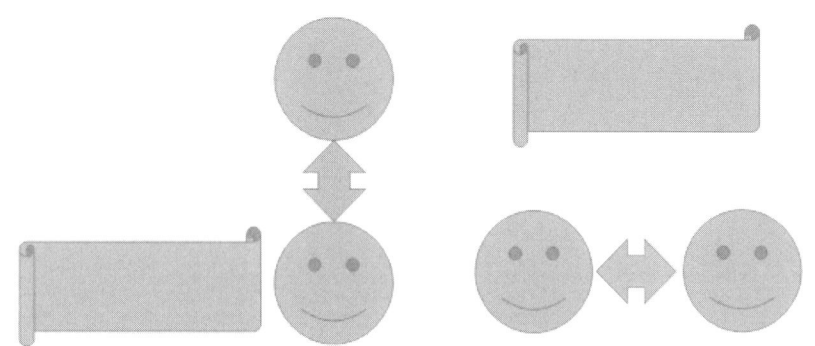

図 1-6 「クライエントと向き合う」から「クライエントと並び立つ」へ

下村・室山（2012）

　しかし，このバウムテストがもともとは職業相談から出てきたものであることを記憶している人は少ないのではないか。バウムテストの緑色の有名なテキストには「木をかかせて，その絵をその人のひととなりの表現とみなす着想は，フェグルスウィル－リュッティ（チューリッヒ州）に住む職業コンサルタントの Emil Jucker によってはじめて提唱されたものである。(Koch, 1952／林・国吉・一谷訳，1970)」という記述がある。当時から，職業相談と描画法には何らかの親和性が感じ取られていた証左であろう。今後，描画法は質的アセスメントとしてよりいっそうの検討が行われて良いと思われる。

(3) コンストラクション系のキャリア理論の実践の特徴

　コンストラクション系のキャリア理論に基づく実践には，質的アセスメントを活用する際に，いくつかの特徴がある。ここでは 3 点ほどに整理して述べたい。
　第一に，答えがすぐに出てしまうツールを使わない点である。カウンセラー側が答えを出すのではなく，クライエント側に，自分で（もしくはカウンセラーと協力して）答えを出してもらうように話を進める。あくまで，クライエント自身が，自分でキャリアを構築できるように支援するのであり，極力，カ

ウンセラー側から答えを出してしまわないようにする。

　第二に，したがって，クライエントに考えるきっかけや契機を多分に与える支援方法をとる。カウンセラー側から質問もたくさんする。クライエント自身に答えを探してもらうきっかけや契機を作るために，刺激を与える。クライエント本人が解釈し，答えを出さなければならないようなワークや課題を与えることになる。

　第三に，こうしたことを，人や，より広く社会との対話の中で行えるように意識する。端的に言えば，対話の機会をたくさん設けるということである。クライエントに向かってカウンセラーが一方的に話をすることは避ける。また，クライエント－カウンセラー間の対話のみならず，グループワークやダイアローグ，ピア・サポート，ディスカッションなどを重視する。逆に言えば，こういう実践は，キャリア構築理論的な観点から改めて考え直してみることが可能であるということでもある。

　質的アセスメントは，キャリア・カウンセラー側から答えを出してしまえるものではなく，クライエントとカウンセラーが協力しながら対話やワークを通じて，クライエントが自分で考える過程を作り上げるところにポイントがある。極論を言えば，質的アセスメントのツールそのものは，さしたる重要性を持たない。クライエントと話が弾み，クライエントが自分で考えるきっかけを与えることができれば，ツールそのものは，そもそもコンストラクション系のキャリア理論の関心外とも言える。

　キャリア構築理論に代表されるコンストラクション系のキャリア理論は，極めて実践を意識した理論でもある。この理論はSavickas自身の30年にわたる実践経験を理論にまとめたものであり，キャリア構築理論こそが正真正銘のキャリア・カウンセリングの理論であるとSavickasは述べる。実践から導き出した理論の1つの究極の形が，質的アセスメントを用いた対話だったのである。

6. Superのキャリア発達理論とキャリア構築理論

(1) Superのキャリア発達理論とライフ・キャリア・レインボー

さて、キャリア理論の王道たるSuperのキャリア発達理論と、コンストラクション系のキャリア理論は、どのような関係にあるだろうか。

Superのキャリア発達理論の全体像を一口で言うのは難しい。Superは生涯にわたってキャリア理論をリードし続けた。常に最新のトピックを追いかけ、新たな視点を提供し続けた。そのため、世間一般に思われているほど、Superのキャリア理論は一様ではない。

ただし、概して言えば、Superは、文字どおり、個人のキャリアの発達を信じた学者ではあった。なかでも、よく知られているのは「キャリア発達段階」である。初期の頃は、階段上のキャリア発達課題の図が紹介されることが多かった。しかし、今は、Superの理論を紹介する際、たいていはライフ・キャリア・レインボーの図を引用する。この図は、キャリア発達は40代半ばを頂点とする上昇・維持・下降のプロセスをたどること、その間、様々な役割を次々に果たすこと、そうした役割が重なりあって人のキャリアは作られることなど、多くのことを説明するのに便利である。

しかし、この有名なライフ・キャリア・レインボーそしてその背景にあるSuperのキャリア発達理論には根強い批判もあった。それは、Superのキャリア発達理論は、1950年代のアメリカの白人ホワイトカラー男性のキャリアをモデル化したものであり、人のキャリアというものを固定化して捉えすぎているのではないかというものだった。

実は、後に触れるRichardsonのコンストラクション理論 (Richardson, 1993) はそういう問題意識から出発している。今では、Savickasのキャリア構築理論がコンストラクション系のキャリア理論のおおむね標準的なものとみられている。ただ90年代にSavickasのキャリア構築理論が発表されはじめた頃、ちょうど同じ時期にRichardsonのコンストラクション理論というものも発表された。その際、Richardsonは、今でいうダイバシティの問題を指摘し

つつ，コンストラクション系の理論を主張していたのである。詳しくは，後の本章「8. 心理的構築主義と社会的構成主義」で論じることとしたい。

(2) Super のキャリア発達理論に対する批判

「Super の理論は，アメリカの白人ホワイトカラー男性以外のいろいろな意味でのマイノリティのキャリア理論に配慮が足りないのではないか」

この批判ほど，Super にとって心外だったものはなかったはずである。なぜなら，Super こそ，既に1950年代から，今の言葉で言うコンストラクティブな側面を多分に強調していたからである。例えば，有名な著書『職業生活の心理学』で Super は，職業的な成功とは何かという問いを立てている。そして，「人は，成功が，単に社会的なあるいは客観的なものであるだけではなく，個人的なあるいは主観的なものであるということを忘れやすい。世にいう『成功』とは，それが同時に，その個人によっても成功として受けとられない以上，無意味であり空虚である（Super, 1957：日本職業指導学会訳，1960, p.229）」とし，その上で「職業的成功の基準とか定義は，ある人が抱いている目的によって異ならなければならない（p.231）」と述べている。

こうした記述からは，明らかに，職業的な成功を収めたとか収めなかったという話は人の見方によって全く異なってくると，Super が考えていたことが分かる。そもそも，1940年代〜50年代にかけての Super の心理学上の発見とは，客観的に定義される賃金や社会的地位とは別に，人の職業行動に影響を与える内的な要因があるということを繰り返し述べたことにあったのだ。

(3) Super とパーソナルコンストラクト

そのため晩年の論文で Super は，自分の自己概念理論は，本来であれば，Kelly の有名な理論にならって「パーソナルコンストラクト理論」と呼ばれるべきものだったとも述べている。パーソナルコンストラクト理論では，人は，自分を取り巻く環境を独自に解釈し，予測し，コントロールしようとする存在であると考える。つまり，外界の物事や環境をパーソナル（個人的）にコンス

トラクト（構成）する存在であると考える。そのとき，人は自分なりに作り上げた色眼鏡のようなものを通じてみている。外界の物事や環境を人は自分が見たいように見ているのである。

Super は，自らの自己概念を，Kelly が言うところのパーソナルコンストラクトと似たような意味で考えていた。自己概念と言ってしまうと，まるで自己分析をして自分のことだけを考えるべきだと言っているかのように聞こえてしまう。自分の興味や関心，適性ややりたいことだけを考えるような，そういうキャリア発達を勧めているかのように受け取られてしまう。実際，Super はそのように受け取られても仕方のないような主張をしてきたし，自己概念を特に強調したキャリア理論家であったことは確かである。

しかし，Super が晩年に示したアーチモデルからは，自己と社会の双方を土台として，そこにアーチ状にかける架け橋として「自己概念」があるのだと，そう言いたかったことが伝わってくる。晩年の Super は，社会と自己の両面を重視すべきである，だからこそ，自分は『職業生活の心理学』でキャリアの社会的・経済的・政治的な要因についても多くの章を割いて述べていたではないか，社会をどう見るかというメガネを提供するのが自己概念なのであり，その意味で自分の理論はむしろ Kelly のパーソナルコンストラクト理論と似た性質を持つのだ。Super はこのことを言いたかったのだ。

7. 「やりたいこと志向」とキャリア構築理論

(1) 現代社会に広く行き渡った「やりたいこと志向」批判

Super のキャリア発達理論とキャリア構築理論との関わりを考えるにあたっては，取り上げたいトピックがもう 1 つある。

「やりたいこと志向」の問題である。世の中に「やりたいこと志向」批判という論じ方がある。これは，若者の職業意識の中に「やりたいこと」に対する強い志向性を見出し，それを問題視する議論である。例えば，この議論の発端は，フリーターの職業意識にこの「やりたいこと志向」が顕著にみられたとい

うものであった（下村，2002）。フリーターとして生活をしていて，第三者的な立場でみれば「やりたいこと」を追究すると言っていられるような状況にはとても見えないのに，それでも自分は「やりたいこと」をやると言い募る様子が，いかにもフリーターが言いそうなことだと受け取られた。

その後，この議論は様々な道筋をたどり，今ではいろいろな論の立て方がある。代表的なものとして，「やりたいこと志向」，キャリア教育やキャリア・カウンセリングの影響であるとする論法がある。つまり，若者が進路選択や就職活動にあたって，こうまで「やりたいこと」にこだわるのは，子どもの頃から受けてきたキャリア教育が原因であるとする論法である。

例えば，小学校から高校に至るまで繰り返し「やりたいこと」や夢を持つように仕向けられる。大学に入ってからはキャリア・デザインの科目で「やりたいこと」を明らかにしたり，そのための自己分析を徹底させられる。さらに就職活動の直前にはエントリーシートに「やりたいこと」を書く欄が設けられ，面接でも「やりたいこと」を明確に言えなければならないと信じこまされる。なぜ，自己分析などさせて自分の興味や関心ばかりに焦点を絞るのか。そういう自己分析ありきの内面ばかりを見つめさせる考え方ばかりを子どもや若者に伝えるがために，まったく自分の外側にある社会経済的な状況に目を向けなくなるではないか。身の程知らずに自分の「やりたいこと」ばかりを追求して，ほとんど現実的な職業選択が行えなくなるではないか。

さらに，この論法は，話をとても大きなものにしがちである。曰く，矮小化された自己実現ばかりを考えるようになり，ひいては社会全般の問題やその解決に目を向けなくなる，それは悪しき心理主義であり，ひいてはそれが自己責任論の社会風潮につながる，ひいては現代の新自由主義的な世界観へとつながっていく。こういったある種の社会学的な定形の論じ方へとつながっていく。

現代の日本社会ではこういう批判は広く行き渡っており，一定の支持を得ているようでもある。

(2)「やりたいこと志向」とキャリア発達理論

こうした「やりたいこと志向」という考え方が，キャリア発達理論を最も分

かりやすく言った場合の考え方であることは，どうしても否定しようがない。

　Super の職業的発達段階は，以前は，子どもの頃の発達段階がもっと細かいものがよく紹介されていた。それによれば，4〜10歳は空想期，11〜12歳は興味期，13〜14歳は能力期，15〜17歳は暫定期，18〜21歳は移行期，22〜24歳は試行期である。この発達段階を見れば，ある1つの適職に向けて，幼い頃から青年期やがては成人期に至るまで一本道でキャリアが発達していくと主張したと受け取られて仕方がない面がある。

　実際，Super は，本人がどう言い繕ったとしても，自分の夢や希望や可能性を重視することを説いた。人々は Super の理論の中に，夢や希望や可能性といったものを見た。だからこそ，これほどまでに Super の考え方は多くの人に受け入れられ，キャリア理論の中枢に位置づくことになったのだ。

　むろん，Super に直接聞けば，そんなことは言っていないと言うだろう。もともと Super のキャリア発達理論は，経済学者であった Ginsberg の職業的発達理論を批判的に乗り越えることから出発した。1951 年に提唱された初期の Ginsberg の職業的発達理論は，職業的発達を不可逆で後戻りできないものと捉え，ある時点で個人の要因と現実的な要因の妥協によって決定されるとする静的・固定的なものであった。この初期 Ginsberg を批判して，Super は「キャリア発達は，自己概念を発達させ実現していく，統合と妥協の過程である」と述べ，成長段階（誕生から14歳），探索段階（15〜24歳），確立段階（25〜44歳），維持段階（45〜64歳），下降段階（65歳以降）の5つの段階があり，この全体をマキシサイクルと呼び，その中でも，特にある段階からある段階への移行期には小さなミニサイクルが生じるとした。

　このように，Super は一口で言えばプロセスの理論家である。Super の職業的発達理論の12の命題の中には，多くの人にあまり重視されない「職業的発達はダイナミックな過程である」という命題がある。重視されない理由は「ダイナミックな過程」とはどんな過程なのかが，今ひとつ意味がわからないからである。しかし，ここまでの話から，要するに一時点で不動の何かがあるのではなく，ずっと動き回るものなのだと言おうとしたのだと分かる。

　キャリア構築理論は，この「職業的発達はダイナミックな過程である」という命題を広げて，強調し，理論化した。では，キャリア構築理論は，「やりた

いこと志向」をどのように考えるのだろうか。

(3)「やりたいこと志向」批判とキャリア構築理論

　キャリア構築理論にとって，子どもの頃からの何らかの夢や希望を頑なに守り，実現させるといった主張は，あまり賛同できない主張である。その意味で，キャリア構築理論はいわゆる「やりたいこと志向」批判の側面をもっている。

　ただし，「やりたいこと」をもつことそのものが悪いと言うのではない。夢をもつなど下らないから捨ててしまえと言うのでもない。また，若いうちは「やりたいこと」などそうは簡単に分かるものではない。現に自分がそうだった。そんなことは考えずに，「やりたいこと」とはやるべきことをやっていくうちに次第に見えてくるものだといった類の批判とも少し違う。

　キャリア構築理論の「やりたいこと」に対するアプローチとは，キャッチフレーズ的に一言でまとめるならば「作っては壊し，壊しては作る」である。つまり，当座の目標として「やりたいこと」をもつことは良いことであるし，実際，若者が進路選択をするに際して，自分の「やりたいこと」を考えるなというのも無理がある。そもそも，大人の職業選択と比べて手がかりが乏しい若者の職業選択では「やりたいこと」を考えることは重要な判断基準となるはずである。

　しかし，現在，必ずしも「やりたいこと」をストレートに実現できる世の中ではない。努力すれば必ず報われるというのでもない。やはり，うまくいかないことはあるだろう。その時，そこでくじけてしまわずに，また新たな環境で状況で条件で「やりたいこと」を考え，見つけ，追求していく。その繰り返しであると，キャリア構築理論は言うのである。

　「やりたいこと」を追求しつつも，少しずつ方向変換をしたり，目標を組み替えていくことで，常に，自分の置かれた環境と自分がやりたいことが最大限マッチするように，繰り返し繰り返し考えていくこと。これがキャリア構築理論の側からみた場合の「やりたいこと志向」のあり方なのだ。

　したがって，子どもの頃からのキャリア発達への介入の仕方も，従来のキャリア発達理論とキャリア構築理論では異なってくる。従来のキャリア発達理論

では，自分のやりたいことや夢や希望を見つけさせ，それに向かっていくことを良いこととした。キャリア構築理論ではそれだけでは足りず，仮に，その夢や希望がうまくいかなかった時にはどうするのか。自分が今，思い描いていく夢や希望が実現できそうもない時に，諦めず，投げやりにならず，捨て鉢にならないようにするにはどうすれば良いのかを考える。結局，どのような状況にあっても何度でも目標を立て，それに向かっていくように伝えていく必要がある。夢や希望を持たせるのみならず，それを何度も壊したり作ったりすることを練習し，学ぶ必要があるということになるだろう。

　「やりたいこと」を試行錯誤の中で少しずつ実現していくこと。途中で嫌になったり挫けたりせずに何度も頑張ること。ここでも，キャリア構築理論はいわば極めて常識的なことを言っているのであり，難しいことを言っている訳ではない。

8. 心理的構築主義と社会的構成主義

（1）2つのコンストラクション

　日本では，コンストラクティブなキャリア・カウンセリングの動向は，最近，広く知られるようになったばかりである。そのため，この領域で生じている若干の亀裂に，まだ十分に意識がいっていない。しかし，この亀裂は思いのほか深く，本書で論じているようなタイプのキャリア理論を考える際には重要な問題となる。

　その亀裂とは何か。それは，コンストラクティヴィズムとコンストラクショニズムの違いである。この問題に以前から焦点を絞り，明確に論じているのは，Young & Collins である。本書でも各所で引用されている Journal of Vocational Behavior の 2004 年の特集は，Young & Collins が責任編集を行っている。この特集の表題は「Constructivism and social constructionism in the career field」と併記してあるが，実際には後者の「コンストラクショニズム」に重きがかかった特集である。

この2つの考え方の違いは何か。フランスのキャリア・カウンセリング論，キャリア・ガイダンス論の重鎮であるGuichard（2009）は，2つの考え方の違いを明確にするために，頭に「心理的」「社会的」の区別をつけて，それぞれ「心理的構築主義（psychological constructivist）」「社会的構成主義（social constructionist）」と言い表している。つまり，大まかに言って，コンストラクティヴィズムの方は「個人の心理」を問題にしており，コンストラクショニズムは「社会的な過程」を問題にしているのである（Young & Popadiuk, 2012）。したがって，例えば，Cochran（1997）のナラティブ・アプローチやSavickas（2011a）のキャリア構築理論（career construction theory）は，どちらかと言えば，ともに心理的構築主義的である。

一方，それに対して，McIlveen & Schultheiss（2012）が編者となっている書籍『Social Constructionism in Vocational Psychology and Career Development』は，完全に社会的構成主義のキャリア理論に関する書籍であり，CochranやSavickasのような内容を期待して読み進めると，その雰囲気の違いにやがて気がつくことになる。

(2) 構築理論と文脈理論

この込み入った用語の問題を，日本人にとってより分かりやすくするために，ここでは，下村（2008；2013）で整理したとおり，前者の「心理的構築主義」を「構築理論」，後者の「社会的構成主義」をむしろ「文脈理論」と呼びたい。今，キャリア理論として注目されているナラティブやストーリー，テーマや意味などを重視する，普通，言うところの構築主義・構成主義的なキャリア理論を「構築理論」と呼ぶ。そして，より社会経済的側面に光を当てるキャリア理論を本人の社会経済的な環境要因，すなわち本人が置かれた文脈を重視する「文脈理論」として呼び分けた方が考え方としてすっきりする。

前者の「構築理論」は，本人の人生全体の物語やその背後に流れるテーマといったものに焦点を当てる。その際，従来の量的なアセスメントを用いず，カードソートや描画法のような質的なアセスメントを用いる。こういう議論が現在，キャリア理論にパラダイム・シフトをもたらしたと言われているコンス

トラクティブなキャリア理論である。

それに対して「文脈理論」は何を議論するのか。文脈理論の1つの重要なテーマは「社会正義（social justice）」である。上の構築理論に関する文献でよく引用される研究者がCochranとSavickasであるとすれば、文脈理論でよく引用される研究者がBlusteinやRichardsonである。

例えば、キャリア心理学の分野ではBlusteinの研究チームによる有名な研究がある（Blustein, Chaves, Diemer, Gallaghr, Marshall, Sirin & Bhati, 2002）。何度か別の機会に紹介しているが、重要な研究なので改めて紹介したい。まず、この研究の重要性は、従来、キャリア心理学では十分に重視されてこなかった社会経済的な要因に直接的な関心が向けられた点にある。その最も顕著な結果は、貧しい階層出身の若者では、形成される職業意識そのものが社会階層に影響を受けてしまい、その結果、キャリア発達が不可避的に制限されてしまうことである。貧しい若者は、仕事を生活のために必要な金を稼ぐためのものとしてのみ考える傾向が強かった。「忘れられた半分（forgotten half）」とも言われる中下位の社会階層では、家族や親戚などの情報ネットワークが限定的であり、そのため、社会経済的なリソースが十分ではない。結果的に、自分の興味や関心を満足させることができる「良い」仕事に就く可能性の高い裕福な若者とは職業意識が異なってしまう。裕福な若者は、従来のキャリア発達理論が想定するように、自分の仕事を自分の興味や関心を実現させ、仕事によって自己実現や自己表現を図りたいと発言をすることが多かったのである。

このように、本人が置かれた社会経済的な文脈が、本人のキャリア発達に大きな影響を与える理論群を総じて文脈理論と呼ぶ。

まさに本人のキャリアが社会的に作られていってしまう過程に光を当てたものであるが、こうした理論群が言いたいことは、単に社会階層によってキャリア発達の有り様が異なってしまうということだけではない。むしろ、放っておけば自然と社会経済的な文脈に巻き込まれて、自分のキャリアを知らず知らずに構築してしまう若者に何とか適切な支援を提供し、うまくキャリア構築ができるようにしてあげたいという問題意識が濃厚である。この理論が「社会正義」のキャリア・カウンセリング理論と総称されることが多いのはそういう理由による。

キャリアが社会的に構築されてしまうということは，不利な状況・不利な環境に置かれているクライエントは，今後のキャリア発達でも不利な環境に巻き込まれやすいとうことを意味する。社会的構成主義を志向するキャリア・カウンセラーは，不利な状況・不利な環境に陥りやすいクライエントに対して，そこからの解放と離脱の物語を構築（再構築）していく必要性・必然性があるということを十分に考えておく必要がある。

(3) Savickas と Guichard

ちなみに，Journal of Vocational Behavior に 2009 年に書かれた論文（Savickas, Nota, Rosseier, Dauwalder, Duarte, Guichard, Soresi, Van Esbroeck, & Van Vianen, 2009）は Savickas が第一著者ではあるが，グローバル経済，情報技術の急速な発展，知識社会などを背景に，21 世紀のクライエントのニーズに答えるためには，新しいパラダイムが必要であるとして，ベルギー，フランス，イタリア，ポルトガル，スイス，オランダ，アメリカの 7 か国 9 名の研究者の連名で書かれたキャリアコンストラクション論である。

一方で，同じコンストラクション系のキャリア理論でも，先に引用したフランスの Guichard は，より自己形成・アイデンティティ形成といったニュアンスが強い。そのため「セルフコンストラクション」という用語を用いる。この Guichard のセルフコンストラクションと，Savickas のキャリアコンストラクションは似たような主張をしているように見えるが，やはり，若干の相違点がある。

例えば，この論文で Guichard は，上述の Savickas らの論文に名を連ねていながら，それとは別に，雑誌のすぐ後ろのページに自分だけで書いた論文を掲載している。その中で Guichard は，基本的に他のコンストラクティブなキャリア論と一致していると述べつつも，自身のセルフコンストラクションの考え方の特徴として，以下の 3 点を挙げている（Guichard, 2009）。①キャリア発達というよりはむしろ自己形成に重きを置いており，職業的なアイデンティティの形成はその一部であること，②複雑で変化の激しい社会のマクロの構造と個人のアイデンティティ形成の関連性を特に重視していること，③フランスの有

名な哲学者 Foucault の考え方から純粋に心理学的な概念である自己スキーマに至るまで，様々な考え方を統合しようとしていること。

概して言えば，Guichard のセルフコンストラクションの考え方の中心概念である「主体的アイデンティティ形式システム (subjective identity forms system)」は，その字面から見ても分かるとおり，フランス知識人の常識でもある Foucault, Lacan, Ricoeur といった現代思想家を背景にしつつ，基本的には Giddens の自己論に依拠して，自己形成，アイデンティティ形成を主軸に据えたものと言える。表面上は，社会よりも「自己」のような心理的側面を重視しているように見える。しかし，これは，社会学的な自己論を背景としたものであり，どちらかと言えば社会や経済全体のよりマクロな視点を重視した「社会」をより強調する考え方である。

これに対して，Savickas は著作のなかで「我々はおそらくセルフコンストラクティングという用語を使わないだろう。なぜなら，自己のコンストラクションとは自己の社会的なコンストラクションだからだ。個人のコンストラクションだけでなく，社会集団やコミュニティとの協働的な協力関係を通じたコ・コンストラクションということなのだ (Savickas, 2011b, p.28)」と述べている。あくまで「自己」を中心とした理論となっている。

しかし，Savickas と Guichard では，同じ社会集団やコミュニティを取り上げていても，その内容が少し異なる。Savickas の方は「キャリア・カウンセリングとは，クライエントの自己をクライエント自身にとって理解可能なものとし，自己に関するナラティブを変容させるための社会的文脈である (Savickas, 1995, p.363)」とする論じ方からしても，カウンセラーとクライエントの1対1の対人関係のようなよりミクロな社会を念頭に起いていることが分かる。一方で，Guichard は社会や経済全体のよりマクロな社会を念頭において，キャリアの構成・構築を論じている。

このように幾重にも議論は絡み合っているのであるが，今のところは，Savickas のキャリアコンストラクション理論に象徴される心理的構築主義と，Guichard のセルフコンストラクション理論に象徴される社会的構成主義の2つの考え方があるということを，並列的に理解しておきたい。特に，現状において，いくつか方向性の異なる様々なキャリア理論を「コンストラクション」

のキーワードのもとで，(あえて) 混在させて議論がなされている点は確認しておきたいポイントではある。

9. まとめ

最後に，キャリア構築理論に代表されるコンストラクティブなキャリア理論の本質とは何か。本書全体で各執筆者が様々な角度から論じているが，仮に一言で述べるとすれば，再びカウンセラーとクライエントとの対話を新たな視点から考え直し，人と職業のマッチングをより深いレベルで捉え直そうとすることだと言えよう。そのために，カウンセラーとクライエントが，もう一度，きちんと話をするにはどうすれば良いのかという問題意識を含んでいる。

今，日本のキャリア支援の現場では，とても多様なキャリアをもつ人々が関わるようになっている。そして，かなり多様なアプローチがとられている。「キャリア」という思想のうちには，「生き方」という考え方が濃厚に含まれており，そのためキャリア支援とは生き方の支援という側面を含む。生き方の支援である以上，いろいろな人がいろいろな考え方をもって支援を行って良いのであり，そのこと自体が悪いことではない。

しかし，こうした多様なキャリア支援があるなかで，真に専門的なキャリア支援のもっとも中核にあるものは何なのかを考えた場合，それは，やはり広い意味でカウンセラーとクライエントが面と向かって接し，言葉でコミュニケーションをし，その対話の中から何らかの意味や価値を取り出していくということだと言えるだろう。そのキャリア支援の本質というものを，もっと真剣に考え，掘り下げ，可能な限り実践に活かしていこうではないか。キャリア構築理論には，こういう問題意識が根底にある。

このキャリア構築理論の中核の最も近いところにいるのが，実はゼロからキャリア・ガイダンスを立ち上げた Parsons であるように思う。そして，Parsons は，直感的に，各人がキャリアを主体的に構築する際の条件そのものが社会経済的な要因によって大きく制約されてしまうという問題意識を感じ取っていたのであり，それ故，もともと「社会正義」の視点を強く持っていた。

コンストラクティブなキャリア理論は，外界の環境的な条件とかけ離れた単なる主観主義に陥る危険性が常にある。心理的な側面と社会的な側面の両者をバランスよく考えることが，とても重要になる。

参考文献

Amundson, N. E. (2003) *Active Engagement: Enhancing the career counseling process (2nd edn).* Richmond, Canada: Ergon Communications.

Blustein, D. L., Chaves, A. P., Diemer, M. A., Gallagher, L. A., Marshall, K. G., Sirin, S., & Bhati, K. S. (2002). Voices of the forgotten half: The role of social class in the school-to-work transition. *Journal of Counseling Psychology 49.* pp.311-323.

Cochran, L. (1997) *Career counseling: A narrative approach.* Thousand Oaks, CA: Sage.

Guichard, J. (2009) Self-constructing. *Journal of Vocational Behavio 75.* pp.251-258.

Koch,C. (1952) *The tree test: The tree-drawing test as an aid in psychodiagnosis.* Bern:HansHuber.
　　　（コッホ，C　林勝造・国吉政一・一谷彊（訳）(1970)．バウム・テスト―樹木画による人格診断法　日本文化科学社）

Krumboltz, J. D, & Henderson, S. J. (2002). *A learning theory for career counselors. In S. Niles (Ed.), Adult career development: Concepts, Issues and practices.* pp.41-57, Tulsa, OK: NCDA. .

Maree, J. G. (2013) *Counselling for career construction: Connecting life themes to construct life portraits: Turning pain into hope.* Rotterdam, Netherlands: Sense publishers.

Maree, J. G. (2014a) Career construction with a gay client: A case study. *British Journal of Guidance & Counseling 42.* pp.436-449.

Maree, J. G. (2014b) Career construction counseling: A thematic analysis of outcomes for four clients. *Journal of Vocational Behavior 86.* pp.1-9.

McIlveen, P. & Schltheiss, D. E. (2012) *Social constructionism in vocational psychology and career development.* Rotterdam, Netherlands: Sense publishers.

McMahon, M. & Patton, W. (Eds.) (2006) *Career Counselling: Constructivist approaches.* Oxon: Routledge.

Parsons, F. (1909) *Choosing a vocation.* Boston, MA: Houghton-Mifflin.

Peavy, R. V. (1992) A constructivist model of training for career counselors. *Journal of Career Development 18(3).* pp.215-228.

Richardson, M. S. (1993) Work in people's lives: A location for counseling psychologists. *Journal of Counseling Psychology, 40(4),* pp.425-433.

Savickas, M. L. (1994) Vocational Psychology in the Postmodern Era: Comment on

Richardson(1993) *Journal of Counseling Psychology 41.* pp.105-107.

Savickas, M. L. (1995) Constructivist Counseling for Career Indecision. *The Career Development Quarterly 43.* pp.363-373

Savickas, M. L. (2002) *Career construction: A developmental theory of vocational behavior. In D. Brown and associates, Career Choice and Development (4th ed.).* San Fransisco, CA: Jossey-Bass.

Savickas, M. L. (2005) The theory and practice of career construction. In S. D. Brown & R. W. Lent (Eds.), *Career development and counseling: Putting theory and research to work*. pp.42-70, Hoboken, NJ: Wiley.

Savickas, M. L. (2011a) *Career counseling.* Washington, DC: APA.

Savickas, M. L. (2011b) The self in vocational psychology: Object, subject, and project. In P. J. Hartung & L. M. Subich(Ed.), *Developing self in work and career: Concepts, cases, and contexts.* pp.17-34, Washington, DC: APA.

Savickas, M. L., Nota, L., Rossier, J., Dauwalder, J., Duarte, M., Guichard, J., Soresi, S., Van Esbroeck, R., & van Vianen, A.E.M. (2009). Life designing: A paradigm for career construction in the 21st century. *Journal of Vocational Behavior 75,* pp.239-250.

下村英雄（2002）フリーターの職業意識とその形成過程―「やりたいこと」志向の虚実　小杉礼子編　自由の代償／フリーター――現在若者の就業意識と行動　日本労働研究機構　pp.75-99.

下村英雄（2008a）最近のキャリア発達理論の動向からみた「決める」について　キャリア教育研究　26　pp.31-44.

下村英雄（2008b）描画法による青年の進路意識の測定　日本青年心理学会第16回大会発表論文集　pp.66-67.

下村英雄（2013）成人キャリア発達とキャリア・ガイダンス－成人キャリア・コンサルティングの理論的・実践的・政策的基盤　労働政策研究・研修機構.

下村英雄・室山晴美（2012）職業カードソート技法による適性の評価　労働政策研究・研修機構編　キャリア形成支援における適性評価の意義と方法　労働政策研究・研修機構　pp.89-103.

Super, D. E. (1957) *The psychology of careers.* New York, NY: Harper & Brothers（D.E. スーパー，日本職業指導学会（訳）（1960）．職業生活の心理学　誠信書房）

Young, R. A. & Collin, A. (2004) Introduction: Constructivism and social constructionism in the career field. *Journal of Vocational Behavior 64.* pp.373-388.

Young, R. A. & Popadiuk, N. E. (2012) *Social constructionist theories in vocational psychology. In P. Mcilveen & D. E. Schultheiss(Ed.), Social constructionism in vocational psychology and career development.* pp.9-28, Rotterdam, Netherlands: Sense publishers.

―――第2章―――

社会構成主義アプローチの実際

―――新目真紀

　構成主義には，心理学的構成主義と社会的構成主義がある。心理学的構成主義は知識（この場合はキャリア）が，純粋に認知的に構成されると考えるのに対し，社会構成主義では他者や環境との相互作用によって構成されると考え，学習活動における他者の存在を重視する立場をとる。本章では，最初にMcMahonとPattonが提唱した質的アセスメントであるSystem Theory Framework（STF）と My System of Career Influences（MSCI）の概要を紹介し，社会構成主義アプローチがどのようなものかを概観する。次に，McMahonとPattonがより多くの人に構成主義手法を紹介することを目的として2006年に出版した『CAREER COUNSELLING Constructivist Approaches』の中で紹介されている様々な国で実践されている社会構成主義理論やツールの紹介を通して，社会構成主義アプローチがもっている強みをまとめる。最後に，筆者が日本キャリア開発協会の研究会座長として行っている社会構成主義アプローチの研究活動と，筆者が所属する高等教育機関で行ってきた社会構成主義の手法を用いたキャリア教育の実践研究から見えてきた社会構成主義キャリア・カウンセリングの必要性について述べる。

第2章 社会構成主義アプローチの実際

1．はじめに

　本節では，1995年からキャリア・カウンセラー向けに構成主義，社会構成主義に基づくキャリア理論と実践方法を提唱しているMcMahonとPattonの活動を中心に紹介する。社会構成主義の第一人者であるSavickasは，McMahonとPattonがキャリア・カウンセリングにおける「ナラティブを利用している実践家（narrative turn）」のリーダー的存在であると評している。

　McMahonはクイーンズランド大学（オーストラリア）教育学部の講師をしており，児童期と青年期のキャリア開発に構成主義アプローチを取り入れる研究をしている。Pattonはクイーンズランド工科大学（オーストラリア）でファカルティ・ディベロプメントのヘッドを務め，修士レベルのキャリア・ガイダンスを開発するとともに，国内外のキャリア開発ジャーナルの諮問委員を務めている。

　McMahonとPattonが提唱するSystem Theory Framework（STF）とMy System of Career Influences（MSCI）という質的アセスメントは，これまでの伝統的なキャリア理論にシステム理論を取り入れることによって開発されたものである。システムとは，互いに作用している要素からなるもので，1つのシステムの中に，それを構成するサブシステムを想定する場合もある。システム理論は，要素間の相互連関の分析を通して現象を解明する理論である。一般的に，高度に発展した社会では，生じた課題を専門領域ごとに細分化の上で，アセスメントし，当該専門領域が指向する解決方法で対処する傾向がある。伝統的なキャリア理論においても，人格，能力，興味といった特性，すなわち人の一部分に焦点を当てて，キャリア上の課題を解決するアプローチが採られてきた。McMahonとPattonは，クライエントが主体的に自身のキャリアを捉える方法として，またクライエントが任意の時点でキャリア形成に関連する一連の影響を説明できるようにする方法として，STFとMSCIという2つの質的アセスメントを開発している。

　McMahonとPattonは，MSCIは，STFをより実践的に利用できるように開発したものであると説明している。STFは，伝統的なアプローチと質的ア

プローチをつなぎ，理論と実践をつなぐメタ理論として開発されたのに対し，MSCIは，クライエントが自身の主観的な経験や感情をもとに，自身の人生全体を捉え，自身が置かれている複雑な社会環境との相互作用を理解できるようにする質的アセスメントとして開発されている。本章では，McMahonとPattonが質的アセスメントを開発する際に依拠した構成主義，社会構成主義手法を概観の上で彼らの質的アセスメントを紹介する。

2．構成主義手法の系譜

　構成主義，社会構成主義手法は，近年，教育の研究と実践に多大な影響を与えている議論の1つである。久保田（2001）は，構成主義アプローチが，1960年代のSkinnerを中心とした行動主義心理学，1970年代に入ってGagnéらが発展させた認知主義心理学といった実証主義アプローチへの挑戦として，1990年代に入ってPiaget，Vygotsky，Deweyが見直される中で，提唱されてきたと紹介している。

　1900年代前半まで，学校教育において，主として勘と経験による評価がなされていたのが，科学的評価の普及に伴って科学的な教授法が研究されるようになった。そこで登場したのがSkinnerのプログラム学習（Skinner, 1969）である。ちなみに，1872年の学制発布から始まった日本の近代学校教育制度は，その条文で試験を実施することを明文化しており，学業成績は100点満点あるいは甲乙丙丁でつけられるようになる。この頃の成績基準は，教師の主観的な絶対評価であったと考えられている。その後，教育評価が大きく変わり始めたのは，1920年代頃の心理学者のThorndikeらによる教育測定運動によるところが大きい。教育測定運動では，「科学性」を重視し，客観テスト・評価の目標・基準の分析・明確化・古典的テスト理論，などが導入された。これによって，絶対評価から相対評価への転換が起こったといえる。さらに認知主義やBloom他（1973）による教育目標分類学の研究に触発されて，現場の中から教育目標の明確化やその目標に基づいた診断的評価が実施されるようになっていった。

現在に至るまで教授法のベースとして利用されるプログラム学習は以下5原則からなる。1つめはスモール・ステップであり，学習は小さなステップ毎に分割された簡単な問題形式になっており，2つめはそのステップ毎に学習の反応が求められる。3つめはそれに対して即時フィードバックし，4つめは，学習そのものは自分でペース管理できる。そして最後に学習者の反応結果に基づいてプログラムの改善が図られるものである。

認知心理学の登場により，人をコンピュータのような情報処理モデルと見なし，そのアナロジーを使って効率よく教育を促進することが進むことになる。人は何か新しいことを学ぶ前に，膨大なまでの既有知識をもっている。人が持つ既有知の多くのものは，考え違いやまちがった思い込みが潜んでいて，いわば，「バグだらけ」であると言われている。それらの「バグ」は，きちんと自覚させる訓練や，「どこが，なぜまちがっているか」を「わかりやすく説明」したからといって，簡単に修復できる代物ではない。反復練習で「間違わないようにできるようにしてしまう」ことは可能だが，その代償は大きい。なぜなら「本当にわかる」ことを放棄するクセをつけてしまうからである。つまり「外発的動機づけ」は，「内発的動機づけ」を阻害する可能性がある。

行動主義心理学，認知心理学といった実証主義のもと開発されてきた教育手法の特徴は，「知識は分離可能で普遍なもの」という前提の下，知識注入主義を基本にしているといえる。学校教育における知識注入主義による問題は多くの研究者によって指摘されている。例えば，デューイ（1957）の『学校と社会』では，「第一に学校は暗記と試験による受動的な学習の場ではなく，その中で子どもたちが興味にあふれて活動的な社会生活をいとなむ小社会でなければならない。第二に，この小社会は，単にそこで子どもたちの自発的な活動が行われる小社会であるばかりでなく，現代の社会生活の歴史的進歩を代表する社会でなければならず，そのために学校と社会との間に活発な相互作用がなければならない」と指摘している。

こうした中，知識や能力は，社会，文化，状況に依存するものであるという状況論や社会構成主義が登場し，主体的な学び，他者からの学び，経験，体験を通した学びが注目されるようになる。

構成主義の2つの柱は，心理学的構成主義と社会的構成主義である。心理学

的構成主義では，学びの意味を自分との関わりを構成していく過程と捉え，現実は人が世界と関わることを通して存在すると考える。このような知の構成は，学習者が個人で活動を行っている時にも生じるが，他者や環境との相互作業によっても生じる。成人期の学習の大部分は，本質的にインフォーマルで社会的である。社会構成主義では，学習を本質的に社会的な活動であると考え，学習における他者や環境の存在を重視し，「知識は社会関係の中にある」とする立場をとることで，個人主義的理論から関係論的議論への転換を方向づけている。

3．System Theory Framework（STF）とは

ここまでMcMahonとPattonがSTF，MSCIを開発する際に依拠している構成主義，社会構成主義登場の歴史的背景を概観した。本節では，STFを概観する。STFは1999年に『Career development and systems theory: A new relationship』の中で，伝統的なキャリア理論ではなく，構成主義キャリア・カウンセリングアプローチの立場をとる手法として提唱された。それまでの伝統的なキャリア理論が，客観的なデータと論理的，合理的なプロセスを強調するのに対して，STFでは個人の主観性と他者や環境との相互作用を重視する立場をとる。

STFの中核をなすのは，パーソナリティや能力，ジェンダーや性的嗜好といったキャリア開発への様々な影響として描かれる個人システムである。人は一人で生きているわけではない。社会システムや家族，同僚といった重要な他者に影響を受ける。STFはキャリア開発を時間の経過によって，再帰性を持つ動的プロセスとして描いている。STFではフレームワーク（図2-1）をクライエントがキャリアについて語る際の地図として用いる。

筆者は，2011年から，自身が主催する日本キャリア開発協会の研究会の中でSTFの手法を紹介してきた。以下は2006年に出版された『CAREER COUNSELLING Constructivist Approaches』で紹介されている。STFの適用例を，研究会で活用するために日本語訳したものである。研究会では「キャリアへの影響の振り返り」と題して紙に記入する形で実施する。

第2章　社会構成主義アプローチの実際

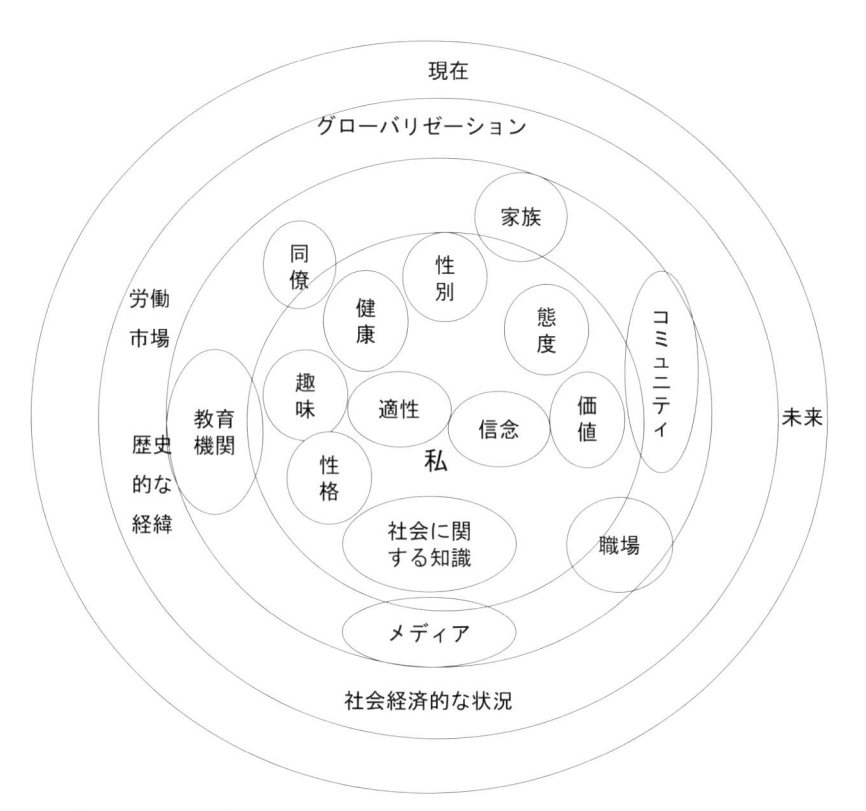

```
                        現在
                   グローバリゼーション
                           家族
              同僚      性
                       別    態
          労働    健康         度      コ
          市場   趣味              価    ミ
                 適性   信念    値    ュ    未来
          歴史   教育        私           ニ
          的な   機関 性格                 テ
          経緯       社会に関           ィ
                    する知識     職場
                       メディア
                   社会経済的な状況
```

図2-1　The Systems Theory Framework of Career Developement

Patton & McMahon（1999）を翻訳

振り返り作業の実施手順（クライエントが実施）
①まず，学校を卒業する年齢の頃の生活を振り返る。どこに住んでいたか，どんなタイプの人物だったか，どんな生活だったか。その頃，人生に大きな影響を与えたことが何かあったかを思い描く。
②紙と鉛筆を用意する。紙の真ん中に丸を書き，その丸の中に「私」と書き，今振り返った自分の特徴，例えば性格，特筆すべき能力やスキルを書く。
③次に，その頃の自分の人生に大きな影響を与えた人や考えはどのようなものだったかを思い描く。思い描いたものを「私」の丸と交わる丸を書き，

その中に書き入れる。影響が強いものは交わりを深く描く。
④社会や環境における重要な側面とはどのようなものかを振り返る。例えば、その頃、比較的田舎に住んでいたのか、社会的、経済的に恵まれていたのか、政府の規制から影響を受けていた等を、丸の中に書き込む。
⑤最後にさらに外側に別な丸を書く。その頃の過去と現在について考える。例えば、特定のライフスタイルに魅かれていたり、目標とする人がいたり、その後の選択に影響を与えるような怪我や病気といった出来事があったか等を考え、丸の中に記入する。

クライエントとキャリア・カウンセラーの協働作業の実施手順
①キャリア・カウンセラーはクライエントの情報を秘守することを念頭に置き、今描いた「影響のシステム」についてディスカッションする。クライエントは共有してもいいと感じる、適切な事のみを共有するように伝える。
②次に、キャリア・カウンセラーは、紙に描かれている内容と、現在のキャリアの状況を照らし合わせて考えるように提案する。
③続いて、過去と現在ではどの影響が同じで、どの影響が異なっているか考え、どんな違いがあったかを共有し、新たに付け加えることなどあれば、できれば、違う色の鉛筆で、書き加えるように伝える。
④再び、クライエントに、この作業によって、どのような変化が起きたかを尋ねる。ディスカッションでは、どのような変化が良いこととなり、どのような変化が悪いこととなったか？等を共有する。

研究会では、クライエントとキャリア・カウンセラーのディスカッションの後、全体で共有するプロセスを導入している。伝統的なキャリア・カウンセリングと比較するとクライエントが、主体的な役割を演じる。また、図2-1を用いることによってクライエントの主観が引き出しやすくなる。このため、キャリア・カウンセラーとクライエントは認識を共有しやすくなり、クライエントの主観を社会化させていくプロセスを協働して実施できる。McMahonとPattonは、このプロセスを「内から外へ（inside out）」と表現している。研究会に参加したキャリア・カウンセラーからは、ライフラインチャートを利用するよりも、他者や環境による影響を聴きやすいという感想も出ている。クライ

エントのこれまでの経験を解体し再構成する支援として有効な手法と考えられる。

4．My System of Career Influences（MSCI）とは

次にMy System of Career Influences（MSCI）を紹介する。本節では，MSCIがどのような手法かを解説するとともに，STFと同様に，研究会で行っている日本語訳したMSCIの適用例を紹介する。2005年に出版されたMSCIのファシリテーターズ・ガイドでは，構成主義の手法を開発した背景を次のように説明している。「今世紀初頭，キャリア・ガイダンスとキャリア・カウンセリングは，変化の激しい社会状況の中で様々な領域の課題に直面し，伝統的なキャリア・カウンセリングや，キャリア・アセスメント，キャリア・プログラムの妥当性が問い直されてきた。次第に，個々の相互作用や，関係，意味生成，ナラティブ，物語といった構成主義の手法が開発され推奨されるようになってきた。こうした構成主義手法は，クライエントの立場を，受け身の受益者から能動的な主体に高め，カウンセラーの役割を専門家からファシリテーターもしくは好奇心旺盛で用心深い聞き役に変化させた」。

構成主義手法では，カウンセラーとクライエントが，協働してクライエントのキャリアを構成することを推奨している。意味を詳細に述べさせることや，キャリアに関する物語を語らせることに効果があることが潜在的に認識されており，定性的なキャリア・アセスメントを実施する要請が高まってきていたといえる。これに応じて，1999年に開発したSTFを題材にして構成主義手法としてMSCIという振り返り活動を概念化した。図2-2は，伝統的なキャリア理論と構成主義的な世界観をクライエントの役割，カウンセラーの役割，関係の特徴，キャリア・アセスメントの役割という観点で比較したものである。

McMahonとPattonは，MSCIの開発に際して，オーストラリアと南アフリカのキャリア開発コースに入学した修士課程の学生や，一般の若者向けに実証実験を行い，言語や，教授法，専門用語や事例等の改善を行っている。

また2005年にはMSCIを質的アセスメントとして実施する際のワークシー

倫理実証主義世界観	⇔	構成主義世界観
受身的に応答する人	←クライエントの役割→	積極的に参加する人
専門家	←カウンセラーの役割→	興味や好奇心を持って，物事を決めつけずに質問する人 クライエントを尊重して傾聴する人 柔軟なものの見方ができる人
トップダウン カウンセラーは何でも知っている 検査して告げる	←関係の特徴→	協力的　双方向
カウンセラーが有意 検査のために使用 適合のために使用	←キャリア・アセスメント→	協調的 双方向 意味生成

図 2-2　Career counselling : A continuum of practice

Mcmahon & Patton (2002a) を翻訳

トとファシリテーターズ・ガイドを出版している。ファシリテーターズ・ガイドでは，MSCI の使い方以外に，ケーススタディを通して MSCI を学習する方法を紹介している。ファシリテーターズ・ガイドの構成を以下に示す。
- 構成主義や質的キャリア・アセスメントについての文献レビュー
- MSCI の理論的基盤
- MSCI の使い方
- 3 種類のケーススタディとその学習方法
- 開発および試行プロセスの詳細な記述

(1) 質的キャリア・アセスメントとしての MSCI とは

Savickas (1993) は，ポストモダンへと時代が移り変わる中で，キャリア・カウンセラーが客観的から主観的に，評価から物語のために質的アセスメントを使うようになるにつれて，カウンセリングにおけるクライエントとカウンセ

ラーの関係が再定義されると述べている。質的アセスメントの目的は，個人が自身のキャリアストーリーを話すことを奨励することで，主観的なキャリアを発見することである。Savickas（1992）は，質的なアセスメントの利用を通して，キャリア・カウンセリングの際に，主観的な要素が加わることによって，パーソナル・カウンセリングとキャリア・カウンセリングの差がなくなってきたと説明している。

　質的アセスメントは，クライエントが自身を知り，理解するのを助ける方法であり，柔軟で，制約がなく，総合的で，非統計的なものである。Goldman（1992）は，質的アセスメントの特徴を以下のように説明している。

- クライエントは受動的に応答する人というより，主体的な役割を演じる。
- 質的アセスメントはより統合的で総合的である。
- 質的な方法は，開発されたフレームワークのなかで自分自身について学ぶことを強調している。
- 質的な方法は，グループの中でよく効く。
- 質的アセスメントは，アセスメントとカウンセリングの差をなくす。
- 質的アセスメントは，文化や宗教，社会経済，性差，障害といったことに関する個人の理解に役立つ。

⑵ MSCIの適用例

　第3節で紹介したSTFは，個人のキャリア開発に影響を与える複数の要因を描くメタ理論であり，伝統的なキャリア開発手法と質的手法の橋渡しを目的としている。McMahonとPattonは伝統的なキャリア理論は，キャリア開発に影響を与えるマクロレベルの要因を説明されていると説明している。例えばHolland（1992）は，職業と個人特性の関連を説明し，Super（1990）は発達段階別の発達課題の変化を説明している。STFは，マクロレベルのキャリア観からミクロレベルのキャリア観への橋渡しをすることによって，クライエントがこれまでの経験を再構築することを支援する。MSCIは，キャリアに影響を与えた要因や，要因間の関係をSTFよりミクロなレベルで特定し，個人が自身のキャリア開発について語る機会を提供するとなっている。

1) MSCIの使い方

MSCIは，開発された当初は主に若者（未成年）を適用対象としていたが，2007年から成人版が開発されている。基本的なプロセスは共通しているが，MSCIを学習するために活用するケーススタディが異なっている。成人向けでは，組織的な再編や人員削減が起きた時や，フルタイムからパートタイム，有給雇用，退職といった転機が起きた時に利用することを想定しており，ケーススタディも同様である。一方で利用時のセッティングは共通しており，教室でのキャリア教育プログラムで活用することが推奨されている。個人で実施することもグループで実施することも可能であるが，個人で実施する場合は1セッション30～40分程度で行い，体験内容，生成された学習について意見を交わす機会を設けるなどの支援を行うことが推奨されている。

2) サンプルの実施手順（クライエントが実施）

クライエントに「キャリアは職業をはるかに超えたものであり，MSCIは人生のある特定の時点について言及する。人生のどの時点でも，人にはいくつかの役割と責任がある」ことを伝え，自身のキャリアに関する決断を振り返るように伝える。

我々のパーソナリティや，能力，世代にはいろいろなものが影響を及ぼしていることを説明する。またこれらが我々を唯一無二の存在にしており，固有のパーソナリティや能力等を持つと認識をすることが，今回のワークにとって重要であることを指摘する。その上で，自身を特徴づける，価値やスキル，性格，趣味，健康，社会に関する知識を記入する。

MSCIでは，上記のようなSTFを利用した振り返りを，以下のようなテーマ別に実施する。
- 自分について考える
  - 自分の周りの人々について考える
  - 自分の環境や社会について考える
  - 自身の過去，現在，未来について考える
  - 自身のキャリアシステムの影響を説明する
  - 自分のキャリアシステムの影響について振り返る

- アクションプランを作る

MSCIは，複数回の実施を前提としており，2回目以降は，1回目との違いをディスカッションするワークも用意されている。本章「3. System Theory Frameworkとは」で紹介したSTFと比べると，クライエントがより主体的に実施しやすくなるようなガイドがなされている。またMSCIではクライエント向けのワークブックのみならず，実施時のファシリテーションガイドを用意していることからも，キャリア・カウンセラーにはファシリテーターとしての役割を期待していることがわかる。

5．『CAREER COUNSELLING Constructivist Approaches』概要

『CAREER COUNSELLING Constructivist Approaches』（以下「本書籍」と言う）は，McMahonとPattonが構成主義手法を紹介するために2006年に出版した書籍である。2011年から筆者が座長を務める日本キャリア開発協会の研究会で輪読しており，研究会に参加しているキャリア・カウンセラー達と書籍に紹介されている演習を日本語訳した上で実践し，構成主義・社会構成主義アプローチ手法の習得に活用している。これまで構成主義アプローチに関する文献は，原理の紹介に関する内容が中心で，演習のガイドは教材がほとんどなかった。本節では，本書籍で紹介されている主要な構成主義アプローチの概要を説明するとともに，研究会で行った演習方法を披露する。

(1) 本書籍の構成

本書籍は，以下4つのパートから構成されている。
パート1：構成主義理論の理解に焦点を当てた章。このパートは3章からなり，構成主義アプローチへの批判も含めて紹介しており，McMahon, Patton, Reidが担当している。
パート2：構成主義の適用を比較文化の観点から検討した章。このパートは3章からなり，Watson, Arthur, Mareeが担当している。

パート3：一連の構成主義アプローチをキャリア・カウンセリングに活用する方法を説明した章。このパートは6章からなり，Amundson, McMahon, Patton, Johnston他が担当している。

パート4：構成主義アプローチを用いたアセスメントについて考察した章。このパートは3章からなり，McMahon, Pattonが質的アセスメントの優位性を検証し，代表的なアセスメント方法としてカードソートとウェブベースのツールを紹介している。

各パートを担当している執筆者についても簡単に紹介する。パート1でMcMahon, Pattonとともに構成主義アプローチへの批判を紹介しているReidは，カンタベリー・クライスト・チャーチ大学（英国）のキャリアセンターのセンター長であり，NICEC（National Institute of Careers Education & Counselling）のフェローを務めている。パート2で文化の概念がどのように構成主義のキャリア理論に提供されたかを紹介しているWatsonは，南アフリカの国立リサーチ財団（NRF）の科学者であり，ネルソン・マンデラ・メトロポリタン大学の心理学科の教授であり，McMahon, PattonとともにMSCIを開発している。同じくArthurは，南アルバータ工科大学（カナダ）で外国人学生サービスのコーディネータ兼カウンセラーを務め，その後研究者へと転じている。Mareeは，数学の教授法と，心理学，キャリアに関する博士号を持ち，プレトリア大学（南アフリカ）で教育心理学を担当している。

パート3のAmundsonは，ブリティッシュコロンビア大学（カナダ）でカウンセリング心理学を担当している。著作活動では，創造性，イマジネーション，異文化理解，行動のカウンセリング戦略としての重要性を訴えている。Johnstonは，ミズーリ大学コロンビア校（米国）で教育およびカウンセリング心理学を担当し，キャリア心理学に関するリサーチ・センターの共同センター長を務める。

(2) 社会構成主義アプローチの種類

McMahonとPattonは，構成主義アプローチを3種類に大別している。1つめは，家族療法の様式を取り入れたアプローチである。例としては，Cochran

（1997）のナラティブセラピーをキャリア・カウンセリングに取り入れたものや，McMahon 他（2002）や Miller（2004）のソリューションフォーカストブリーフセラピーをキャリア・カウンセリングに取り入れたものが挙げられる。2つめは，キャリア・カウンセリング特有のアプローチで，Peavy（1998）のソシオダイナミック・カウンセリングや，Amundson（1998）のアクティブ・エンゲージメントがそれに当たる。これらは職業または仕事の課題を，異なるライフ・ロールや状況といった広い文脈の中で能動的に探索することをクライエントに推奨するものである。3つめは，Young と Valach（1996）の目標指向の文脈的行為理論アプローチである。キャリア・カウンセラーの仕事を誘導する「地図」を提供する STF はこのカテゴリに分類されている。

(3) Amundson のアクティブ・エンゲージメント手法

Amundson は，日本キャリア開発協会の全国大会での講演など，日本のキャリア・カウンセラーにもなじみ深い理論家である。キャリア・カウンセリングプロセスの研究を通して，クライエントとカウンセラーの関係のあり方について新しい観点を見出し，アクティブ・エンゲージメントという手法を紹介している。即ち，アクティブ・エンゲージメント手法は，伝統的なカウンセリングにおけるカウセラーとクライエントとの境界線を越えて，両者の結びつきを強めるカウンセリングアプローチといえる。Amundson は，クライエントが主体的にキャリア・カウンセリングに従事（エンゲージメント）できるようにするために，構成主義手法を取り入れたと説明している。

Amundson のアクティブ・エンゲージメント手法の特徴は，クライエントとキャリア・カウンセラー両方の視点から意味生成ができるようにしている点である。特に重要な視点は「経験の解体や再構成ができない」多くのクライエントがいるという認識である。新しい可能性について混乱し，自信を失い，絶望しているクライエントに対して，キャリア・カウンセラーはクライエントが自ら迷うことなく，自信を持ち，楽観的に新しい物語を作り上げる支援をする必要がある。Amundson は，カウンセリングでキャリア・カウンセラーとクライエントが関係を構築する時，カウンセリング過程で折り合いをつける時，

キャリアに関する関心事を明確にする時，課題を探索する時，キャリアに関する意思決定をし，アクションプランを立案する時，それぞれにアクティブ・エンゲージメントが有効であるとしている。

例えば，クライエントがキャリアに関する意思決定を行った後，次の一歩を踏み出すことに躊躇する場合がある。Amundson は，「長期的なゴールを持つことは重要であるが，勢いを生み出すために第一歩を踏み出す必要性を認識させることも重要である。現在の労働市場の複雑さという条件のもとでは，多くの場合，人々が第一歩を踏み出すことが必要で，次に進むにつれて他の細部を練り上げていくことになる。それぞれのステップはその状態で新しい見地をもたらす。時には小さい行動が新しい洞察を生み出すことができる。しかしながらキャリアゴールを決めるプロセスは複雑であるから，キャリアゴールがいかに多種多様な変数に依存するか説明するアクティブ・エンゲージメント手法が有効になる」と説明している。本節では，研究会で実施した，本書籍7章「キャリア選択の輪」を用いたアクティブ・エンゲージメント手法を紹介する。

実施手順

① フリップチャートあるいは書き込み用の紙を準備する。時間は30分程度で実施する。時間は，クライエントの要求によっては延長することもある。
② まず，自分自身のこれまでの成果について振り返り記述する。成果を上げた領域は，余暇，教育，ボランティア，就職活動等，人生のどのような領域でも構わない。
③ 記述を基に，キャリア・カウンセラーと成果についてディスカッションする。ディスカッションをする際には，成果に関する物語を話すことを奨励する。例えば，チームがスポーツの賞を獲得したという成果の場合，参加のためにどのように準備したか，どのようにチームの成功に貢献したかなど，クライエントが詳細に語れるような質問を行う。

質問の例を以下に示す。

- あなたは実際に何をしましたか？ 成功した要因は何だと思いますか？
- その後に何が起きましたか？
- これはあなたの人生にどのように関わっていますか？
- それをしている間，何が好きでしたか，あるいは嫌いでしたか？

- あなたはなぜそれをしましたか？ あなたにとって重要なものは何でしたか？
- あなたのどのような性格や，特性が有効でしたか？
- 他の人たちは関わっていましたか？ 関わっていたとしたら，どのように関わっていましたか？
- この業績のためにどのような準備をしましたか？

④成果に関する物語を一通り聞いた後，クライエントとカウンセラーは協働して，成果の要因を分析する。スポーツの例で続けると，ひた向きな努力や，運動能力，厳しいトレーニングをものともしない意欲，計画を改善する創造性，チームワーク，障害を克服する能力等に分類できるかもしれない。

⑤次に成果名を丸で囲み，車輪に見立て数本のスポークを書き込む。作ったスポークに，分析した要因を1つずつ書き込む。スポーツの例で続けると，ひた向きな努力のスポーク，運動能力スポークとなる。

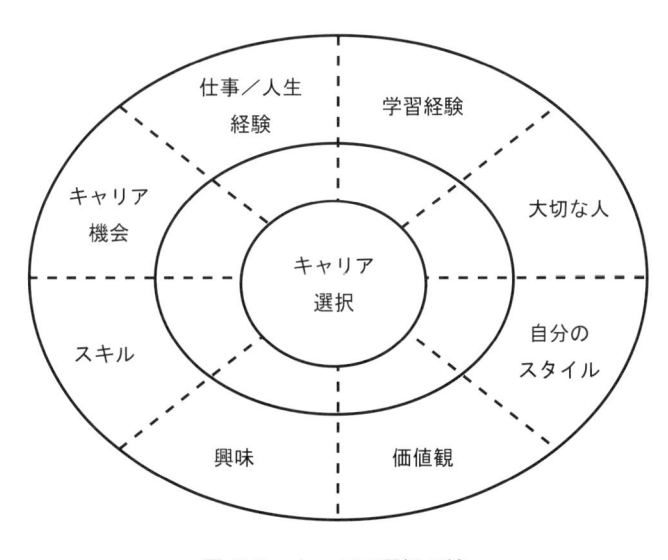

図2-3 キャリア選択の輪

Amundson & Poehnell（2002, p.14）

⑥1つの物語がクライエントの技能と特質の全てを捉えているわけではないので，異なったタイプの達成した経験についても同様に分析を繰り返す。
⑦成果に関する物語を図2-3の「キャリア選択の輪」のように表す。1つの成果が，スキル，興味，価値観，パーソナルスタイルといった個人的要因や，大切な人，学習経験，仕事／人生経験，キャリア機会といった社会的なことや環境といった要因によって説明されることを明らかにする。

(4) McMahonのメタファー（比喩）とは

　Amundsonは，キャリア・カウンセラーがクライエントに提示できることの1つは，クライエントに話をする機会を提供することであると説明している。Peavy（1995）は，物語は構成主義の世界観の基礎となる。キャリア・カウンセラーはクライエントの個性（self-as trait）としてではなく，セルフ・ナラティブ（自分の物語）の視点を汲み取らなければならないことを指摘している。Bujold（2004）は，キャリア・カウンセラーはクライエントの人生とそれを取り巻く外部環境の文脈の両方を視野に入れて，物語の共著者として接する必要があるとし，物語を用いることで，全体的な視野をもたらすことが可能になることを指摘している。

　McMahonは，構成主義の世界観を基にした上で，メタファーから学べる点を以下4点にまとめている。
①カウンセリング関係の本質は尊敬，協働，感情移入，対話の上に成り立つということ。
②メタファーは，これまでの伝統的なキャリア・カウンセリングではあまり着目されていなかった感情や主観性といった要素に関連すること。
③クライエントは，自身の物語の情報を提供する，専門家としての主要な役割を担っていること。
④職業心理学やカウンセリング情報のような従前の専門家の知識より，関係性や物語によって導かれるプロセスの方が大事であること。
　本節では，本書籍2章「自身の人生についての物語を通じて，生きるテーマを明らかにする機会を提供する」を用いた実践例を紹介する。

実施手順
①書き込み用の紙を準備する。時間は1時間程度で実施する。
②これまでを振り返り，遊びの中における自分の役割や好きだった本やテレビのキャラクターを紙に記入する。
③記入した内容を共有する。クライエントは共有してもいいと感じる，適切な事のみを共有するように伝える。守秘義務についても伝える。
④キャリア・カウンセラーは話の中で明らかになったテーマについてフィードバックする。
⑤次に，現在の生活についての情報を共有する。仕事や趣味，地域活動など。キャリア・カウンセラーは，先に聞いた過去の物語と共通するテーマを明らかにする。
⑥表2-1「質問を読んだ後，しばらく振り返り，思いだしたことをメモす

表2-1 質問を読んだ後，しばらく振り返り，思いだしたことをメモする

若かった頃，どのような遊びが好きでしたか？ ゲームの何があなたを熱中させたのですか？ ゲームでのあなたの役割はなんでしたか？ それをあなたはどのように感じていましたか？ ほかの人と一緒に遊んでいましたか，それとも一人でしたか？ ゲームで好きでなかった部分はありますか？	成長していた時期に，あなたが好きだった本やテレビ，映画のキャラクターは何でしたか？ その人の何が好きだったのですか？ どのような点（特徴）を尊敬していたのですか？ その人が登場するストーリーを読んだり観たりするとき，どのような気持ちになりましたか？ 何か好きでなかった部分はありますか？
成長していた時期に，誰があなたのロールモデルでしたか，最もなりたかった人でしたか？ その人のどんなところが好きだったのですか？ 尊敬していた点（特徴）は何ですか？ その人に関する好きな話はありますか。 その人について好きでなかった部分はありますか？	省察

Working with the story tellersの翻訳

る」の「学んだこと，見出した価値，以前の活動から重要だと思うことについて省察する」の欄を埋める。
⑦これまでのディスカッションを振り返る。

以下の質問を行う。
- 遊びの中での役割や好きなキャラクターとつながったものは何か？
- 以前は気づかなかったかもしれないことは何か？
- 今の仕事に応用できそうな学びは何か？

物語やメタファーを使うことは，キャリア・カウンセリングにおける対話に新しい意味や可能性をもたらす。しかしながら，McMahon が指摘するように，物語やメタファーを使う場合，如何にクライエントが語った物語やメタファーを理解し，クライエントが新しい意味を構成できるかが課題になる。

(5) Miller のソリューションビルディングアプローチとは

ソリューション・フォーカスト・アプローチは De Shazer と Berg によって 1980 年代にウィスコンシン州ミルウォーキーで，社会構成主義原理に基づいて研究，開発された。ソリューション・フォーカスト・アプローチは，構成主義の以下 2 つを前提に置く。

1. クライエントは，自身の経験を基に自分自身にとっての現実を作り上げる。
2. クライエントが置かれている環境や環境との相互作用がクライエントの行動に影響を与えている。

それ故，クライエントが物事について語り，振り返り，意味を生成し，解釈することを奨励する。全ての相互作用は変化への潜在力を持つとし，自身の強みや能力を使ったり，取り出せるようにしたりすると人は積極的に変化を起こせるようになると考える。

ソリューション・フォーカスト・アプローチの特徴的な点は，クライエントの問題やその原因および過去に焦点を当てるのではなく，可能性や希望に焦点を当てる点である。ソリューションビルディングのキャリア・カウンセリングでは，この見識を踏まえて，懸念を解消するより，肯定的で達成可能な目標や解決策を構成するほうが容易であると考える（Miller, 2004a；2004b）。

1は，混乱して手も足も出ない状況，10は何をすべきか明らかな状況
1　2　3　4　5　6　7　8　9　10
混乱／手も足も出ない　　　　　　　　　　　　　　何をするか明確

図2-4　Miller（2004a）スケールの翻訳

実施例

①クライエントは，カウンセリングにきた理由を，クライエントが希望する望ましい将来に照らし合わせて伝える。（目標設定のための質問）
②現状の課題に焦点を当てる前に，うまくいっている部分について，できるだけ詳しく共有する。（例外に関する質問）
③うまくいっている点を確認する中で，クライエントが持つ，強みやリソースが何かを確認する。（自己理解につながる質問）
④現状抱えている課題が突然解決したら，どのように変わるかを想像し，共有する。（奇跡的な質問）
⑤クライエントの目標に向けてどのような行動をとったらよいと思うかを共有する。
⑥クライエントが示した目標について，どのくらい自信があるか，スケーリングを用いた確認する。

スケーリングに関する質問の例を以下に示す。

- あなたがスケールに言葉を付けるとしたら何という言葉？
- スケールの言葉を変えるとしたらどのような言葉？
- 他の人は，スケールにどのような言葉をつけるか？

研究会でソリューションビルディングのキャリア・カウンセリングを実施した際には，スケーリングを用いることによって，キャリア・カウンセリング後のクライエントの気持ちが判断できるようになるという意見が多く見られた。スケーリングの質問を変更することによって，次の課題を明確にするのに有効なアプローチと考えられる。

6．研究会グループでの実践事例

　前節までは，書籍に紹介されている構成主義，社会構成主義アプローチの応用例を日本語に訳し，実施した例を紹介した。本節では，実際に活用して受けた印象について紹介する。研究会に参加するメンバーは，基本的には，キャリア・カウンセラーの認定資格を取得している。キャリア・カウンセラー資格を取得するには，実務経験が必要であるが，研究会に参加しているメンバーの所属や実務経験は多種多様である。高等教育機関で就活支援にあたるものもいれば，初等中等教育機関向けのコンサルタントもいる。企業で人事労務の一環としてキャリア支援にあたるものもいれば，現在は，人事労務関連以外の業務を行っているが定年後のキャリアを見越して参加しているものもいる。公共職業安定所やNPOで離職者，ニート向けに支援を行っているものもいる。2か月に1回実施する研究会には，毎回，異なる背景を持つものが5名から10名参加し，構成主義，社会構成主義アプローチに関する英語文献を輪読するとともに，前節までで紹介したような実施例をキャリア・カウンセラー同士で実践する。McMahonとPattonが指摘するように，これまで，構成主義アプローチについては，原理に関する文献が中心で，演習のガイドや教材がほとんどなかった。このため，多くのキャリア・カウンセラーはSavickasのキャリア理論に関する知識はあっても，実際に構成主義・社会構成主義手法を活用した経験があるものはほとんどいない。産業カウンセリング学会や心理学系の学会で，家族療法や，ゲシュタルト療法を学んでいるものについても，キャリア支援の現場で利用する方法や，こうした手法を練習する方法についてまでは，十分な知見を持っていないように見受けられる。

　本研究で，本書籍に紹介される様々な構成主義・社会構成主義アプローチを紹介すると，参加者の多くはこれまでより，クライエントの語りが重視されていることに気づき，発話を促すメタファーやナラティブといった手法に興味を示す。実際にキャリア・カウンセラー同士で手法を実践すると，これまでにはない観点から発話が促されるため，会話が尽きない状況となる。研究会の実践では，前節でも紹介したように，紙に記入するといったワークはまず1人で行

い，次にペアで活動し，活動した結果を研究会全体で共有する。同じ演習を行っていても，文脈にあうように言い回しを変えたり，発話を促すようにアレンジしたりするため，ペアによって展開が異なる。研究会では，本書籍にある例をどのようにアレンジしたか等も共有するようにしている。

3年間の活動を通して改めて思うことは，構成主義・社会構成主義アプローチについては，原理に関する紹介と併せて実践の場を持つ必要があるということだ。Wilson（2010）が指摘するように，構成主義アプローチは，ある特定の実践をそれが構成主義ではないとみなし排除できるような具体性が欠如している。しかしながら，以下2点については，実践を積むことによって，理解が深まると考えられる。

- 伝統的なカウンセリングにおけるカウンセラーとクライエントとの境界線を越える，もしくは，クライエントの経験を再構成する共著者となるという立場を理解すること。
- クライエントの行動や発言が，クライエントの置かれている環境との相互作用から起きているということを認識すること。

本節では，実際に研究会で行われた実践とそこでの対話例を紹介する。本節で紹介する実践はSpangarの対話的な傾聴技法を日本語に訳したものである。Spangar（2004）は，カウンセリング時の傾聴スキルを強調する手法を単なる傾聴と呼ばず，「対話的な傾聴」と呼んでいる。Spangarは，対話的な傾聴の中核的要素として，「心の平安」，「友好関係」，「変容的学習」の3点を挙げている。「心の平安」とは，受け入れ可能で，静まっており，集中した状態であり，敬意の念を持った，寛容な状態で，自分自身は空っぽな状態であり，それでいて自分の状態に気が付いていて，識別できているといった多次元な状態を持った現象である（Peavy, 2004）。「友好的」とは，カウンセラーが傾聴する一義的な目的は，クライエントとの信頼関係を構築することであり，問題解決は二の次であることを示す。

「変容的学習」とは，学習者が，これまでに他者から与えられた前提によって成立していた，自身の信念や経験の再評価を導くプロセスを述べる際に使用される教育理論の用語である。Mezirow（2000）は，「変容的学習（Transformative Learning）とは，当然視されている認識の準拠枠（意味のパー

スペクティブ，心的傾向，精神）を，もっと包括的なものや特殊なもの，開かれたもの，情緒的に変化可能なもの，省察的なものなどに変えることで，行動の正当性を証明するような信念や意見を形成する学習の過程である」と述べている。Peavyは，カウンセリングプロセスは，学習経験の場であると考えている。このため，クライエントが持つ文脈を別の文脈に捉えなおし，新しい行動計画を立てられるようなカウンセリングは，変容学習といえる。ここでは，研究会に企業で人事労務関連業務に従事しているキャリア・カウンセラー2名の対話を紹介する。

実施方法概要
① キャリア・カウンセラー2人をペアにする。
② キャリア・カウンセリングを進める上でやりがいを感じること，または難しいと感じることは何かを考える。
③ 5分ほどでまずAさんが振り返りを行い，テーマについて話す。
④ BさんはAさんのいうことを傾聴する。話を傾聴している間は，頭の中を空っぽにするよう努め，質問は控える。Aさんの話を聴いている間，Bさんはどんなことが頭をよぎったかを振り返る。この時，Bさんはどんなことが話を聴くことを妨げたかを覚えておく。（なぜそうした気持ちが生じたのかという）Aさんが使った言葉の裏にあることを考える。
⑤ BさんはAさんが話したことについて，どのように理解したか述べる。
⑥ Bさんの観察についてAさんがコメントする。
⑦ 役割を交替し，今度はBさんが5分間話をし，Aさんが傾聴する。
⑧ 発言と傾聴の様子について，またどう進めていったかについて，AさんとBさん2人でディスカッションする。

実際になされた対話例

Aさん「ダイバーシティを支援するために，これまでメンター制度を導入していましたが，個別支援のためにキャリア・カウンセリングを取り入れようとしています。ダイバーシティの支援としてキャリア・カウンセリングをしたのはまだ2～3人ですが，相手を支援したいと思うと，もっとこうしたらいいとアドバイスをしたくなってしまう。それが難しい」

Bさん「クライエントの話を聞く上では，受容，共感，一致というプロセスが

大切なので，そのプロセスについて悩んでいるのですね。実践だとその先が必要なので，その先のプロセスをどうするかで悩んでいるということですね」
Aさん「プロセスというのは，どう意味でしょうか？」

　皆さんは，この対話を読まれてどのように思われただろうか？　Aさんは，自身の状況を説明するために，キャリア・カウンセリングを実施することになった経緯を説明しようとしている。Aさんの語りからは，短時間で他の人に現状の課題を伝えようとする工夫が見られる。しかしながら，Aさんが使った「ダイバーシティ」という言葉や「メンター」という言葉は，組織や文脈によって伝わり方が異なる。Aさんはそうしたことは意識せず，組織内の文脈に沿って無意識に「ダイバーシティ」という言葉を使っていると推測される。日本の企業で「ダイバーシティ」という場合，女性の活用をイメージするところが多いが，欧米では人種や宗教をイメージすることが多い。Aさんの「ダイバーシティ」という言葉がどのような意味なのか，この段階では確かではない。続く「メンター制度」「個別支援にキャリア・カウンセリングを取り入れる」といった言葉も，組織文化やAさんの立場を前提にした発言といえる。Aさんは，キャリア・カウンセリングを進める上で難しいと感じている点を話しているが，難しいと感じるのが，Aさんのパーソナリティによるものなのか，現状のスキルによるものなのか，組織的問題によるものなのか，はたまた社会としての問題なのかは，この説明だけではわからない状況である。この演習では，こうした文脈に依存したAさんの認識をBさんの持つ文脈を通して確認することで，これまでAさんの中で成立していた，自身の信念や経験を再評価することを支援しようとしている。
　一方，ペアを組んだBさんは，Aさんの課題を「キャリア・カウンセリングプロセス」の課題と認識している。企業内のキャリア・カウンセラーが担う業務には，キャリアに関する悩み相談，若年社員の定着支援，中高年のキャリア再構築，就業意欲向上，メンタルヘルス支援・復職支援，研修の企画といったものがある。Bさんは，Aさんの話から，Aさんがキャリア・カウンセリングを業務の一環として実施する以上，受容，共感，一致で終わりではなく，

何等かの成果が求められているはずと認識し、「その先のプロセスをどうするかで悩んでいるということですね」という発言になったと推測される。

研究会では、AさんやBさんの対話を研究会内で共有し、他の参加者が受けた印象を伝えあう中で、如何にそれぞれの組織や、立場といった文脈に依存した対話になっていたかを確認した。Bさんは、自身の発言を振り返って、自身の問題意識が先に立ち、自身の問題意識に引っ張った状態でAさんの話を聞いてしまい、Aさんの話を十分に聞けていなかったと発言している。

研究会で「対話的な傾聴」を実践する際に多く見られるのは以下3パターンである。Bさんのように「自身の問題意識」にすり替えて話を聞いてしまうパターン、Aさんの言った内容をオウム返し（反射）するパターン、興味の赴くままに質問を開始するパターンである。研究会では、発言と傾聴の様子をグループで共有することによって、変容学習を促すために重要となる、平安、友好関係とはどのようなものであるかを体験的に学習できるようにしている。また社会構成主義アプローチを実践している人が参加すると、振り返りの機会や振り返りの視点が多様になり、参加者全員の理解が深まりやすくなると感じる。

7．高等教育機関での実践事例

社会構成主義的アプローチが有効とされる不連続な体験の最たるものとして、就職活動が挙げられよう。高等教育機関では、2011年の大学設置基準変さらにより、「社会的・職業的自立に関する指導等」、いわゆるキャリア教育が義務化された。2010年の文部科学白書では、学校から社会・職業への移行」が円滑に行われない学生・生徒が多く、社会的・職業的自立に向けて必要な基盤となる能力・態度の育成や、実践的な職業教育の充実が課題となっていることを指摘している。そうした中、実践的なキャリア教育の機会としてインターンシップが注目されている。2011年の中央教育審議会では、インターンシップにおける地域・産学の連携の必要性が提示され、インターンシップの充実・深化が、キャリア教育の体系化という観点からも重要な政策的課題であることが提示されている。本節では、インターンシップの充実・深化を目的として、高

等教育機関で実施したインターンシップにおける社会構成主義的なキャリア形成支援の実践について紹介する。

(1) 先行研究の知見

寺田（2005）や小川他（2012）が指摘するように学生のキャリア発達を促進するための支援としてポートフォリオやワークシートを用いた手法の開発が，個々の大学で進められている。ポートフォリオとは，学びの過程で生み出す学習成果物（レポート・テスト・調査した文献など）や学習履歴などを蓄積した集積物のことを指す。eポートフォリオとはこれらをLMS（Learning Management System）やCMS（Content Management System）といったICT環境上で実現したものである。社会構成主義アプローチのキャリア理論では，(1) 自身の経験を基に自分自身にとっての現実を作り上げる支援，(2) 置かれている環境や環境との相互作用の支援が有効と考えられる。

Gabriela（2012）は，学生が職業を探索しキャリアをデザインすることの重要さに気づく機会を増やすことの重要性を指摘し，キャリア・ガイダンスで自身が認識した特性や能力やスキルをeポートフォリオに公開し，また様々な活動を通してeポートフォリオを更新することにより，キャリア教育の経験を深められる可能性を示唆している。Meyer（2005）らは，eポートフォリオを学習者中心の学習に利用できた場合に，学習経験を深めることを検証している。eポートフォリオをインターンシップの実施期間中に効果的に活用できれば，社会構成主義的なキャリア形成支援に寄与する可能性がある。

本節では，インターンシップの準備段階からeポートフォリオを活用して，学生がインターンシップに参加する目的の明確化や，インターンシップでの様々な活動を通して得た気づきを振り返る，社会構成主義的なキャリア支援の実施例を紹介する。

(2) 実施方法

本実践は，高等教育機関と株式会社朝日ネットと協働で実施したものである。

インターンシップには専門家育成プログラムを受講した大学3年生5名が参加した。インターンシップ全体のスケジュールを表2-2に示す。

eポートフォリオ利用期間は，インターンシップの事前研修を行う7月から事後研修を行う10月までとした。キャリア・カウンセラーは，学生がインターンシップの事前研修，実施期間，事後研修時にeポートフォリオ上に公開した「インターンシップに参加して身につけたいスキル，能力」の目標設定をもとに，職業観や自己概念，経験を再評価することを支援する社会構成主義的なキャリア形成支援を行った。

(3) 結果の考察と今後の課題

インターンシップに参加した学生に実施した，事前研修，実施期間，事後研

表2-2 インターンシップ全体スケジュール

大学実施時期	実施内容
2月上旬	運営準備
3月〜4月	テーマ適用依頼／募集要綱作成
	募集要項取りまとめ
	テーマ公開準備
4月下旬	学生募集
5月中旬応募先調整	
5月中旬〜5月末	応募
5月中旬〜5月末	選考（書類審査，面接，推薦）
5月末〜6月上旬	結果通知
6月〜7月	インターンシップ準備
8月	実習
9月	学習評価　運用評価
9月〜10月中旬	フィードバック
11月〜	次年度準備

修後のそれぞれのアンケート結果から，本インターンシップによって職業観や自己概念を広げることできていることが確認された。以下に学生のコメントを紹介する。「自社の内部資源をどのように活用するのかを色々な側面から考えているのだということを学ぶことができた」「仕事とは，答えのないものにずっと取り組むということであるということを学んだ」これらのコメントからは，職業観の広がりが見られる。「狭い観点で物事を見る傾向が強かったということに気づいた。提案する際，自身の意見だけではなく，相手の意見を上手く自分の意見の中に組み込む方法を模索したい」「傍目八目という言葉を知って，そのような視点を持ちたいと思った」といった意見には，自身のスキルや能力に関する深化が見られる。「特定の業界，企業のみしか今までは注目していなかったが，自身のやりたい職種，仕事からも就活を考えられるようになった」といったコメントもあり，職業選択のための意思決定スキルが形成されている可能性が伺われる。全般的に本インターンシップが学生のキャリア形成に有効であったと考えられる。

　本インターンシップの成功要因は複数考えられる。キャリア・カウンセラーの社会構成主義的な支援もその１つといえる。「インターンシップに参加して何を学びたいのかということをイメージしきれていなかった私にとってそのイメージを言葉にして具体的にする手助けをしてもらえた」キャリア・カウンセラーの支援が，自身の考えをまとめるファシリテーター的な支援となっていたことがわかる。またキャリア・カウンセラーからは，「事前の目標設定，実習中および事後の振り返りとフィードバックの在り方が，学生自身の気づきや学びに大きく影響を与えることを実感した。また企業がインターンシップをどう社内で位置づけ，プログラムを組み，学生と関わっていくかによって，学生の本質的な気づきや職業観の生成に影響をもたらすことを感じた」と指摘している。

　Amundsonが指摘するように経験を解体し再構成できない多くのクライエントがいる。学生にとってインターンシップはこれまで学習してきたことを異なる文脈で活用する機会となる一方，経験したことを自身の中でどのように位置づけたらよいか不安を覚える学生も多い。キャリア・カウンセラーによっては「インターンシップを単なる会社の説明会や広報としてコーディネートする

だけでなく，学生の職業観を育て，これまでの学習と結びつけて仕事を理解できる機会となる可能性があると感じた」という認識を示す者もいる。しかしながらインターンシップを「単なる会社の説明会や広報の場」と認識している企業は多い。高等教育機関で実施するインターンシップをより有効なものにするためには，社会構成主義的なキャリア支援ができるキャリア・カウンセラーの養成が課題と考える。

8．まとめ

本章では，McMahon と Patton が提唱した質的アセスメントの理論と実践方法を中心に紹介するとともに，日本キャリア開発協会の研究会で実施した社会構成主義キャリア・カウンセリング手法の実践を紹介した。本文にも書いた通り，「伝統的なカウンセリングにおけるカウンセラーとクライエントとの境界線を越える，もしくは，クライエントの経験を再構成する共著者となるという立場」や「クライエントの行動や発言が，クライエントの置かれている環境との相互作用から起きる」という認識は，言葉だけで理解するのは難しい。また欧米先進国に比べて，若者の雇用問題の発生が遅かった日本では，近年ようやく，キャリア教育が普及し始めた段階である。しかしながら工業化時代に形成された，社会で一人前になるための仕組みが消滅しつつあり，また社会・経済の急速な変化や雇用の流動化が進む中，キャリア・カウンセラーには実践的な支援が望まれる。本章では，これまでの実践をもとに有効と思われる社会構成主義手法をできるだけ具体的に紹介するように心がけた。この本を読まれた方が，本章で紹介した質的アセスメントを実践し，同僚と実践に関する意見交換をしていただけたら幸いである。

さらに，高等教育機関でのインターンシップの実践例で紹介したように，就業経験のない学生の職業観を広げ，自己概念を深化させるには，学生のこれまでの経験を再構築する社会構成主義的なキャリア・カウンセリングは有効である。e ポートフォリオを活用したキャリア教育支援については，多くの研究がなされているが，学生のキャリア形成支援をどのように支援するかまでは十分

な考察がなされていない。社会構成主義的なキャリア・カウンセリングが有効なフィールドが日本においても数多く存在することをお伝えして，本章のまとめとしたい。

参考文献

Amundson, N. (1998) *Active engagement: Enhancing the career counseling process*. Richmond, Canada: Ergon Publications.

B.S. ブルーム，J.T. ヘスティングス，G.F. マドゥス（著），梶田叡一，渋谷憲一，藤田恵璽（訳）(1973)『教育評価法ハンドブック――教科学習の形成的評価と総括的評価』第一法規出版.

Bujold, C. (2004). Constructing career through narrative. *Journal of Vocational Behavior, 64(3)*, pp.470-484.

Cochran, L. (1997) *Career Counseling:A Narrative Approach*. Thousand Oaks, CA:Sage.

デューイ（著），宮原 誠一（翻訳）(1957)『学校と社会』岩波文庫.

Gabriela, A. (2012) *Electronic Portfolios for Career Exploration*. pp.109-116, IGI Global.

Goldman, L. (1992). Qualitative assessment: An approach for counselors. *Journal of Counseling and Development, 70*, pp.616–621.

Holland, J.L. (1992) *Making vocational choices.*（2nd ed.）Odessa, FL:Psychological Assessment Resources.

久保田賢一（2001）構成主義パラダイムと学習環境デザイン，関西大学出版部.

Mezirow, J. (2000) Learning to think like an adult, Mezirow & Associates, *Learning as Transformation: Critical Perspectives on a Theory in Progress*. San Fransisco. Jossey-Bass.

McMahon, M., & Patton, W. eds. (2006) *Career Counselling: Constructivist approaches*. Routledge.

McMahon, M., & Patton, W. (1995) Development of a systems theory of career development. *Australian Journal of Career Development 4*. pp.15-20.

McMahon, M., & Patton, W. (2002) Using qualitative assessment in career counselling. *International Journal of Educational and Vocational Guidance 2 (1)*. pp.51-66.

McMahon, M., Patton, W., & Watson, M. (2003a) *My System of Career Influences* (*MSCI*): *Adolescent version*. Unpublished manuscript.

McMahon, M., Patton, W., & Watson, M. (2003b) Developing qualitative career assessment processes. *Career Development Quarterly 51 (3)*. pp.194-202.

Meyer (2005) Developing an e-Portfolio Program: Providing a Comprehensive Tool for Student

Development, Reflection, and Integration. *NASPA Journal 42 (3)*. pp.368-380.

Miller, J. H. (2004a) Extending the use of constructivist approaches in career guidance and counselling: Solution-focused strategies. *Australian Journal of Career Development 13(1)*. pp.50-58.

Miller, J. H. (2004b) Building a solution-focused strategy into career counselling. *New Zealand Journal of Counselling 25 (1)*. pp.18-30.

小川賀代，小村道昭（2012）大学力を高めるeポートフォリオ―エビデンスに基づく教育の質保証をめざして 東京電機大学出版局．

Patton, W., & McMahon, M. (1999) *Career development and systems theory: A new relationship.* Pacific Grove, CA: Brooks/Cole.

Peavy, R. V. (2004). SocioDynamic Counselling. A Practical Approach to Meaning Making. Chagrin Falls, OH:taos Institute.

Peavy, R. V. (1995). Constructivist career counseling. Retrieved from ERIC database. (ED401504)

Peavy, R. V. (1996) Constructivist career counseling and assessment. *Guidance and Counseling 11.* pp.8-14.

Poehnell, G. & Amundson, N. (2002) CareerCraft: Engaging with, energizing, and empowering career creativity. In M. Peiperl, M. Arthur and N. Anand. (Eds.) *Career creativity:Explorations in the remaking of work*. pp.105-122, Oxford, UK: Oxford University Press.

Reiser & J. Dempsey (Eds.) (2011) *Current trends in instructional design and technology (3rd ed).* pp45-54, Upper Saddle River NJ: Pearson Prentice Hall.

Savickas, M. L. (1992) New directions in career assessment. In D.H.Montross & C.J. Shinkman(Eds.), *Career development: Theory and Practice*. pp.336-335, springfield, IL:Charles C.Thomas.

Savickas, M. L.(1993) Career counselling in the postmodern era. *Journal of Cognitive Psychotherapy: An International Quarterly 7*. pp.205-215.

Skinner, B. F. (1969) *Contingencies of reinforcement: A theoretical analysis*. New Jersey:Prentice-Hall.

Spangar, T.(2004) Using metaphors and ceremonies in career counselling, in J.Onnismaa, H. Pasanen and T.Spangar(eds), Counselling as a Profession and Subject of Research. Counselling Method. *Counsellinng Handbook, Part 3*, pp.198-207. PS-Kustannus: Jyvaskyla(in Finnish).

Super, D. E. (1990) A life-span, life-space approach to career development. In D.Browon & L. Brooks(Eds.), *Career choice and development:Applying contemporary theories to practice (2nd ed)*. pp.197-261, San Francisco: Jossey Bass.

寺田盛紀（2005）キャリア形成（学）研究の構築可能性に関する試論．生涯学習・キャリア教育研究　1　pp.3-15.
Wilson, B. G. (2010). Constructivism in Practical and Historical Context. http://carbon.ucdenver.edu/~bwilson/Constructivism.pdf
Youong, R. A. and Valach, L. (1996) Interpretation and action in career couseling, In M.L.Savickas and W. B. Walsh (eds), *Handbook of Career Counseling Theory and Practice.* pp.361-76, Palo Alto, CA:Davies-Black.

―――第3章―――

質的キャリア・アセスメントとその応用

―――――――――――――――――――――――――渡部昌平

　近年，Savickas, Cochran, Peavy をはじめとする構成主義もしくは社会構成主義キャリア・カウンセリングと呼ばれる手法（以下，引用を除き「社会構成主義キャリア・カウンセリング」と記載）は欧米で著しい進展を見せており，それはアメリカだけに留まらない。彼らはクライエントの過去・現在の価値観，人生観やライフ・ストーリーを「質的キャリア・アセスメント」という手法を用いて紡ぎ出し，そこからクライエントと共に未来を「構築する」という手法を取る。第3章では，価値観やライフ・ストーリーへの気付きを促進する「質的キャリア・アセスメント」と，その応用について検討する。

1．はじめに

　近年，欧米において社会構成主義キャリア・カウンセリングが著しい進展を見せている。宗方（2012）は社会構成主義ではなく構成主義（的）という用語を用いて「構成主義的キャリア・カウンセリングに関する主要な書籍は（中略）1990年代終盤から出版され始め，最近多くなっている。学術雑誌に関しては，職業心理学分野で定評のある Journal of Vocational Behavior が2004年に Constructivism, Social Constructionism and Career という特集号を組

構成主義がキャリア領域の研究と実践に与える影響および研究動向を明らかにした。2011年までにJournal of Vocational Behaviorに掲載された構成主義的キャリア・カウンセリングに関する89本の論文のうち，78本が2000年以降に公刊されたことからも最近の関心の高さがわかる。こうした実態から，1990年代から今日にかけてキャリア研究における構成主義の影響は，米国を中心に目覚しい進展があったといえよう」とする。また近年，社会構成主義キャリア・カウンセリングを専門に扱ったMcMahon & Patton（2006）"CAREER COUNSELLING Construtivist Approaches"が刊行されているが，同書は2人の編者がオーストラリア，その他執筆者はカナダ，南アフリカ共和国，ニュージーランド，フィンランドなどであり，社会構成主義アプローチがアメリカだけでなく全世界に広がっていることが理解できる。

これに呼応するかのように近年，日本でもSavickasのキャリア構築理論，Cochranのナラティブ・アプローチ，Peavyのソシオダイナミック・カウンセリングなどが紹介され始めている（例えば渡辺（2007），野淵（2008），榧野（2008），下村（2013）など）。

これら技法の名称はそれぞれ違うものの，それぞれが大いに影響を受けて構成されており，ナラティブに注目するなど類似した面が多い（表3-1）。これに

表3-1　社会構成主義キャリア・カウンセリングの技法の類似

Savickas「キャリア構築理論」	(1)ロールモデル (2)よく見た雑誌やテレビ番組 (3)好きなストーリー (4)モットー (5)初期記憶
Cochran「ナラティブ・アプローチ」	(1)ライフライン（人生を上下行する曲線で描写） (2)ライフチャプター（自叙伝の各時期に章名） (3)成功体験のリスト化 (4)家族の布置（家族の特徴，違いを確認） (5)ロールモデル（尊敬する人と自分の相同・相違） (6)早期記憶
Peavy「ソシオ・ダイナミック・カウンセリング」	(1)複数のライフ・ストーリーの傾聴 (2)役割（ライター，講師，夫など）のマッピング (3)人生の章の名付け (4)特徴やポジティブな特性等の明確化 (5)ライフ・スペース・マッピング

ついて宗方（2012）は「構成主義的なキャリア・カウンセリングでは，クライエントが過去および現在のキャリアについて語り，そして将来のキャリアを構成することを援助する。キャリア・カウンセラーの仕事は，クライエントのキャリア・ナラティブをより意味あるものへと導くことにあるとされる」「実証主義的キャリア・カウンセリングの特徴は『客観的』『定理志向』『特性理論が基盤』『仕事に注目』『得点に依拠』『診断重視』『適合が最終目的』と要約できるのに対して，構成主義的キャリア・カウンセリングの特徴は『主観的』『ナラティブ志向』『ライフパタン理論が基盤』『人生に注目』『ストーリーに依拠』『創造重視』『筋書き作成が最終目的』と要約できるだろう」と共通点を整理している。

例えばSavickasのキャリア構築理論では初期のアセスメントとしてキャリア・ストーリー・インタビューを行うが，これは，(1)ロールモデル，(2)よく見た雑誌やテレビ番組，(3)好きなストーリー，(4)モットー，(5)初期記憶を問うものである。これによりクライエントの職業観・人生観・生きがいなどを把握することを目指す（Savickas, 2011）。

Cochranのナラティブ・アプローチでは，ナラティブを強化するテクニックとして，(1)ライフライン（これまでの人生を上下行する曲線で描く），(2)ライフチャプター（自叙伝をイメージし，各時期に章名をつける），(3)成功体験のリスト化，(4)家族の布置（家族の特徴を聞く，自分との違いを確認する等），(5)ロールモデル（尊敬する人，モデルと自分の相同・相違を確認する），(6)早期記憶を挙げ，また，未来の語りを作るために，この他に，(7)導かれたファンタジー（未来を見通す人，守護神からのアドバイス），(8)未来の自叙伝等のテクニックを用いるとする（Cochran, 1997）。

またPeavy（2010）のソシオダイナミック・カウンセリングでは，(1)複数のライフ・ストーリーを傾聴し，(2)人生の多数の面（例：ライター，講師，夫，田舎暮らし，農家など）の声のマッピング，(3)人生の章の名付け，(4)自己の特徴やキャパシティー，ポジティブな特性の明確化，(5)ライフ・スペースの作成へと進んでいく（最終項目のライフ・スペース・マッピングの作成法・書き方については，Peavy（2010）よりも http://www.sociodynamic-constructivist-counselling.com/ で詳しく紹介されているので，参考にされたい）。

Savickas は成功体験よりも初期記憶を重視するであるとか，Peavy は対話的傾聴（Dialogical listening）を重視しマッピング（図示：life space mapping）を好むなどそれぞれ違いはあるが，並べて書いてみると重複が多いことに気づくであろう。

　クライエントの人生観やライフ・テーマを紡ぎ出す１つ１つのワーク（またはそのまとまり）については，類似したものもあれば，全く異なるものもある。彼ら社会構成主義キャリア・カウンセリングの実践家は近年，これら１つ１つのワーク（またはそのまとまり）を質的キャリア・アセスメントと呼んでいる。この質的キャリア・アセスメントの萌芽と言えるものはかなり以前から存在するようであるが（例えば McMahon & Patton, 2006 による指摘），質的キャリア・アセスメントという体系的な一連のグループとして収集・分類・分析が始められたのはごく最近のことである（本章「3. 質的キャリア・アセスメントの実際」参照）。質的キャリア・アセスメントの詳細については，次の節以降で詳細に解説していきたい。

２．質的キャリア・アセスメントとは

　下村（2013）は「キャリア・ガイダンスツールの研究領域では，近年大きな変化が起こっている」とし，「量的アセスメントから質的アセスメントへの転換」を指摘する。「最近のキャリア・ガイダンス論の問題関心は，人と職業のマッチングをいかに支援するかというよりは，むしろ人がキャリアを作り上げることをいかに支援するかという方向に変わってきている」からである。下村（2013）はさらに「質的アセスメントは，海外で爆発的に関心が寄せられている研究領域であり，その重要性・有効性は研究者の間ではほぼ共有されている」とする。「変化が激しいキャリア環境下においては，テストに回答させ，客観的な数量によって適職や適性を判定し，適切なマッチングに向けて診断を下すというアプローチに限界が」あり，「むしろ，テストとは違った形で，本人の主観的なストーリーを引き出し，自分なりの方向性を表出させ，自分なりにキャリアをコンストラクトしていけるように協力するというアプローチが望

ましい」と考えられているからである。

　質的キャリア・アセスメントとは前節でも記載したとおり，社会構成主義キャリア・カウンセリングを行う実践家が用いる，クライエントの過去・現在の価値観やライフ・ストーリーを紡ぎ出すための手法であり，キャリア・ストーリー・インタビューなどのインタビュー形式のもの，職業カードソートなどのツールを用いるもの，ライフ・スペース・マッピングなどの絵や図を描かせるものなど多岐にわたる。また「質的」キャリア・アセスメントの名のとおり，量的に標準化されたものではなく，個々人の特徴や差異，即ち「質」を重視したものであり，「タイプ分け」は必ずしも行われない（ただしタイプ分けを利用する場合もある）。

　Osborn & Zunker（2012）は「これらのツールはここ数十年，キャリア・カウンセラーの介入方法の一部となっている」とし，「標準化されたツールでは近づきがたい，キャリア決定に影響を与えるイシューについての会話を開くことができる」，また「クライエントの興味や関心を『自分のこと』（personalized）とすることができる」とする。またGysbers（2006）は，質的キャリア・アセスメントは（特に成人のクライエントで）「クライエントの積極的役割を促進」し，「自分自身について学ぶという概念を強調する」ため効果的であるとする。同様にGoldmanは質的アセスメントが「情報を収集し意味を詳述することに積極的に関与するクライエントの積極的役割を促進し」「より全体的でより組み合わさった傾向を見せ」「発達的枠組の中での自分自身に関する学習を強調し」「クライエントとカウンセラーのより協力的な関係を促進し」「学習と成長を促進するので，グループでも有効に使用され得」そして「フレキシブルで適応的で，それゆえ種々の背景を持つクライエントに用いるのに価値がある」とする（McMahon & Patton, 2006）。

　この質的キャリア・アセスメントを「どう使うか」について，McMahon & Patton（2006）はガイドラインとして，

- クライエントのプロセスを自分のこと化（Individualise）すること
- 質的アセスメントをクライエントによって過去に語られたストーリーの上にマッピングすること
- クライエントを質的アセスメントに合わせるのではなく，質的アセスメン

トをクライエントに合わせること
- 質的アセスメントの使用を，一時的・尊重的・教育的に提案すること
- 活動（activity）を行うクライエントの特権であると認めること
- カウンセリング・スキルを用いて，アセスメントのプロセスを通じてクライエントとの協働及び支援を行うこと
- 活動（activity）についての報告を聞く，または処理（process）をすること
- 質的アセスメントのプロセスのフィードバックを依頼すること
- クリエイティブであること

を挙げている。

なお Osborn & Zunker（2012）では「ここ数十年（decades）」使われているとするが，実は全米キャリア発達協会（National Career Development Association）から出版されている "A Counselor's Guide to Career Assessment Instruments" では，第6版（2013刊）からようやく質的キャリア・アセスメントに1章が割かれるようになったに過ぎない（第5版（2009刊）には同章がない）。実はアメリカにおいても，質的キャリア・アセスメントの扱いが大きくなったのはつい最近のことであり，質的キャリア・アセスメントは「これからのツール」なのである。次節において，具体的に質的キャリア・アセスメントの例を挙げていくこととする。

3．質的キャリア・アセスメントの実際

実は質的キャリア・アセスメントには数多くの種類があるが，例として以下のようなものが挙げられる（以下，Gysbers（2006）他より著者が要約・仮訳）。

1）ライフ・キャリア・アセスメント（LCA）
・セクション1：キャリア・アセスメント
　①仕事経験：最も好きだった，又は少なくとも好きだった仕事を尋ねる
　　（パートでもフルタイムでも，給与制でもボランティアでもよい）。目的は，好きな仕事からライフキャリアテーマを明確化すること。

例：人と働くのが好き，細かい仕事は嫌，私は変化を好む，かっちり監督
　　　されるのは嫌
　②教育・訓練経験の聴取（「好き」の確認とライフキャリアテーマの明確化）。
　　例：挑戦しがいがあったので数学が好き，退屈なので歴史は嫌い
　③余暇活動の聴取（「好き」の確認とライフキャリアテーマの明確化）。
　　例：素敵な人たちと人脈をつくるのにトランプをするのが好き
・セクション2：日常
　典型的な1日について振り返り，ライフキャリアテーマを明確化。
　　例：1人で働いているが好きじゃない，グループで働いていてその中でで
　　　きた人間関係を楽しんでいる，私の仕事は挑戦的で好き
・セクション3：強みと障害
　直面する3つの強みと3つの障害を明示し，ライフキャリアテーマを明確化。
　　例：私はオーガナイズが得意だ，私は挑戦に応じる
・セクション4：サマリー
　明確になったライフキャリアテーマのレビューを行う。

2)キャリア・ジェノグラム
①（カウンセリング）目的の共有
②3世代の家系図を書く：生年月日，没年月日，離婚，職業，好み等を記載
質問例
- あなたが育った家庭についてどう表現しますか？
- 両親のいる家庭で育った場合，お父さんの職業は何ですか？ お母さんの職業は何ですか？（合わせて他の職業経験，教育・訓練，キャリア満足度，実現しなかった夢等も聞く）
- あなたのお母さんやお父さんは何が好きでしたか？ それを表現するのにどの形容詞を使いますか？ 夫婦関係はどんなでしたか？
- 兄弟姉妹のお仕事は？ 若い兄弟は何になりたがっていますか？ 兄弟姉妹はどこに住んでいますか？ それぞれの方のライフ・スタイルを表現してください（合わせて家族が近くに住んでいるかどうかや祖父母の承認を競ったいとこがいるかどうかも聞く）。

- おばあさんの職業は？おじいさんの職業は？
- おばさん，おじさんは何をしていますか？
- 家族の中でのあなたの役割は？（今そして昔）
- ご両親とあなたとの関係は？（合わせて彼らのあなたに対するキャリア願望も聞く）

3) ライフ・ロール分析（LRA）

- LRAでは，①人生上の役割，②人生の状況，③ライフ・イベント，④それらの関係，⑤人生の3時点でのそれらの相対的重要度を分析してもらう。
- 5年前，現在，5年後を円で描き，年代のラベルを貼る。5年は任意であり，5年でなくともよい。
- まず親，配偶者，労働者，学習者，余暇参加者，市民，子ども等の中からライフ・ロールを選ぶ。5年遡って円の中にその時のライフ・ロールをそれぞれ小さい円で描く。重なり合ったり接していたり離れていたり。円のサイズで相対的重要性を示し，現在と5年後も同様に埋める。ライフ・ロールは時期により追加しても動かしてもよい。
- LRAにより自らがライフ・ロールのつながりをどう見ているかが図示される。「この表現があなたの問題を説明することをどう助けるのか教えてください」「親，配偶者，学習者，労働者の役割があなたとどうオーバーラップするか教えてください」等の質問をすることで，相手の心配や状況のダイナミクスを読み解くことができる。

（※以上，Gyspers, 2006より筆者が要約・仮訳）

その他にも，下記のような質的アセスメントがある。

4) キャリア・スタイル・インタビュー（CSI）

- キャリア構築理論の理論から作られた質問への回答として個人が作り出すセルフ・ポートレート。言語で構成されるが，視覚的イメージでも適用。
- クライエントは趣味や好きな話，好きなモットー，ヒーロー・ヒロイン，学校で好きだった教科・嫌いだった教科，好きな雑誌やテレビ番組，初期

の記憶への質問に答えるよう要請される。議論の焦点は質問への答を得ることではなく，番組名や書名などクライエントが表現する細かな点である。例えばクライエントがストーリーを述べる中で，どの登場人物になぜ／どうやって同一視するかを語る。

5) 履歴書によるワーク・ヒストリー分析
- 履歴書はキャリアの冒険ツールとして使える。価値や興味，スキルに関するクライエントの個人的テーマを生成することを支援できる。楽しんでできた経歴にはチェックマークやアスタリスクをつけ，そうでなかったものには×印をつける。そして優先度をつける。

6) ファイブ・ライブス（5つの人生）
- キャリア・カウンセリングの手始めに「何に興味がありますか」「何に優れていますか」のような定型的な質問よりも良い。「もしあなたが5つの全く異なる人生を歩めるとしたら，どうしますか？」質問は単純だが，回答はしばしば豊かな意味を持つ。
- この技法の主たる目的は，形式的・因習的な方法ではなく，クライエントに可能性という「夢」を認めるキャリア・カウンセリングの過程を説明（紹介）することである。

7) アイデアル・デイ（通常の1日）
- キャリア・カウンセラーがクライエントの興味や価値観，人生役割を査定（アセスメント）するのに標準化されていない方法でよく使われるのは，日常生活に関する描写である。もっとも単純な教示は，朝起きてから夜寝るまでの通常の労働日（ワークデイ）に考えたことを書くまたは記録してください，ということである。アイデアル・デイの問題は，カウンセラーが1つのトピックに囚われすぎること，またあまりに時間をかけすぎないことである。

8) キャリア・ジェノグラム

第3章　質的キャリア・アセスメントとその応用

(2)と重複するため省略)

9) Holland パーティー・ゲーム
- 参加者は Holland タイプの1つ1つから基礎的な1文の記述を与えられる。セッションの前にカウンセラーは各 Holland タイプの頭文字とカードを部屋に置く。各タイプの記述を読み自分のトップ3を選んだら，参加者はその文字を探し，そこに立つように指示される（そこで会話が始まる）。

10) チェックリスト
- 必要に応じてカウンセラーが作るツールもある。例えばカウンセラーが価値観のリストを作り，学生に上位及び下位の5つを選ばせる。これが議論の基礎となる。興味，スキル，趣味，キャリアに関する信条，キャリアに関する心配，対処方法，専攻などもチェックリストとなり得る。チェックリストの目的は信頼性ではなく，クライエントとカウンセラーに議論のための出発点を供給することである。

11) 20 Things
- クライエントは20個のやりたいことを書くように指示される（例：レジャー，映画，パーティ，読書，授業を取るなど）興味リストに以下のコードを振る。
  T：より楽しむためには訓練を必要とするもの
  R：身体的・感情的・知的リスクがあるもの
  PL：計画が必要なもの
  A，P，A／P：1人で楽しむかみんなで楽しむか
- それぞれの活動の横に「最後にやった日付」を書く。
- 好きな活動5つに星をつける。

（※以上，Osborn & Zunker, 2012 より筆者が要約・仮訳）

12) キャリア・スタイル・インタビュー（CSI）
対象：青年，若年成人，成人

目的：ＣＳＩは個人が学校で用いる，または個人的に意味があり他者と関係する仕事上の方法としてのライフ・ストーリーを，個人が語り，聞き，執筆することを可能とする。

テスト時間：振り返りによる

総時間：だいたい１〜２時間

- 成長段階で誰を尊敬していたか？
- いつも読んでいた雑誌は？ その中の何が好きだったか？ 楽しんだテレビ番組は？ なぜ？
- 好きな本や映画は？
- 自由時間には何をする？ 趣味は？ 趣味では何を楽しむ？
- 好きなことわざやモットーは？
- 中学高校で好きだった教科は？なぜ？ どんな教科が嫌いだった？ なぜ？
- 最も初期の記憶は？ ３歳から６歳頃までの記憶は？

13) 未来のキャリア自叙伝

対象：青年，若年成人，成人

目的：未来のキャリア自叙伝は，時間を超えた，またはキャリア干渉以降の個人の職業的ナラティブの変化の指標として用いられるアセスメントツールである。

テスト時間：ニーズによる

総時間：10分

- 大学を卒業してから（今から）５年後にどこで生活したいか，仕事は何をしていたいかを簡潔に書いてください。
- レビューはいくつかのステップによる。(1)アシスタントが名詞，フレーズ，職業テーマに下線を引く，(2)カウンセラーがレビューする，(3)「三角測量」のための追加的な外部レビュアー。

14) インテリジェント・キャリア・カードソート（ＩＣＣＳ）

対象：若年成人，成人

テスト時間：45分

総時間：5 時間以上
ICCSのステートメントの例
「なぜ」
- 私は現状の安定を望む。
- 私は仕事から達成の感覚を獲得することが好きだ。
- 私は，社会に貢献することが好きだ。
- 私は雇用が私のライフスタイルを支援することを望む。
- 私はサポーティブな環境で働くことを楽しむ。

「いかに」
- 私は自分が参加するプロジェクトから学ぼうと努力する。
- 私は将来の仕事のために教育訓練（トレーニング）を求める。
- 私は自分の仕事に特有の技術や知識を追求する。
- 私は，より戦略的な考えを持とうと努力する。
- 私は新しいアイデアに心を開くことによって学ぶ。

「誰を」
- 私は学校の友達との関係を保つために働く。
- 私は職場の外の人との関係を維持・開発する。
- 私は新しい友人関係を深めようとする。
- 私は仕事関係の人との人間関係を構築する。
- 私は私から学ぶことができる人と仕事をする。

15) ノウデル・カードソート：キャリア価値カードソート（CVCS）
対象：特定の年齢はないが，仕事やキャリアを探している人
テスト時間：5〜20 分
- 2つのステージで実施。(1)好きなスキルと嫌いなスキルを明確化，(2)各スキルの熟達レベルの明確化。
- 110 のカードを5分類。「明確に興味あり」「たぶん興味あり」「無関係」「たぶん興味なし」「明確に興味なし」。
- 明確に興味あり，たぶん興味あり区分から共通テーマのクラスターを作成。

16) ライフ・ロール分析

対象：青年，若年成人，成人

テスト時間：20 ～ 60 分

（3）と重複のため内容は省略）

17) 私のキャリア・チャプター

対象：子ども（下記内容を修正して使用），青少年（下記内容を修正して使用），若年成人，成人

テスト時間：だいたい2時間

- ステップ1：現在の雇用市場はどのようにあなたのキャリア・プランに影響するか。
- ステップ2：クライエントにキャリア・カウンセリングのシステムズ理論が描かれた図が渡される。
- ステップ3：クライエントに彼らが見たシステムズ理論モデルに基づいたマトリックスが提供される。マトリックスには個人的影響（興味，価値，教育）が縦（on one side）に，社会・環境的影響（労働市場の性質，環境，メディア，家族）が横（along the top）に含まれる。
- ステップ4：クライエントはこれら個人的影響と社会・環境的影響の複合を考えさせられる。
- ステップ5：クライエントは原稿（manuscript）を書く過程を始める。
- ステップ6：クライエントは「若かった自分」の視点で原稿を読むことを指示される。
- ステップ7：より適切なテーマに戻ることができる。

18) 私のキャリア影響システム

対象：成人，若年成人

テスト時間：30 ～ 40 分

- 1頁目：名前，性別，日付等。
- 2頁目：私の現在のキャリア状況（過去に考えた職業のリスト等）。
- 3頁目：自分は誰かについて考えて見よう（年齢や性，文化の影響）。

- 4頁目：自分の周囲の人間について考えて見よう。
- 5頁目：社会と環境について考える。
- 6頁目：自分の過去，現在，未来について考える。
- 7頁目：私のキャリア影響システムの意味。
- 8頁目：私のキャリア影響システムの反映。
- 9頁目：私のキャリア影響システム。

19) ポシブル・セルフ・マッピング

対象：5学年以上の子ども，青少年，若年成人，成人

テスト時間：20～30分

- 「どうなりたいか」（ポジティブ・プロジェクション）「おそれている，望まない自分」（ネガティブ・プロジェクション）について考えてもらう。
- 5つの指示。(1)クライエントは緑および黄色いカードの上の「可能な自己」の多数の希望／恐れをそれぞれリスト化するよう促される，(2)重要度の順で「可能な自己」をランク付け，(3)一番可能性のある「可能な自己」に☆印，(4)1点（受け入れられない）～7点（完璧に受け入れられる）で点数化，(5)「この可能な自己はどうすれば起こると思いますか？」。
- 希望の例：バスケット選手，バスケットコーチ，レースカー，バンドでドラマー，体育の先生，メカニック，有名なミュージシャン
- → (2) 重要度の順：バスケット選手，メカニック，レースカードライバー
- → (3) メカニック☆
- → (4) メカニック（6点）バスケットコーチ（5点）ドラマー（3点）
- → (5) 自動車整備コースに進む，叔父さんに車について教えてもらうよう頼む，車を買うためにお金を貯める
- 恐れの例：お金をなくす，ホームレスになる，退学，バス運転手，消防士
- → (2) 重要度の順；退学，ホームレス，バス運転手
- → (3) 退学☆
- → (4) お金をなくす（5点），単位を落とす（5点），消防士（4点）
- → (5) 楽しめるクラスにする，規則に従う，宿題をやる

（※以上，Wood&Hays, 2013 より筆者が要約・仮訳）

表3-2　質的キャリア・アセスメントの課題

ない経験／忘れ去られた経験は語られない
　　→間接経験を含め，場合によっては経験支援の必要性
自信のないもの・不安なものは前面に出てこない
　　→疑似体験を含め練習・行動支援の必要
その場の興味・価値観が出やすい
　　→「過去・現在・未来」のバランス感覚が必要
カウンセラーからも影響を受ける
　　→カウンセラーとクライエントの組み合わせによって，結果も変わり得る

　この他にゴールマップ（Brott, 2014），ライフライン法（下村，2013ほか），文章記述法（同）などの技法も紹介されている。職業カードソートについては日本でも労働政策研究・研修機構からＯＨＢＹカード，ＶＲＴカードが提供されているほか，いくつかのカードソート用カードが流通している。
　なお，上記のとおり質的キャリア・アセスメントは「標準化された（量的な）ものではない」ため，実践家により各種の方法論・テクニックがあり，個々人の価値観やライフ・ストーリーを紡ぐことができれば，その方法論・テクニックは無限ということになる。即ち，個々のカウンセラーが新たな質的キャリア・アセスメントを作成することも可能である。しかし逆に言えば，どういう年齢・性・階層でどういう質的キャリア・アセスメントが効果的かという研究は未だ発展途上であり，今後の研究の蓄積が期待されており，また当然に蓄積されなければならない（いくつかの課題については表3-2を参照）。
　例えば，これまで生きてきた人生の浮き沈みを曲線で記述させるライフライン法は，本来人生経験が豊富なクライエント向けの質的キャリア・アセスメントであるはずが，本邦においては学生に対して将来も含めて書かせている実践例が散見される。また本邦においては職業カードソートやライフラインの実践例は見られるものの（例えば下村・吉田・石井・菰田（2005），河村（2000）など），その他の質的キャリア・アセスメントについては一部で実践があるものの報告・研究がほとんどなされていないのが現状である。今後，本邦においてもこうした技法の対象範囲や効果について検討が必要である。

4．集団実施，遠隔実施，ピア・カウンセリング等の可能性

　質的キャリア・アセスメントは複雑な点数計算やコード化，統計処理が不要であり，もちろん訓練を経たキャリア・カウンセラーと一緒に実施することで深くかつ一貫性のあるライフ・ストーリーを紡ぐことができるが，基本的な部分は誰にでもできるものであり，クライエント同士やクライエント個人でも取り組むことができる（表3-3）。

　その結果，様式さえ用意すれば，集団実施，またメール等での遠隔実施，クライエントに渡して次のカウンセリングまでに宿題としてやってくる等の時間差実施（カウンセリング時間の短縮），クライエント同士のピア・カウンセリング，セルフ・カウンセリングにも拡張し得る（本章「2．質的キャリア・アセスメントとは」も参照のこと）。下村（2010）においても，質的キャリア・アセスメントを用いた場合のカウンセラーの「協力者としての役割」，またピア・カウンセリングの可能性について述べられている。

　実際，筆者の経験では質的キャリア・アセスメントを用いたキャリア・カウンセリングで時間・回数とも短縮できるという印象を持っている。Savickas（2011）は実際に「典型的には，キャリア構築の実践家は最初のセッションでクライエントのキャリア・ストーリー・インタビューからキャリア構築を引き出し，第2セッションでクライエントの再構築されたストーリーを語りクライエントとの共同構築をはじめ，第3セッションもしくは最終セッションでカウンセリングを終結し相談を終結する。彼らは最初と第2セッションの間を1週

表3-3　質的キャリア・アセスメントの利点

・クライエントを「カウンセラー化」できる
　　自らの資源・症状を脱構築化し，「未来に向けたつきあい方」を考える経験を通じ，他の問題が起こっても「自分でやっていける」
・慣れてしまえば説明が容易で，少数回・短時間で終了しやすい
・柔軟で，応用が利きやすい
・教育・ガイダンスなどにも応用可能

間，第2セッションと第3セッションの間を2～4週間置こうとする」とする。即ちSavickasは3回程度のセッションでのカウンセリングの終結を想定しているのである。

また例えばPeavy（2010）は自らのライフ・スペース・マッピング技法を用いたカウンセラーの感想を引用して（以下，筆者による仮訳），

カウンセラー3：フィンランドでの労働許可を得た移民との面談

　マップを描くことは私に視覚化の具体性を教えました。「百聞は一見に如かず」の格言どおりでした。描くことはクライエントをプロセスの活動的な参加者にし，彼が新しい解決策を理解するのを助けます。私の役割は，共同旅行者および新しい選択肢のジェネレーターの1人へ変わりました。マッピングによって，クライエントは必要とされるさらなる究明をより容易に行なうことができました。さらに彼のキャリア決定プロセスを彼の妻に説明するのも容易でした。

カウンセラー4：仕事探索計画にマッピングを使用

　クライエントの現在の計画を聞いて，彼はワークライフに導かない解決策を繰り返すつもりのように見えました。その段階で私は，マッピング課題をすることに決めました。

　カウンセリング・セッションの前に，これは私のワーキング・スタイルに合う方法ではないと思いました。クライエントは描写に約15分をつかいました。現われたテーマは実務経験，家，運転免許でした。描写に対する議論を通じて，クライエントは彼が以前に考えたことがなかった新しい労働市場トレーニングのオプションを考慮し始めました。

　クライエントは，マップを描くことは彼の現状の生活状況を誰かに説明するのに簡単で適した方法だと説明しました。彼は話し，考えることが同時にはできませんでしたが，描画の後には自省する時間を取ることも考えを説明することもできるようになりました。カウンセラーは，家というものが，描写なしでは理解できなかったであろうクライエントの人生で，重要な要因であることを知りました。クライエントは描写をする前よりも明らかにリラックスしていました。

などの例を紹介している。ここではカウンセラーは「指導する専門家」という

よりも「同伴する共同作業者」の立場となっている。

　もちろんカウンセリングの専門知識があるからこそ「適切かつ安心な共同作業者」たり得るのであるが，そのプロセスを知っていれば質的キャリア・アセスメントは集団実施，遠隔実施，時間差実施，ピア・カウンセリングそしてセルフ・カウンセリングにも応用可能な，柔軟かつ適合的な技法なのである。1対1のカウンセリングに限定されない柔軟性を秘めているのである。

5．集団実施に向けた実践例

　筆者が実際に大学の講義やガイダンス等で集団実施しているワークシートの例を付録1（pp.104-109）に添付する。（図3-1：職業カードソート，図3-2：これまでを振り返る，図3-3：「いい仕事」を考える，図3-4：1日を振り返る，図3-5：5つの人生，図3-6：やりたいこと）。なお図3-4〜3-6はOsborn & Zunker（2012）で紹介されているIdeal Day，Five Lives，20Thingsを筆者がそれぞれ意訳したものである。これらワークシートは主として筆者がファシリテーターとして学生集団に対して実施しているが，個別のキャリア相談やグループワークの際にも活用可能である。当初は志望業種・職種を明確化する意図で実施していたが，実際に具体的な業種・職種の特定までを求めるものではない（「人と接する仕事が好き」「人の役に立ちたい」等の方向性が示せればよいと考えている）。また最近は社会構成主義キャリア・カウンセリング（ライフ・キャリア・コンストラクトの観点）の影響を大いに受けて考えをさらに拡張し，自分の人生観，即ち日常生活までを含めた価値観（「人間関係を大切にしたい」「1人で作業するほうが好き」等）を紡げればよいと考えて，図3-6：やりたいこと（20Things）などのワークも並行して実施している。

　なお筆者としては上記版権を主張する気はないので，読者各自が自由に（そのままで，または加工して）ワークシートを使っていただいて差し支えないと考えている。例えば図3-2は1ページの様式で示しているが，小中高大と時代分けをしてページ設定をしても構わないし，白紙に書き込ませても構わない。実際，筆者は時間がある場合には小中高が分かれた複数ページの版を使うことが

ある。時間はかかるが（または時間をかけることで），じっくりと過去を振り返らせることが可能である。

　また実際の実施に当たっては，個々のクラスや学生の状態に応じて，一部のワークを追加して実施することもできるし，様子を見ながら一部のワークを実施しないという選択も可能である。実際，1回の実施で100％の学生に効果があるワークはないので，複数の質的キャリア・アセスメントを組み合わせて実施している。各々の質的キャリア・アセスメントに必要な時間などについては，Wood & Hays（2013）が詳しい。

　ところで経験上，職業カードソートや「1日を振り返る」のようなワークは多くの学生に受け入れられやすいが，自分の枠を壊せない学生には「5つの人生」などのワークが効果的との印象を持っている。アメリカの実践家の間では，自分の枠を壊せないクライエントに対して「神様や守護霊に『好きな仕事につけるようにしてあげる』と言われたら，何を選ぶ？」「神様や守護霊がアドバイスするとしたら何と言うと思う？」などの働きかけを行うようだ。

　こうした質的キャリア・アセスメントを複数回実施した講義で，講義1回目と講義15回目における時間的展望体験尺度（白井，1994）の目標指向性下位尺度が有意に増加したことが報告されている（渡部，2013）。

　キャリア・カウンセラーがこうした質的キャリア・アセスメントの実施に慣れるためには，まず自らが被験者として試してみることが重要である。またキャリア・カウンセラー同士のグループでの，ロールプレイも有効である。本書を参考に，是非自らご体験いただきたい（ただしこれら経験を経なくとも，質的キャリア・アセスメントを活用することは実際には可能である。本章「4. 集団実施，遠隔実施，ピア・カウンセリング等の可能性」を参照されたい）。

6．集団実施の応用例（責任感・役割概念への拡張）

　質的キャリア・アセスメントの応用により，個人の興味・関心，職業観・人生観・生きがいの把握だけでなく，個人の責任感・役割概念にもアプローチが可能と考えている。実際，Peavyのソシオダイナミック・カウンセリングでも

役割把握を行っているし，ライフ・ロール分析などの質的キャリア・アセスメントでも扱われている。

付録2（pp.110-114）の図3-7～3-10は筆者が実際に学生に向けて実施しているものであるが，多くの学生は社会人体験がなく（あってもアルバイト経験程度），サービス産業化の中で働く親の背中が見えにくく「経験していない社会人体験」をイメージすることができない場合が多い。しかし日常生活での責任・役割分担であれば，そうした現代学生であっても家庭生活や部活やサークル，アルバイト，友人関係の中で頻繁に起こっている。そこで，そうした日常生活での責任・役割分担を踏まえて「いい仕事を考える」というワークを実施している。

現代の「家と学校の往復で，経験が少ない学生」「社会や他者との接触が少ない学生」に対しては，その少ない経験の中から職業観や人生観を紡ぎ出さなければならず，日常生活や学校生活での経験をも利用した質的キャリア・アセスメントが重要となってくる。そしてむしろそのほうが，「社会人の責任感・役割分担」をイメージしやすく，社会人生活にも接続しやすい。

自己ＰＲや自分の長所を考える際においても，生育してきた環境のせいなのか日本の文化的な背景のせいなのか「思いつかない」「言えない」「書けない」若者が少なくない。筆者は図3-11のようなワークシートを学生に提供し，「できないけれどできるようになるように頑張っていること」「失敗から学んだこと」も自己ＰＲや自分の長所として使えることを説明し，記入させるなどの工夫を行っている。

またSuperのメンターでありSavickasに影響を与えたとされるKitsonが主張する「カウンセラーの仕事は，クライエントの興味を見つけるために興味検査をすることではなく，クライエントが興味を醸成することを支援することである」（渡辺，2007）という主張は当を得たものであり，若者支援を行うカウンセラーにはライフテーマの紡ぎだしと並行して，「経験の支援」「興味醸成の支援」を行っていく必要があると考えている。そのためにも質的キャリア・アセスメントは有効であり，「過去・現在と未来の接続」「学生生活と社会生活の接続」のために欠かせないツールである。

各学校種では近年，職場体験（インターンシップ）や企業・工場見学，企

業・社会人講演，また企業等と連携したＰＢＬ学習の導入が進んでいるが，こうした「経験の支援」「興味醸成の支援」を行うに当たっても，その前後の研修・ガイダンスで質的キャリア・アセスメントそのもの，またはその応用を活用することで，そうした経験をより有意義にすることが可能になると考えている。詳細については次項で説明したい。

7．さらなる応用・拡張へのヒント

　Ａ大学では早期からインターンシップ先を多数確保し，また正規の講義と同様の単位化を図っており，対象学生の約半数がインターンシップに参加するなど国内でも先進的な取り組みを実施していた。しかし多くの学生が参加するに連れ，「就職に有利だから」「みんなが行くから」という消極的な理由で参加する学生が増えるようになり，「発言・行動が消極的」「質問をしない」「座学で居眠りをしていた」などの苦情も一部企業から出始めていた。

　そこでＡ大学ではインターンシップ実施報告書について，「実習のまとめ」としてインターンシップで実施した作業，実習から得た知識や経験の記載に加えて，「実習を踏まえた今後の学生生活における目標」も記載させるように様式を変更した。即ち，インターンシップ経験を未来につなげるような記載を学生にさせることとしたのである。

　この結果，インターンシップ事後報告会での学生の発表が活発になり，事後報告会の満足度が急上昇した（「とても満足」26.8%（前年度）→52.4%（当該年度））。またコメント（自由回答）欄でも「自分の不足する所がわかった」「今後の就活に向けて参考にすべきところがいろいろとあった」など，振り返りの効果が見られるような回答が見られた。インターンシップ経験を踏まえて今後の目標を設定させることで，当該経験を踏まえた興味や価値観の明確化・能力不足の把握が行われ，当該経験を「自分のこと化」できたのだと分析している。

　このように課外イベントだけでなく講義や日常生活も含めて，自分の興味や関心，価値観を明確化できれば，「今後どういう人生にしたいか・すべきか」「どうすればそういう人生を送ることができるか」を考えることができ，これ

からの行動についても「それは自分の人生にとってどういう意味があるのか」「そのためにもっと何をすべきなのか」と考えるようになる。当初は教育機関側で支援を行わなければならないとしても，その方法や内容が学生に理解されれば，その後は学生自身が自分自身について考え，行動しはじめるようになる。

ただ実は残念なことに上記取り組みでは「インターンシップ参加自体の満足度」を上げることはできなかった。これには「インターンシップに参加する目的の明確化」（例：その業種・職種について詳しくなってくる，大人と会話する練習をする等）が必要だと考えている。

そしてこれら実践に当たっては「事前調査書」「事後報告書」等に学生自らが自らの目標等を書き込む，大学側が学生が目標等を書き込む時間や機会を提供する，即ち「目標の『見える』化」「目標の『見える』化の支援」が重要である。

上記のような筆者の実践以外（キャリア教育以外）でも，杉山（2010）による高校中退者の「声」から中退予防を検討したもの（高校中退者のナラティブの活用，杉山はいじめる側いじめられる側のナラティブの活用も行っている）がある。その他例えば「語られなかったことを補うもの」として，コミュニケーションが苦手な児童・生徒に対するソーシャルスキル訓練の適用も考えられるし，教員同士のナラティブの交換を踏まえた授業研究や情報・意見交換もあり得る（それにより教育の新たな視点を得ることができる）。二宮（2010）は教育実践におけるナラティブの活用について述べている。

臨床心理学系のナラティブ・アプローチでは過去・現在の「症状」に焦点を当て，症状の外在化などの手法を用いて「未来に向けて症状と付き合っていく方法」を考えていくが，キャリア・教育系のナラティブ・アプローチでは過去・現在の「本人の価値観・人生観」を尊重し「未来に向けて価値観・人生観と付き合っていくこと」を考えていく（この辺りはソリューション・フォーカスト・アプローチなどの短期療法（ブリーフ・セラピー）とも共通するものがあるかもしれない。またポジティブ心理学とも相通じるものがあるかもしれない）。また高校中退者や同僚教員などのナラティブを活用して，自らや社会の改善を図ることも可能となる。今後，幅広い分野との情報・意見交換，連携がこうしたアプローチの効果・効率をアップさせていく鍵となるであろう。

8．課題

質的キャリア・アセスメントにより，カウンセラーは多くの学生の目標設定支援に関与することができるようになるが，目標を立てたからと言って直ちに行動を起こすとは限らない（渡部・土屋，2012）。

現代の学生が新たに行動を起こしたりコミュニケーションを取ったりするためには，一定の「慣れ」（練習・訓練）が必要だと感じている。現代の学校においては「新しい行動」「他人と違う行動」はリスキーと受け取られている印象がある。学生が常に新たな友人・新たな体験を積極的に受け入れようとするとは限らない。むしろリスクを回避して「現状維持」を目指しているようにも見える。未来を想定せず，過去・現在だけで判断する場合，この判断はあながち間違いとはいえない。しかし質的キャリア・アセスメントを用いて，未来の「成長した自分」をイメージさせることで，こうした消極的な意識や行動を一定程度防ぐことができると考えている。社会に出れば当然に「異なる価値観を持つ人間との交流」などスキルや人脈が問われるからである。

A大学では質的キャリア・アセスメントの実施に加えて，席指定・席替えをしながらの1対1の挨拶や少人数グループワークなどを通じて，学生が新しい行動・コミュニケーションに「慣れる」（練習・訓練する）ことを試みている。慣れないうちに8～10人のグループワークを実施すると「参加できない学生」「参加したがらない学生」が出てきて，グループワークが崩壊する恐れがある。学生に慣れてもらうためにも「少人数」「段階的」「他者と接触する」グループワークが必要となってくる。

また「いい行動」「いい仕事」の基準（スタンダード）が個々人の中にできていなければ，そうした「いい行動」「いい仕事」を起こすことができない。質的キャリア・アセスメントを応用したワークシート（付録2：図3-7～3-11）で「どんな仕事がいい仕事だと思うか」を考えることで，それまでの日常生活では考えてこなかった「いい行動」「いい仕事」の自分なりの基準（スタンダード）を明確化することができる。その基準を他者と情報・意見交換，共有することで，新たな成長の芽とすることもできる。その基準を持って社会に入って

いくことで，大きな混乱なく社会人生活を送ることも可能となる。

　瀬戸（2007：2009）はキャリア教育に社会構成主義的キャリア・カウンセリングの考え方を応用することを検討しているが，今後，キャリア教育に限らない教育分野においてもこうしたアプローチが増えてくることだろう。質的キャリア・アセスメントの「自分のこと化」機能が，若者の社会化を進める1つのきっかけになることを期待している。例えば博報堂DYグループエンゲージメント研究会（2009）が『「自分ごと」だと人は動く』という本を出版しているように，産業界との連携も考えられるかもしれない。

　質的キャリア・アセスメントの考え方はまだ比較的新しいものであり，まだまだ発展の余地がある。質的キャリア・アセスメントの実施により，個々人の価値観・人生観を明確にすることが可能であるが，経験が少ない若者の場合はそれでも価値観・人生観が明確にならない場合もあり，並行して経験を積ませる必要がある。また価値観・人生観が明確になっても行動を起こせない若者も少なくないため，同様に周囲が行動を支援する必要がある。また各々の質的キャリア・アセスメントの対象範囲や課題が明確になっていないなどの課題もある。質的キャリア・アセスメントを理解・実施する実践家が少ないため，議論や実践報告の蓄積が少ないという現状の課題もある。

　「経験が少ない若者の場合は価値観・人生観が明確にならない」と書いたとおり，実は社会構成主義アプローチそれ自体では「正解」「ゴール」がない。それについて筆者は今のところ，人間が生物学的・社会的・発達的存在であるという観点から，クライエントとカウンセラーで共同設定した目標を逐次確認していく必要があるのではないか，と考えている。即ち，「その方法で食べていけるのか，生活していけるか」「対人的にまた社会的に適応できているか」「長期間にわたってその状態でよいのか，将来はどうなりたいのか」等々の視点である（渡部，2014）。筆者はクライエントに対し，「生物学的・社会的・発達的に見ても適応的な未来展望であるか」と確認することを，個人的に密かに「キャリア進化論」（正確には「進化論的確認基準」であるが）と呼び，McMahon & Patton（2006）のガイドラインと同様に重視している。例えばパラサイトシングルは生物学的に適応的かもしれないが社会的・発達的にはどうか，親の希望に応じて公務員を目指すのは社会的・発達的にはいいかもしれないが生

物学的にはどうか，とクライエントに（もちろん言葉を選んで）問う場合もある。未来像の在り方についても含め，今後の実践及び実践報告の蓄積が重要である。

9．まとめ

　全米キャリア発達協会による全米キャリア発達指針（National Career Development Guidelines）（付録3：pp.115-121）では，個人的社会的発達領域の最初の目標として「ポジティブな自己概念を構築・維持するための自己理解の開発」を挙げ，具体的には「興味，好き，嫌いの明確化」「能力，強み，スキル，才能の明確化」「ポジティブな特徴（例：正直さ，信頼性，責任感，完全性，忠実さ）の明確化」「働く事の価値・必要性の明確化」などの項目を挙げる。

　即ち，社会化を目指すに当たっては，「自分のどういう興味・能力・特徴を活かして社会化していくのか，成長していくのか」ということをまず最初に考える必要がある，ということである。社会に積極的に関与していくためには，自分の興味・能力・特徴・価値の「自分のこと化」（Personalized）が必要ということである。その上で「社会との摺り合わせ」を考えていく必要がある（社会との摺り合わせが重要ではない，というのではなく，その人自身の言語的（又は図示された）明確化が必要ということである）。

　質的キャリア・アセスメントは，過去・現在の個人個人の興味・能力・特徴・価値を明確化し，「未来のあるべき自分の姿」「未来に向けて現在不足している部分」を想像しやすくする。1対1のカウンセリング場面だけでなく，学生等の集団に対する集団実施（ガイダンス）やピア・カウンセリングなどにも活用可能である。またその応用として，インターンシップや企業見学などのイベントの前後の研修・ガイダンスにも応用可能である。さらにキャリア・カウンセリング（キャリア教育）だけでなく教育一般にも応用可能である。

　例えば「未来が不安」と言いつつ「何をしていいのかわからない」という学生は多い。入学当初，「未来が不安（だから未来のことは考えない）」「とりあえず単位を取れるだけ／卒業できるだけ最低限の勉強をしておく」「世の中はブ

第3章　質的キャリア・アセスメントとその応用

ラック企業だらけで，仕事はつらい・面倒くさい」という思いを持っている学生に対して，

- 未来は暗くない（個人・企業・社会が明るい未来を構築する）
- 未来に向けて，学び・経験が学生時代には必要
- 世の中は捨てたものではない（すごい企業もたくさんある）

とその思いを「脱・再構築（共同構築）」していく必要がある。そのためには一方通行の座学だけでなく，元気な中小企業などの情報の提供，企業講演・見学・インターンシップ，学生同士のグループワークやOBOGとの交流などの各種の工夫をしていく必要性も出てくるだろう。それはもはや質的キャリア・アセスメントを超えて，個人の「キャリア意識」のメタ認知への教育・支援の必要性という問題にもなってくる。

一方，狭義の質的キャリア・アセスメントに限ったとしても，それは欧米においても比較的「新しい手法」であり，その対象範囲・効果について，本邦においても実践・研究の蓄積，成果の共有が必要である。いずれ質的キャリア・アセスメントについては，今後，本邦の多くの実践家が実践・研究・報告・連携をすることで，集合知を形成していくことが必要と考えている。

※なお本稿では質的キャリア・アセスメントにのみ触れ，標準化されたアセスメントについて触れていないが，当然，欧米においても標準化されたアセスメントは継続して利用されており，全てが質的アセスメントに置き換わった訳ではない。質的アセスメントが有力な方法であることに変わりはないが，その辺りはご注意いただきたい。

標準化されたアセスメントよりも質的キャリア・アセスメントがいいという話ではなく，何を利用するにも「クライエントの価値観やライフ・ストーリーに注目する」という，カウンセリング本来の姿に立ち戻ることが重要であると考えている。

実際，筆者は中高年のキャリア・カウンセリングでは表立って質的キャリア・アセスメントを使うことはまずないが，カウンセリングの最中には常にクライエントの価値観やライフ・ストーリーを意識するようにしている。これは質的キャリア・アセスメントを扱うようになってから特に意識するようになったことである。

参考文献

Brott, P. E. (2014) *Qualitative Assessments in Career Counseling:The Client Career Story as an Idiographic Process.* National Career Development Association 2014 Conference.

Cochran, L. (1997) *Career Counseling – A Narrative Approach.* SAGE Publications.

Gysbers, N. C. (2006) Using qualitative assessments in career counseling with adults, *Int J Educ Vocat Guid 6.* pp.95-108.

博報堂DYグループエンゲージメント研究会（2009）「自分ごと」だと人は動く　ダイヤモンド社．

河村茂雄（2000）心のライフライン　誠心書房．

梶野潤（2008）キャリア教育の実践とソシオダイナミック・カウンセリング　進路指導，81(6)　pp.76-79.

McMahon, M. & Patton, W. (2006) *CAREER COUNSELLING – Constructivist Approaches.* Routledge.

溝上慎一（2010）「大学生活の過ごし方」から見た学生の学びと成長の検討　電通育英会調査レポート．

文部科学省中央教育審議会大学分科会大学教育部会（2012）「予測困難な時代において生涯学び続け，主体的に考える力を育成する大学へ」（審議まとめ）．

宗方比佐子（2012）構成主義的キャリア・カウンセリングの現代的意義と課題　金城学院大学論集．人文科学編 8(2)　pp.125-134.

二宮祐子（2010）教育実践へのナラティヴ・アプローチ：クランディニンらの「ナラティヴ探究」を手がかりとして，学校教育学研究論集　22　pp.37-52.

野淵龍雄（2008）Super, D. E.の後に来るもの――Savickas, M. L.とコフラン，L.に注目して　キャリア教育研究　27　pp.9-14.

奥田雄一郎・半澤礼之（2003）大学生の時間的展望の構造についての研究（I）―新入生は自らの過去・現在・未来をどのように構造化しているのか　第11回日本青年心理学会大会発表論文集　pp.42-43.

Osborn, D. S. & Zunker, V. G. (2012) *Using Assessment Results for Career Development(8th ed).* BLO-OKS/COLE.

Peavy, R. V. (2010) *SocioDynamic Counselling – A practical Approach to Meaning Making.* A Taos Institute Publication.

Savickas, M. L. (2011) *Career Counseling.* American Psychology Association.

瀬戸知也（2007）「キャリア教育」問題と子どもの社会化―コンストラクティヴィスト・アプローチ　宮崎大学教育文化学部紀要　教育科学　16　pp.61-71.

瀬戸知也（2009）キャリア・ナラティブの構築としてのキャリア教育の可能性と課題　宮崎大学教育文化学部紀要　教育科学　20　pp.1-8.

下村英雄・吉田修・石井徹・菰田孝行（2005）職業カードソート技法とキャリア・ガイダンス―カード式職業情報ツールの開発 JILPT Discussion Paper　pp.05-010.

下村英雄（2010）最近のキャリア・ガイダンス論の論点整理と成人キャリア・ガイダンスの在り方に関する論考　JILPT Discussion Paper　pp.10-06.

下村英雄（2013）成人キャリア発達とキャリア・ガイダンス―成人キャリア・コンサルティングの理論的・実践的・政策的基盤　労働政策研究・研修機構.

白井利明（1994）時間的展望体験尺度の作成に関する研究　心理学研究 65（1）　pp.54-60.

杉山雅宏（2010）高校中途退学者の本音―中途退学予防のための心理的支援具体化の方向性を模索して　福祉心理学研究　6-1　pp.52-60.

渡辺三枝子編（2007）新版キャリアの心理学　ナカニシヤ出版　pp.173-197.

渡部昌平（2013）キャリア教育による目標志向性の変容可能性について　日本リメディアル学会関西支部大会予稿集原稿.

渡部昌平（2014）「適応」の視点からキャリア支援を見直す―生物的・社会的・発達的側面からキャリア適応を考える　秋田県立大学総合科学研究彙報 15　pp.41-44.

渡部昌平・土屋梨恵（2012）本学におけるキャリア教育の方向性の検討（1）～学生の実態把握を中心に，秋田県立大学総合科学研究彙報 13　pp.53-58.

Wood, C. & Hays, D. G. (2013) *A COUNSELOR'S GUIDE TO CAREER ASSESSMENT INSTRUMENTS(6ed)*. National Career Development Association.

付録1　興味・価値観の明確化

職業カードソートの技法を用いた「仕事に対する価値観発掘シート」	
できるできないでなく「面白そう」「やりたい」に○	大企業の社長，医師，ロボットの開発，カウンセラー，警察官，市役所職員，社長秘書，画家，大学教授，プロ・サッカーチームの監督，リニアモーターカーの開発，薬剤師，パイロット，花屋さん，ホテルのフロント，陶芸家，動物園の飼育係，弁護士，レスキュー隊員，魚屋さん，レストランのコック，コンビニの店長，料理研究家，俳優，自動車整備士，カーレーサー
○をつけた職業について，自分なりにグループ分けをして，それぞれに「選んだ理由」を書く（※）	
○をつけなかった職業について，自分なりにグループ分けをして，それぞれに「選ばなかった理由」を書く	
全体をみて自分の価値観は？優先順位は？	

※「好きだから」「かっこいいから」で済ませずに，なぜ好きなのか，どこがかっこいいのかも考えてみよう。

図3-1　職業カードソート

付録1　興味・価値観の明確化

これまでを振り返る

1. これまでの経験・体験で「面白かったこと」「楽しかったこと」

（なぜ，どういうところが，面白かった・楽しかったですか？）

2. これまでの経験・体験で「頑張ったこと」

（なぜ，どういうところを，頑張りましたか？）

3. これまでの経験・体験で「感心・感動したこと」「心に残っていること」

（なぜ，どういうところが，心に残っていますか？）

※将来に向けて自分を成長させる上でも，「自分はどういう人間になりたいか，どういう職業に就きたいか」「それはなぜか」という観点で見てみましょう。

図3-2　これまでを振り返る

「大人」「社会人」になるのに向けて「いい仕事」を考えるワークシート

1. これまでのあなたがモノやサービスで「助かった」「楽しかった」と思えたものは何ですか？

2. これまで「助かった」「楽しかった」とは思っていなかったけれど，振り返ってみて「これがないと生活ができない」「これがないと不便」というモノやサービスは何ですか？

3. あなたの生活を支えるために，またあなたの生活を豊かにするためにどれだけの人が働いていることに気づきましたか？あなたは他の人のどんな生活（「助かった」「楽しかった」「これがないと生活できない」「これがないと不便」）を支えたいですか？

図 3-3 「いい仕事」を考える

付録1　興味・価値観の明確化

1日を振り返る（朝起きてから夜寝るまで）		
時刻	できごと	起こった思考・感情
（例）	朝ご飯（ごはん・味噌汁・焼鮭） 1限の講義 休み時間	朝はご飯に限る 遺伝学に興味 1人で過ごすのが好き　等

図3-4　1日を振り返る

5つの人生（全く異なる5つの人生を歩めるとしたら？）		
	どんな人生？	具体的には？
（例）	医師（外科医）	病気の人を助ける ・人の命をできるだけ救う ・周りの人に尊敬される
第1		
第2		
第3		
第4		
第5		

図3-5 5つの人生

付録1　興味・価値観の明確化

やりたいこと（例：読書，映画，ドライブ……）		
やりたいこと	マーク（※）	最後にやった日

※練習したほうが上手くなるものには「練習」，身体的・感情的リスクがあるものには「リスク」，計画が必要なものには「計画」，1人で楽しむものは「1人」みんなで楽しむものは「みんな」どちらでもいいものは「1人／みんな」と記入。最後に，やりたいもの上位5つの左欄に星印をつける。

図3-6　やりたいこと

付録2　責任感・役割概念への拡張

「いい仕事」について考えるワークシート
1. あなたはどういう人と「一緒に働きたい」ですか？ (1) 自分がリーダーで，メンバーを選ぶ場合（どんなメンバーがいい？）   (2) 自分がメンバーで，リーダーを迎える場合（どんなリーダーがいい？）   2. あなたは現在「一緒に働きたい人」に当てはまりますか？ 　　当てはまる場合，どこが当てはまりますか？（エピソードはありますか？） 　　当てはまらない場合，今後どうすれば良いと思いますか？ (1) 自分がメンバーの場合   (3) 自分がリーダーの場合

図 3-7　「いい仕事」自体を考えるワークシート

付録2　責任感・役割概念への拡張

私のこれまでの「役割」「立場」〜ライフ・ロールを考える

役割経験（家のお手伝い，係・クラブ・部活動など）で面白かったことは？
（例：ベンチで応援した野球部，学園祭での裏方……）

教育・訓練の中で興味を持ったこと／持てなかったことは？
（例：数学は難しくても答えが１つなので好き，歴史は退屈なので嫌い）

好きな余暇活動（趣味・娯楽・レジャー），その理由
（例：家族旅行が楽しかった，普段と違う家族の笑顔が見られた）

大学（学部・学科）を選んだ理由は？
（例：理科が得意だった，その学科に興味，就職率が高いから）

図3-8　ライフ・ロール

```
┌─────────────────────────────────────────────────────────┐
│     「頑張っていた人」「メンバーに貢献していた人」を考える      │
├─────────────────────────────────────────────────────────┤
│ 0. 小中高大での「印象に残っている人」（頑張っていた人，メンバーに貢献して
│    いた人等）を書いてみよう（※部活・クラブ，学園祭・体育祭・合唱，勉強・
│    先生，趣味などだけでなく外部の人でもＯＫ）
│
│    大学
│
│
│    高校
│
│
│    中学校
│
│
│    小学校
│
│
│ 1. その人のどこが良い／すごい？
│
│
│
│
│
│ 2. その人から自分が与えられた影響は？
│
│
│
│
│
│ 3. その人の「いいところ」を自分に取り入れたら，どんなことができる？
│
│
│
│
│
└─────────────────────────────────────────────────────────┘
```

図 3-9　人を参考にするワークシート

付録2　責任感・役割概念への拡張

「大人」「社会人」になるのに向けて〜
「してもらってうれしいこと」ができるようになるためのワークシート

1. これまであなたが周囲の人（父母，祖父母，兄弟姉妹，友人・知人等）に「してもらってうれしかったこと」を思いつくままに書いてください。

2. これまであなたが周囲の人（父母，祖父母，兄弟姉妹，友人・知人等）に「してあげたこと」を思いつくままに書いてください。

3. これから大人になるのに向かってあなたにもできることが増えていきます。これから他の人に「うれしい」と言ってもらうために，あなたはどんなことができますか？

図3-10　喜ばれるワークシート

自己PR　確認シート

年　　月　　日

今できていること，得意なことを確認しよう

　1　わたしは＿＿＿＿＿＿＿＿＿＿＿＿＿＿＿＿＿＿＿＿＿＿＿＿＿＿＿＿＿＿ができる・得意です。
　証明エピソード：

　2　わたしは＿＿＿＿＿＿＿＿＿＿＿＿＿＿＿＿＿＿＿＿＿＿＿＿＿＿＿＿＿＿ができる・得意です。
　証明エピソード：

　3　わたしは＿＿＿＿＿＿＿＿＿＿＿＿＿＿＿＿＿＿＿＿＿＿＿＿＿＿＿＿＿＿ができる・得意です。
　証明エピソード：

　4　わたしは＿＿＿＿＿＿＿＿＿＿＿＿＿＿＿＿＿＿＿＿＿＿＿＿＿＿＿＿＿＿ができる・得意です。
　証明エピソード：

将来できるようになりたいことを書いてみよう，今できることを整理しよう

　1　わたしは＿＿＿＿＿＿＿＿＿＿＿＿＿＿＿＿＿＿＿＿＿＿＿＿＿＿＿＿＿ができない・苦手です。
　　条件：ただし（だから），証明エピソード：

　2　わたしは＿＿＿＿＿＿＿＿＿＿＿＿＿＿＿＿＿＿＿＿＿＿＿＿＿＿＿＿＿ができない・苦手です。
　　条件：ただし（だから），証明エピソード：

　3　わたしは＿＿＿＿＿＿＿＿＿＿＿＿＿＿＿＿＿＿＿＿＿＿＿＿＿＿＿＿＿ができない・苦手です。
　　条件：ただし（だから），証明エピソード：

　4　わたしは＿＿＿＿＿＿＿＿＿＿＿＿＿＿＿＿＿＿＿＿＿＿＿＿＿＿＿＿＿がができない・苦手です。
　　条件：ただし（だから），　証明エピソード：

失敗からの学びを書いてみよう，何を学んできたか整理しよう

　1　わたしは＿＿＿＿＿＿＿＿＿＿＿＿＿＿＿＿＿＿＿＿＿＿＿＿という失敗をしました。
　　学び：
　　しかし（だから），

　2　わたしは＿＿＿＿＿＿＿＿＿＿＿＿＿＿＿＿＿＿＿＿＿＿＿＿という失敗をしました。
　　学び：
　　しかし（だから），

　3　わたしは＿＿＿＿＿＿＿＿＿＿＿＿＿＿＿＿＿＿＿＿＿＿＿＿という失敗をしました。
　　学び：
　　しかし（だから），

　4　わたしは＿＿＿＿＿＿＿＿＿＿＿＿＿＿＿＿＿＿＿＿＿＿＿＿という失敗をしました。
　　学び：
　　しかし（だから），

図 3-11　自己 PR 確認シート（簡略版）

付録3　全米キャリア発達指針（抄訳）

（記載例）
領域：
- PS＝個人的社会的発達
- ED＝教育的達成と生涯学習
- CM＝キャリア・マネジメント

目標：領域と数字でコード化
（個人的社会的発達の例）
- 目標PS1：ポジティブな自己概念を構築・維持するための自己理解の開発
- 目標PS2：多様性への配慮を含むポジティブな対人スキルの開発

指標と学習段階：領域，目標，学習段階と数字でコード化
  学習段階
- K＝知識獲得
- A＝適用
- R＝反映（refleciton）

例えば個人的社会的発達領域の第1目標の第2指標
- PS1.K2　能力，強み，スキル，才能の認識（明確化）
- PS1.A2　能力，強み，スキル，才能の実践
- PS1.R2　キャリア発達における能力，強み，スキル，才能のインパクトの評価

個人的社会的発達　領域
目標PS1　ポジティブな自己概念を構築・維持するための自己理解の開発

PS1.K1	興味，好き，嫌いの明確化（identify）
PS1.A1	興味，好き，嫌いを反映した行動と決定の例示（demonstrate）
PS1.R1	どのくらい興味や好みがキャリア目標に反映されているか評価
PS1.K2	能力，強み，スキル，才能の明確化
PS1.A2	能力，強み，スキル，才能の例示
PS1.R2	キャリア発達における能力，強み，スキル，才能のインパクトの評価
PS1.K3	ポジティブな特徴（例：正直さ，信頼性，責任感，完全性，忠実さ）の明確化
PS1.A3	ポジティブな特徴（例：正直さ，信頼性，責任感，完全性，忠実さ）の列挙
PS1.R3	ポジティブな特徴（例：正直さ，信頼性，責任感，完全性，忠実さ）のインパクトの評価
PS1.K4	働く事の価値・必要性の明確化
PS1.A4	働く事の価値・必要性を反映した行動や決定の例示
PS1.R4	どのくらい働く事の価値・必要性がキャリア目標に反映されているか評価
PS1.K5	自己概念の様相の記述
PS1.A5	行動や態度を通じたポジティブな自己概念の例示
PS1.R5	自己概念のポジティブ・ネガティブな様相の分析
PS1.K6	ポジティブな自己概念を構築・維持するのを助ける行動や体験の明確化
PS1.A6	いかにポジティブな自己概念を構築・維持する行動を行ったか，経験したかを示す
PS1.R6	ポジティブな自己概念を構築・維持する行動や経験の影響の評価
PS1.K7	他者のシチュエーション，態度，行動が自己概念へ与える影響の評価
PS1.A7	自己概念に影響を与える特定のシチュエーション，態度，行動の個人的事例の例示
PS1.R7	自己概念に影響を与える特定のシチュエーション，態度，行動の影響の評価
PS1.K8	行動や態度が他者の自己概念に影響することへの認識
PS1.A8	いかに他者の自己概念にいい影響を与えた行動や態度を行ったかを示す
PS1.R8	いかに行動や態度が他者の自己概念に影響するかもしれないかの分析

PS1.K9	自己概念が教育の達成（例：パフォーマンス）や仕事の成功に影響しうることを認識する
PS1.A9	自己概念の様相がどれだけ教育の達成（例：パフォーマンス）や仕事の成功にポジティブまたはネガティブに影響し得るかを示す
PS1.R9	自己概念が教育の達成（パフォーマンス）や仕事の成功にどれだけ影響を及ぼすか査定する
PS1.K10	教育の達成（パフォーマンス）や仕事の成功が自己概念に影響し得ることを認識する
PS1.A10	教育の達成（パフォーマンス）や仕事の成功が自己概念にどれだけ影響したか個人的な事例の例示
PS1.R10	教育の達成（パフォーマンス）や仕事の成功が自己概念にどれだけ影響するか査定する

目標PS2 多様性への配慮を含むポジティブな対人スキルの開発

PS2.K1	効果的なコミュニケーション・スキルの明確化
PS2.A1	効果的なコミュニケーション・スキルの実践
PS2.R1	効果的なコミュニケーション・スキルの利用の評価
PS2.K2	正直，公平，有用，丁寧な方法による他者との対話の利点を認識する
PS2.A2	正直，公平，有用，丁寧な方法による他者との対話の実践
PS2.R2	正直，公平，有用，丁寧な方法による他者との対話の度合いの査定
PS2.K3	ポジティブなソーシャルスキル（例：マナーの良さ，感謝の表現）の明確化
PS2.A3	ポジティブなソーシャルスキル（例：マナーの良さ，感謝の表現）の使用能力の例示
PS2.R3	ポジティブなソーシャルスキル（例：マナーの良さ，感謝の表現）がどれだけ他者との効果的な対話に寄与するかの評価
PS2.K4	他者とうまくやっていく，グループ内で他者と効果的に働く方法の明確化
PS2.A4	他者とうまくやっていく，グループ内で他者と効果的に働く能力の例示
PS2.R4	グループ内で他者と効果的に働く能力の評価
PS2.K5	争いを解決するスキルの記述（describe）
PS2.A5	争いを解決し，受け入れられる解決法を交渉する能力の実践
PS2.R5	争いを解決するスキルの成功を分析
PS2.K6	特定の学校，社会，職場環境における適切な・不適切な行動の違いの認識
PS2.A6	特定の学校，社会，職場環境において，あなたの行動が適切だった時，あなたの行動が不適切だった時の例を示す
PS2.R6	特定の学校，社会，職場環境における適切な・不適切な行動の結果の査定
PS2.K7	あなたに影響を及ぼす外部プレッシャー源の明確化
PS2.A7	外部プレッシャーを操作する能力の例示
PS2.R7	あなたの行動に対する外部プレッシャーのインパクトの分析
PS2.K8	行動に対して責任を負わなければならないことへの認識
PS2.A8	行動に責任を感じていることの例示
PS2.R8	行動に個人的責任を感じている度合いの査定
PS2.K9	人間の多様性全てに対して知識，尊重，開放性，評価を持たなければならないことへの認識
PS2.A9	人間の多様性全てに対する知識，尊重，開放性，評価の実践
PS2.R9	人間の多様性全てに対してどれだけ尊重しているかの査定
PS2.K10	多様な人々とのポジティブな対話能力は学習・学業成果に寄与することへの認識
PS2.A10	多様な人々とのポジティブな対話能力がどれだけ学習・学業成果に寄与するかの例示
PS2.R10	学習・学業成果における多様な人々とのポジティブな対話能力のインパクトの分析
PS2.K11	多様な人々とのポジティブな対話能力がしばしば雇用の継続に不可欠であることへの認識
PS2.A11	多様な人々とのポジティブな対話能力がどれだけ多くの場合雇用の継続に不可欠であるかを説明する
PS2.R11	雇用における多様な人々とのポジティブな対話能力のインパクトの分析

付録3　全米キャリア発達指針（抄訳）

目標 PS3 キャリア発達に個人の成長や変化を統合

PS3.K1	キャリア開発にインパクトを与える人生全体にわたって心や体の成長や変化を経験するであろうという認識
PS3.A1	どれだけ成長し変化してきたか（例：身体的，感情的，社会的，知的）という例を示す
PS3.R1	将来の成長のエリアを決定する人生全体にわたっての成長や変化の結果の分析
PS3.K2	良い健康習慣（例：良い栄養，ストレスを管理する建設的な方法）の明確化
PS3.A2	どれだけ良い健康習慣を取っているかの例示
PS3.R2	健康習慣がキャリア開発に与えるインパクトの査定
PS3.K3	動機や志は時や環境により変わり得ることへの認識
PS3.A3	時や環境で動機や志がどう変わったかの例示
PS3.R3	動機や志の変化がキャリア開発にどう影響したかの査定
PS3.K4	外部事象がしばしば生活変化を引き起こすことの認識
PS3.A4	生活変化を引き起こした外部事象の例示
PS3.R4	外部事象による生活変化をマネージする方略の査定
PS3.K5	人，または他の資源からの援助を必要とするかもしれない状況（例：学校・職場における問題）の明確化
PS3.A5	他者を含む適切な資源から援助（例：学校または職場の問題において）を探す能力の例示
PS3.R5	他者を含む適切な資源から援助（例：学校または職場の問題において）を獲得する方略の効果の査定
PS3.K6	変化を始める，または変化に対応する際の順応性及び柔軟性の重要性への認識
PS3.A6	変化を始める，または変化に対応する際の順応性及び柔軟性の実践
PS3.R6	変化への対応／変化の開始がどれだけ効果的かの分析

目標 PS4 私生活，余暇，地域，学習者，家族，働く役割のバランスを取る

PS4.K1	あなたが数多くの人生役割（例，個人的，私生活，コミュニティ，学習者，家族，仕事役割）を持っていることへの認識
PS4.A1	個人的，私生活，コミュニティ，学習者，家族，仕事役割を含む人生役割の実践の例示
PS4.R1	キャリア目標における人生役割のインパクトの査定
PS4.K2	人生役割のバランスを取る必要があること及びそのためには多くの方法があることへの認識
PS4.A2	どれだけ人生役割のバランスを取っているかを示す
PS4.R2	特定の人生役割の変化がどれだけキャリア目標の達成に影響を与えるかの分析
PS4.K3	ライフスタイルの概念の記述
PS4.A3	あなたの現在のライフスタイルに影響を与えた決定，要素，環境の例示
PS4.R3	特定のライフスタイルの変化がどれだけキャリア目標の達成に影響を与えるかの分析
PS4.K4	人生役割とライフスタイルがつながっていることへの認識
PS4.A4	人生役割とライフスタイルがどれだけつながっているかを示す
PS4.R4	人生役割の変化がどれだけライフスタイルに影響を与えるかの査定

教育的達成と生涯学習　領域

目標ED1　個人目標とキャリア目標を達成するのに必要な教育的達成やパフォーマンスレベルの習得

ED1.K1	個人目標とキャリア目標の達成に向けた教育的達成やパフォーマンス（実行）の重要性への認識
ED1.A1	個人目標とキャリア目標の達成に必要な教育的達成やパフォーマンスレベルの例示
ED1.R1	個人的目標とキャリア目標に到達するのに必要な教育的達成やパフォーマンスレベルがどれだけ達成されているかの評価
ED1.K2	教育的達成やパフォーマンスの育成の方略の明確化
ED1.A2	教育的達成やパフォーマンスを育成するために使っている方略の例示

ED1.R2	教育的達成やパフォーマンスの成長と育成の計画を作成する方略の分析
ED1.K3	教育的達成やパフォーマンスを促進するスタディスキルと学習習慣の記述（describe）
ED1.A3	教育的達成やパフォーマンスを促進するスタディスキルと学習習慣の獲得の例示
ED1.R3	それらを促進する計画を開発するスタディスキルと学習習慣の評価
ED1.K4	学習スタイルの明確化
ED1.A4	教育的達成やパフォーマンスを促進するためにどれだけ学習スタイルの情報を使っているかを示す
ED1.R4	教育的達成やパフォーマンスを最大化する行動を開発する学習スタイルの分析
ED1.K5	教育的達成やパフォーマンスを促進する計画を持つことの重要性の記述
ED1.A5	教育的達成やパフォーマンスを促進する計画を持っていることを示す
ED1.R5	教育的達成やパフォーマンスを促進する計画の結果の評価
ED1.K6	個人的な態度や行動がどれだけ教育的達成やパフォーマンスに影響するかの記述
ED1.A6	教育的達成やパフォーマンスを支援する態度や行動を示す
ED1.R6	自分の態度や行動がどれだけ教育的達成やパフォーマンスを促進するかの査定
ED1.K7	教育的達成やパフォーマンスが仕事場のオプションを提供することを認識する
ED1.A7	教育的達成やパフォーマンスがどれだけ仕事場のオプションを拡張するかを示す
ED1.R7	教育的達成やパフォーマンスがいかにうまく仕事場に移行するかの査定
ED1.K8	情報の入手・使用能力が教育的達成やパフォーマンスに寄与することの認識
ED1.A8	情報の入手・使用能力が教育的達成やパフォーマンスにどれだけ影響しているかを示す
ED1.R8	教育的達成やパフォーマンスを促進するための情報の入手・使用能力の査定

目標ED2 種々変化する経済の中で有効に機能する能力を増強するための継続的, 生涯的学習経験への参加

ED2.K1	経済情勢の変化は人生を通じて知識やスキルの習得やアップデートを要求することへの認識
ED2.A1	生涯学習がどれだけ種々変化する経済の中であなたを助けるのに有効に機能するかを示す
ED2.R1	種々変化する経済の中で有効に機能するために知識やスキルが必要であるかないかの審査
ED2.K2	学習者としてあなた自身を見ることはあなたのアイデンティティに影響することを認識
ED2.A2	学習者であることがどれだけあなたのアイデンティティに影響するかを示す
ED2.R2	特定の学習経験があなたのアイデンティティにどれだけ影響を与えたかの分析
ED2.K3	自律した学習者であることと学習に責任を持つことの重要性の認識
ED2.A3	あなた自身が自律した学習者であることを示す
ED2.R3	あなたがどれだけ自律した学習者として機能しているかの査定
ED2.K4	ある学習レベルから次のレベルへ移行するための要求の記述（例，中学校から高校，高校から大学）
ED2.A4	ある学習レベルから次の学習レベルへの移行に必要な知識やスキルを示す（例，中学校から高校，高校から大学）
ED2.R4	知識やスキルがいかにある学習レベルから次の学習レベルへの移行に影響するかの分析（例，中学校から高校，高校から大学）
ED2.K5	利用可能な進行中の学習タイプの明確化（例，2年制・4年制大学，技術学校，アプレンティスシップ（見習），軍隊のオンラインコース，OJT）
ED2.A5	進行中の学習経験に参加する準備をしていることを示す（例，2年制・4年制大学，技術学校，アプレンティスシップ（見習），軍隊のオンラインコース，OJT）
ED2.R5	進行中の学習経験にいかに参加するかの査定（例，2年制・4年制大学，技術学校，アプレンティスシップ（見習），軍隊のオンラインコース，OJT）
ED2.K6	特定の教育／訓練プログラムの明確化（高校のキャリアパス・コース，大学の専攻，アプレンティスシップ・プログラム）
ED2.A6	種々変化する経済の中で有効に機能するために助けになる特定の教育／訓練プログラム

付録3　全米キャリア発達指針（抄訳）

　　　　　　への参加の例示（高校のキャリアパス・コース，大学の専攻，アプレンティスシップ・
　　　　　　プログラム）
　　ED2.R6　種々変化する経済の中で，特定の教育訓練プログラムへの参加がいかにあなたの能力に
　　　　　　影響を及ぼすかの評価（高校のキャリアパス・コース，大学の専攻，アプレンティス
　　　　　　シップ・プログラム）
　　ED2.K7　生涯学習に寄与するインフォーマルな学習経験の記述
　　ED2.A7　インフォーマルな学習経験への参加の例示
　　ED2.R7　人生を通じてあなたがいかにフォーマル・インフォーマル双方の学習経験を統合してき
　　　　　　たかを査定

キャリア・マネジメント　領域
目標CM1　キャリア目標を達成するキャリアプランの作成と管理
　　CM1.K1　キャリア目標を実現するキャリア計画は生涯にわたるプロセスであることを認識する
　　CM1.A1　キャリア目標を実現するために用いているキャリア計画戦略の例を示す
　　CM1.R1　キャリア計画戦略がキャリア目標へ近づくことをいかに促進しているかの査定
　　CM1.K2　どうやってキャリア計画を開発しているかの記述（例，段階・内容）
　　CM1.A2　キャリア目標に応じたキャリア計画の開発
　　CM1.R2　キャリア計画の分析と，進行するキャリア・マネジメント・ニーズを反映した調整の実
　　　　　　施
　　CM1.K3　短期・長期のキャリア目標（例，教育，雇用，ライフスタイルの目標）の明確化
　　CM1.A3　短期・長期のキャリア目標（例，教育，雇用，ライフスタイルの目標）を実現するため
　　　　　　に講じられた措置を示す
　　CM1.R3　あなたのキャリア目標の再調査と，必要に応じた調整
　　CM1.K4　あなたのキャリアをマネジメントするために必要なスキルと個人特性の明確化（例，レ
　　　　　　ジリエンシー，自己効力感，傾向や変化を明確化する能力，フレキシビリティ）
　　CM1.A4　キャリア管理スキルと個人特性の明示（例，レジリエンシー，自己効力感，傾向や変化
　　　　　　を明確化する能力，フレキシビリティ）
　　CM1.R4　あなたのキャリア・マネジメント・スキルと個人特性の評価（例，レジリエンシー，自
　　　　　　己効力感，傾向や変化を明確化する能力，フレキシビリティ）
　　CM1.K5　あなたや仕事世界の変化があなたのキャリア計画に影響を及ぼすことへの認識
　　CM1.A5　あなたや仕事世界の変化がいかにあなたのキャリア計画を調整させるかを例示
　　CM1.R5　あなたや仕事世界の変化がいかにうまくあなたのキャリア計画へ変更を統合するか評価

目標CM2　キャリア発達の1つの構成要素としての意志決定プロセスの利用
　　CM2.K1　あなたの意志決定スタイルの記述（例，リスクテイカー，注意深い）
　　CM2.A1　あなたの意志決定スタイルを示す過去の決定の例示
　　CM2.R1　あなたの意志決定スタイルの影響の評価
　　CM2.K2　意志決定の1つのモデルの段階の明確化
　　CM2.A2　意志決定モデルの利用の例示
　　CM2.R2　あなたにとってどの意志決定モデルがうまく機能するかを査定
　　CM2.K3　情報（例，あなたについて，経済，教育プログラム）がいかにあなたの意志決定を促進
　　　　　　しているかを明確化
　　CM2.A3　意志決定における情報（例，あなたについて，経済，教育プログラム）の利用を例示
　　CM2.R3　あなたがいかに意志決定のために情報（例，あなたについて，経済，教育プログラム）
　　　　　　を利用しているかを査定
　　CM2.K4　特定の決定に対する代替オプションおよび潜在的な結果を明確化
　　CM2.A4　あなたが下した決定にオプションの探査がいかに影響を与えたか示す
　　CM2.R4　意志決定の際にあなたがいかにうまくオプションを探査したかの査定
　　CM2.K5　あなたの個人的優先順位，文化，信念，労働価値観があなたの意志決定に影響を与える

	ことへの認識
CM2.A5	個人的優先順位，文化，信念，労働価値観がいかにあなたの決定に反映されているかを示す
CM2.R5	個人的優先順位，文化，信念，労働価値観の影響を評価
CM2.K6	教育，仕事，家族体験がいかにあなたの決定に影響するか記述
CM2.A6	あなたの教育，仕事，家族体験がいかに決定に影響するか具体的な例を示す
CM2.R6	決定時における教育，仕事，家族経験のインパクトの査定
CM2.K7	偏見やステレオタイプが決定に制限を与えることの記述
CM2.A7	偏見やステレオタイプが決定にいかに影響を与えるかの具体的な例示
CM2.R7	意志決定の際に偏見やステレオタイプを管理する方法の分析
CM2.K8	チャンス（偶然）が意思決定に役割を果たすことへの認識
CM2.A8	チャンスがあなたの意志決定に役割を果たした時を例示
CM2.R8	過去の決定におけるチャンスのインパクトの評価
CM2.K9	意志決定がしばしば妥協を含むことへの認識
CM2.A9	あなたがキャリア意志決定でしてきたかもしれない妥協の例示
CM2.R9	妥協を決めたあなたのアプローチの影響の分析

目標 CM3 キャリアの計画と管理における正確で最新で偏りのないキャリア情報の利用

CM3.K1	あなたのキャリア計画におけるキャリア情報の重要性の記述
CM3.A1	キャリア情報がいかにあなたの計画で重要であるか，それがいかに将来の計画にも使われ得るかを示す
CM3.R1	あなたの計画及び正確で最新で偏りのないキャリア情報に基づく計画の改善におけるキャリア情報のインパクトの査定
CM3.K2	キャリア情報が職業・教育・訓練・雇用・経済情報を含み，そこには利用可能な一連のキャリア情報資源があることへの認識
CM3.A2	キャリア計画をサポートするのに異なるタイプのキャリア情報資源が利用可能であることを示す（例，職業・教育・経済・雇用）
CM3.R2	あなたのキャリアをマネジメントするために，あなたがいかにうまく職業・教育・経済・雇用情報を統合するかを評価
CM3.K3	コンテント（例，正確さ，バイアス，いかに最新か，完全か）がキャリア情報資源の質を変化させるかへの認識
CM3.A3	選択された例がいかにバイアスのある，古い，不完全な，不正確なキャリア情報であるか示す
CM3.R3	正確さ，バイアス，いかに最新で完全であるかという点から，利用を計画するキャリア情報資源の質を判定
CM3.K4	職業を分類するいくつかの方法を明確化
CM3.A4	職業分類システムがいかにキャリア計画で利用されているかの例示
CM3.R4	どの職業分類システムが最もあなたのキャリア計画の助けになるかを査定
CM3.K5	ジェンダー，人種，文化，能力に配慮せずに考え得る職業を明確化
CM3.A5	非伝統的と考える職業の考慮への開放性（Opennness）を明示
CM3.R5	あなたのキャリア・マネジメントにおける非伝統的な職業の考慮への開放性を査定
CM3.K6	非伝統的な職業で雇用されることの利点と損失を明確化
CM3.A6	非伝統的な職業で雇用されることについてあなたのために決める
CM3.R6	非伝統的な職業で雇用されることについてのあなたの決定のインパクトの査定

目標 CM4 雇用を獲得，創造，維持，昇進するための学術的，職業的，一般的エンプロイアビリティ・スキルの習得

CM4.K1	学問的，職業的，一般的エンプロイアビリティ・スキルの記述
CM4.A1	あなたの雇用を獲得・創造・維持・促進する学術的，職業的，一般的エンプロイアビリティ・スキルの利用可能性を例示

付録3　全米キャリア発達指針（抄訳）

CM4.R1　あなたの学術的，職業的，一般的エンプロイアビリティ・スキルを査定，雇用に必要とされるようそれらを増強
CM4.K2　レジュメやカバーレターを書く，求職登録を済ませる，仕事についてインタビューする，職業紹介を探し追求する，のようなジョブ・シーキング・スキルの明確化
CM4.A2　以下のようなジョブ・シーキング・スキルの明示：レジュメやカバーレターを書く能力，求職登録を済ませる，仕事についてインタビューする，職業紹介を探し追求する
CM4.R2　あなたの能力～レジュメやカバーレターを書く，求職登録を済ませる，仕事についてインタビューする，職業紹介を探し追求する～を評価する
CM4.K3　一般的エンプロイアビリティ・スキルと個人の質（例，批判的思考，問題解決，資源，情報，技術経営，対人スキル，誠実さ，信頼性）のバラエティが学校や雇用での成功に重要であることへの認識
CM4.A3　学校や雇用で成功するために必要とされる一般的エンプロイアビリティ・スキルや個人の質達成を例示（例，批判的思考，問題解決，資源，情報，技術経営，対人スキル，誠実さ，信頼性）
CM4.R3　あなたの一般的エンプロイアビリティ・スキルと個人の質（例，批判的思考，問題解決，資源，情報，技術経営，対人スキル，誠実さ，信頼性）の評価
CM4.K4　多くへのスキルがある職業から別の職業に移植可能であることへの認識
CM4.A4　あなたのスキルがいかにある職業から別の職業に移植可能であるかを示す
CM4.R4　あなたのキャリアオプションにおけるあなたの移植可能なスキルのインパクトの分析
CM4.K5　あなたの地理的可動性があなたのエンプロイアビリティに影響することへの認識
CM4.A5　あなたの地理的可動性に注意したあなたのための決定
CM4.R5　あなたのキャリア目標における地理的可動性についてのあなたの決定のインパクトの分析
CM4.K6　自営業の利点と挑戦の明確化
CM4.A6　自営業についてあなたのための決定
CM4.R6　あなたのキャリア目標における自営業に注意した決定のインパクトの査定
CM4.K7　仕事のためにあなた自身を売り込む率先的な方法を明確化
CM4.A7　職場でいかに自分を売り込むことができるかのスキルを示す
CM4.R7　職場でいかに上手に自分を売り込んでいるかの評価

目標CM5　雇用トレンド，社会ニーズ，経済状況の変化をキャリアプランに統合
CM5.K1　（あなたの）キャリアプランに影響を与える社会ニーズの明確化
CM5.A1　キャリア・マネジメントの中で変化する社会ニーズにどれだけ反応すべく準備しているかを示す
CM5.R1　変化する社会ニーズに関するキャリア・マネジメントの結果を評価する
CM5.K2　（あなたの）キャリアプランに影響を与える経済状況の明確化
CM5.A2　キャリア・マネジメントにおいて経済状況の変化に対応する用意があることを示す
CM5.R2　経済状況の変化に関連するキャリア・マネジメントの結果の評価
CM5.K3　キャリアプランに影響を与える雇用傾向の明確化
CM5.A3　キャリア・マネジメントにおける雇用傾向の変化にどれだけ対応しようと準備しているかを示す
CM5.R3　雇用傾向の変化に関連するキャリア・マネジメントの結果の評価

第4章

可能性と課題

五十嵐敦

　社会構成主義やキャリア・カウンセリングなどの専門的論述は，他の章で詳しく取り上げられている。ここでは，門外漢として質問めいたことや感想のようなものを述べることにする。なお，不勉強を理由に，ここでは社会構成主義や構成主義といった区別はしない。構成主義的なものを「問題や課題に対する個人の反応過程あるいはそのメカニズム」の一面といった視点で述べることにする。その反応のプロセスがキャリアであり，状況とそこでの役割によってつくり出される物語である。

　キャリア形成支援としての相談においては，実践家であり科学者でもあることが求められる。諸事象に対する実証主義的アプローチも構成主義的アプローチも，数多く存在する認識過程の1つにすぎない。それらは対立するものではなく相補的に活用されることが必要であろう。また，カウンセリングは分析のためのアプローチというよりも，生活形成についての実際的な支援でなければならない。そのことがキャリア形成支援としてより有効なものとして期待されている。そして，何をもって有効とするのかが，キャリア形成支援ではいつも問われ続ける課題なのではないだろうか。

1．状況の変化に即応する社会的構成主義アプローチ

　構成主義との出会いは，1980年代から90年代にかけて家族心理学の世界からであった。時代は新しい家族の誕生，あるいは崩壊といった変化をどのように捉え，サポートするのかといったことが課題とされていた。キャリア教育やキャリア形成支援も，同じように変化する状況のなかでその捉え方自体に変化を迫られている。学校から社会への移行の難しさ自体は今に始まったことではないが，それが大きな問題とされるようになった。日本型雇用が崩壊したと言われ，これまでのような安定したキャリア形成のパターンやプロセスが崩壊した状況への対応が求められるようになったからである。家庭も職場も，どちらも少子高齢化や国際化と産業構造や職業行動の変化という流れとともに生じた変化なのかもしれない。

　状況が変化し不安定化すると，自らを省みるようになる。自分の生き方や在り方が模索されるようになると，アイデンティティの構築が必要となる。アイデンティティは自分の存在をストーリーとして語ることで，個人の拠りどころとなっていく。ところがアイデンティティを形成するための作業ではなく，それがどこかに存在することを前提に，探し求める作業が自己インフレを起こしてしまった。その結果,「自分探し」のような「キャリア」あるいは「家族」が注目された。ありもしない「真」のストーリーを求め，苦しみ悩むメカニズムとなっているように見える。ストーリーが求められる状況だからこそ，社会構成主義的なアプローチが求められることとなったのではないだろうか。

　ストーリー，まさに物語ということから連想されるのは，映画である。家族をテーマにした映画は多いが，高度経済成長期の問題とともに描かれた1970年の「家族」に対して，1982年「家族ゲーム」，1984年「お葬式」などでは，異なる様相を映し出していた。それまでの伝統的固定的な家族観から，実際には流動的でかなりもろい存在として家族が捉えられるようになったのである。当時の不登校や非行の問題なども家族関係のなかで捉えられ，家族相談のあり方も，生涯発達の様々な側面ともに多様な要因を視野に入れ，複数の次元で論じられるようになった。

社会の近代化の中で生まれてきた精神分析的な直線的因果論による，固定的な捉え方では「解決」は起きにくかった。そこで「解決」という「変化」が生じることへの注目が集まった。中でも de Shazer（1985：1991）は，問題の構成から解決の構成へという解決のカギを示した。それまでの直線的な因果関係で物事を捉えようとすることへの疑問から，非線形としてのシステマティックな世界観に基づくアプローチを主張した。また，彼は「説明」ではなくストーリーの語りに注目することの必要性を指摘した。

　これはキャリア形成にも通じるものがある。脱工業化の流れの中で，働き方や雇用の在り方も変化し職業生活そのものの展望が揺れ動きはじめた。安定した産業・雇用状況を目的としたパターン化した職業行動という前提は成り立たなくなった。サービス業態化する中では状況への柔軟な対応力が求められる。さらに，自主性や主体性といった言葉で形容される個別的で多様な働き方ができる人材の育成が求められるようになっている。その一方で，時代や状況を超えて求められる能力，あるいは働き方というものもあるであろう。

　固定的で機械論的な人間観に対して Prigogine & Strengers（1984）の散逸構造理論では，自由度の高い動きの中で一定のパターンが生まれることと，そのバランスの大切さが指摘された。要素還元主義的な適材適所的発想では，固定的で自由度を狭めた適性の考え方である。多様な働き方が求められる中では，キャリア形成という発達的変化ということにおいても変幻自在に人々は自己とその働き方をつくっていくことが求められている。さらには，"Protean careers"（Hall, 1996）が求められるような状況で，キャリアの相談においてもその自由度を高める必要があるのではないか。

　ところが相談場面においては「わかりやすさ」が求められる。相談に来る側も相談者自身も自分の中でわかったつもりになり，決めつけ，そして説明したがる。臨床や相談において，都合のいい事例を述べることで自分の世界観を強固にしようとするあまり，自由度を自ら狭めていることが危惧される。悩む人も一方の相談者（あるいは研究者）においても，量的アプローチも質的アプローチも同じように，「わからなさ」という限界や問題を認識することから，対応の自由度が高まっていくのではないだろうか。

2．時間的展望としてのキャリア意識

　キャリアを意識化するとは，時間的展望の構築そのものであろう。そのカウンセリングは，相談者と相手の共同作業を通じて時間的展望を構築し，そのうえで実際の行動による試行を個人が重ねていくことではないのだろうか。

　May（1953）は，人間の持つユニークな性格の1つとして「人間が自分の現在という時点の外に立ち，未来ないし過去といったあとさきに，自分自身を据えてみて，その状況を思い描くことができるという点である」ことをあげている。この「あとさき」を振り返るというのは心理的時間を展望することである。そして，時間そのものの経過ではなく，その時間内の経験に意味をもたせることが心理的時間であり，希望や不安，成長といった意味ある事柄だとしている。まさにカウンセリングを通じてキャリア展望を構築し，その時間的流れという文脈に意味を与えて捉えなおしていく作業と同じである。キャリアとしてのストーリーをどのように語るか，これが意味づけの作業といえる。

　その意味づけとして「社会人基礎力」とか「人間力」などという言葉も登場する時代である。ただし，その「力」が具体的にはどのような能力を想定しているかは，それほど明確ではないように思う。むしろ直線的な結びつけをする技能評定のようなことになると，せっかくの能力を限定させてしまいかねないのではないだろうか。Bateson（1972）は，"力"という概念に批判的である。実際のところ何を意味しているのか，相手（対象）の反応行動と相補的に捉えられなければ，"力"という表現によって捉えられる概念は一方向的なパターン描写に陥ってしまう。

　また，自己を捉えようとするとき適性やその個人の資源をパーソナリティとして把握することが行われる。パーソナリティという概念は，自他が行う物事を理解しようとするために，あたかもそれが存在するかのように行為し，なんとかうまくやっていくことが求められる。例えば職業適性検査などにおけるパーソナリティ特性も，その人の内に存在するのではなく，むしろ「われわれという人を，社会的な出会いや関係の所産として，…つまり社会的に構築されたものとし見ることができる」（Burr, 1995）。特性は見出すのではなく，むし

ろ作り出すものであると述べている。いつの世でも人は曖昧さのないわかりやすいストーリーを好むため、成功した職場と失敗した職場を分けてその違いを探りたがる（Rosenzweig, 2007）。しかも、ビジネスに関する私たちの考え方は多くの妄想でかたちづくられているとも指摘されている。キャリア形成においても、成功談（一方では失敗談）をわかりやすく、何らかの要因と因果づけながら論じられることが多い。例えば「努力は報われる」という人は、回顧のなかでパターン化した振り返りを行い、いま現在「報われ」ていると捉えているから語れるのである。努力しても報われない人々（圧倒的多数だと思うが）は、分かりやすさを努力の量という精神論か生まれつきの能力などに帰属させてしまう。

　こうした固定化は、ミスマッチという言葉と発想にも見られる。ミスマッチというイメージ自体が、近代工業化の時代の産物であり、時間的変化を無視した発想である。職務遂行にぴったり当てはまる有機体のヒトは存在しない。当人も雇用側も、固定したマッチングという幻想を持っていることで、お互いが損をしていることはないだろうか。むしろ職場側が働く人々に合わせられないという点では、職場が人にミスマッチであるといえる。

　現実に適した発想は"フィット"である。職務と個人の適合性（能力や特性の全体）にズレがあるのは当然であり、職務と個人の両方に個別性は存在するのである。それをある目的のために生産効率を追求しながら機能させようとしているのが、自由度を低くしている職場であるともいえる。

　時間という文脈のなかで、私たちはその行動やおかれた状況を、もっと余裕のあるストーリー、物語として捉えることはできないのだろうか。

3．ナラティブということの非主体性

　物語を物語ることは、自らの世界を展望しそのイメージを主に言語によって表現することである。それは個人の主体的な作業のようにも見える。自らの内的世界を統制し、かつ自由につくり出すことが可能であるようにも思える。しかし、それは誤解ではなかろうか。なぜならそこでつくり出されたものが、材

料も枠組みも外界やその人の経験から自由になれるということはないからである。認知的枠組みは，事実とその受け止め方の蓄積によってすでに現実からは遠ざかっているのである。また，事実はいくら積み重ねても真実とはならないのである。

　キャリア形成において「主体的」であることが強調されすぎるのかもしれない。主体的であろうとするあまり，本質を見失う危険性も持ち合わせているのである。自由度の高さは選択の幅を広げてくれるが，必ずしも人々のキャリア形成が主体的に行われるとは限らない。レストランで数々のメニューを眺めながら餓死するようなことが，IT革命後の情報化社会の中で起きている。実際のキャリア形成においては，まったくの自由はあり得ない。主体性の誤解が，自分探しや「好きなもの」志向を生み出したといえる。むしろ，選択後に行われる物語において意味づけのされ方が重要なのではないだろうか。主体的な選択というのは意思決定の過程において，その結果をどのように受け止めるかによるのかもしれない。

　今日のキャリア形成の流動的な状況において，Wrzeniewski & Datton（2001）はジョブ・クラフトの必要性を説いている。個人が仕事や人間関係の捉え方を物理的・心理的・認知的に柔軟に変化させ，そのことで職場において働く人々が仕事の意味や仕事におけるアイデンティティを形成していくとした。それは，流動的な状況への積極的対応である。伝統的な職場における固定的な職務に，従事しながら適合することでアイデンティティの形成が想定された時代とは異なってきたのである（五十嵐，2014）。

　また，偶然ということも，発生学的にはシステム全体の特性として，それまでとは異なった形態が表れることであり，関係する細胞が組織化することによって生じるのである。結果として見える現象の全体は，各要因によって見えるのではなく，その関係性によって捉えられるのである。Waddington（1962）が述べたように，発生の道筋を運河化と表したように，地形と流れの相互作用によって形づくられるのである。主体性は，どちらか一方にあるのではなく，相互作用のプロセスの中で意識されるものではないだろうか。設計図どおりではなく，変化の柔軟性によって道筋が生まれることは，まさにキャリアそのものではないだろうか。主体性というのも周りから独立してはあり得な

いのである。

　未来に向けて設計図を描くことと，その設計図に従って自己の取り組みを進めていくことが主体的なキャリア形成のように錯覚することがある。しかし，それでは自由度は低下し，変化する状況とのダイナミックな相互作用も生じにくくなるのではないだろうか。物語をつくるうえで，事前にある程度のデザインは必要であろうが，それが細部まで設計された物語では創造的なものとは程遠いであろう。

　自己にプログラムされたキャリア形成の資源も，社会や経済状況，地域やその文化，時代の流れの中でその時可能な選択をしているのである。社会や文化による設計図どおりではない選択やキャリアの形成が，新たな働き方を生み出す可能性を持っていることもある。ナラティブの主体性は，むしろ過ぎ去った時間についての物語における意味づけの問題としてあらわれるのである。それさえも社会や文化の中では独立してはあり得ない。主体性と非主体性は対極にあるのではなく，二面性をもった機能なのではないだろうか。

　Bertalanffy（1968）は，機械論的な見方を「無知な人が語るシェークスピア物語」だと例えた。ナラティブにおいて，科学的に受け止めるためには，要素ばかりではなくその相互関係を理解することが重要であると指摘されている。これがシステムとしての世界観である。全体としての展望を大切にすることである。そして，要素同士には相互作用がおこるために，ある長さの時間が含まれることになる。そこに物語が発生するとも考えられる。これを治療システムとして生かしたのが de Shazer（前出）に代表される解決焦点型アプローチであろう。そこではどのような問題となる要素が含まれているかはあまり重要ではない。むしろ未解決のまま置かれている。大切にされるのは新しい物語がつくられることなのである。キャリア構成理論も，あたかも正解があるような解決を用意することではなく，疑問や不可知に向き合うなかで人生をつくろうとすることの支援でなければならない。

　このような観点に立ったとき，キャリア相談はどのように進められるのであろうか。相手の物語に耳を傾ければすむのだろうか。コメントを求められれば，自分も物語を語ればいいのだろうか。

4．相談者の構築された世界観

　「語る」ためには，語り合うことが必要になってくる。人生をどのように語るか，その主観的な意味づけによっては，人は不幸にも幸せにもなれる。しかし，その想起はすでに偏った情報の産物であり，捉える枠組みしだいでブラックにもホワイトにもなる。どのような人々が，どのように語るのか。

　「語る」ことにおいて，その焦点があたる部分は，例えば注目されやすい「風光明媚」なところなのかもしれない。当人はもちろん，他者の注意をひくための出来事や展開を求め，語りは脚色される。前述のように，キャリアの成功体験ほど脚色そのものに意味があるのかもしれない。リアリティ・ショックなどで期待外れやうまくいかないところに焦点化した語りになるかもしれない。逆に，ポジティブ・イリュージョンによって自己のキャリアを装飾し，そのことで自ら積極的に行動するようになるであろう。しかし，風光明媚なところとは，多くの場合自然災害と強く関連しているのである。キャリア形成において，その人の人生や生活のある場面について垣間見るとき，このことにも注意が必要であろう。リスクを抱えているからこそ，目立つ特徴がある。相談場面などでは，特にその傾向が強いのではないだろうか。注意を引くものとその時間軸で生み出されたものが，必ずしも同じ価値をもっているわけではないのである。

　次に，物語るためには相手が必要である。自問自答とか，独り言のように個人がその内的な作業を行うにしても，当事者をモニタする存在と対峙するのである。その相手が，語りに都合よく相槌を打ってくれたり，的を射た質問を投げかけてくれたりすれば物語も広がりと深さを増すのかもしれない。その時，相手も自分の物語をもっていることを忘れてはならない。それに気づいている相手は，相互のダイナミックなやり取りの中で，お互いの物語をつくり上げていくのであろう。これはダンスと同じことかもしれない。リードする側とされる側が存在するものの，両者の動きは相互作用の中でつくられる。相手を無視した，あるいは一方的にリードしているという錯覚や思い上がりが相談者をダメにする。

キャリア相談においては，相談者がどのようにキャリアを捉え考えているのかが問われるのである。セラピストやカウンセラーが自己の手法やその依って立つ理論という枠組みから，相手を偏った方向に導こうとする危険性をもつことに気づかないことが問題である。

　事例を2つ挙げてみる。若者の就職支援に精力的に努力してきたあるキャリア・カウンセラーが，継続相談でくり返し来談する学生について，「（私の指示に対して）ぜんぜん話を聞いてくれないのです」と発言した。就職支援という方向性と，少しでも就職実績を上げることが相談の効果だと考えていれば，その物語は相手の物語ではなく，相談を受けている側の物語の押しつけになる。話を聞くべき側が，自分の話を聞かない相手のことを問題にしてしまうことは基本的な誤りであろう。本田（2014）の言う「突っ込んでおけ雇用政策」に乗った"就職"偽相談となってしまっている。こうした相談の誤りがリアリティ・ショックや早期離職の一因となっていることを知らないのであろうか。

　もう1つの例は，ある青年が就職活動で思うようにいかず，まわりの友人と一緒に卒業ができない状況で自死（未遂）をはかった例である。その状況で，具体的な行動化に至った理由や要因は多数ありその関係も複雑と思われた。それまでの自己愛的態度や感情の起伏の激しさ，またそれを裏づける医療機関の診断名などから，「幼いときからの母親との関係が問題ですね。私にはわかります」と平然と発言したスクール・ソーシャルワーカーがいた。あきれて何も言えなかった。その専門家（と思い込んでいることから専門家主義者とでもいった方がいいのかもしれない）は，相手とのやり取りもなく多くの情報に目もくれず，自分の物語で片づけているのである。これではダンスもうまく踊れない。

　キャリアの相談において，就職だけを目的とする相談が問題化している。五十嵐（前出）は，雇用の確保以上に重要な課題として「快適な職場」づくりを指摘した。働く人々の健康問題は，生産性の向上や事故災害の予防としても重要な課題なのである。こうしたことがキャリア形成においてどこまで配慮されているのか疑問である。さらに，自己のキャリアを語るとき「健康」という前提が保障されていなければならないのである。前述の例でも，就職と卒業がうまくいかない"状況"であって，それが自死未遂の"原因"とは断定はできない。安易に，就職の問題と学生のメンタルヘルスを因果づけてしまうのは危

険である。キャリア形成支援において，就職だけを想定したストーリーをつくらせるような相談は，もっとも大切なものを見失わせる危険性をはらんでいる。

ついでに「自分も同じ経験をしたから」有能な相談者になれるというストーリーも心配である。マスコミなどには美談的に取り上げられやすいし，一般受けもするのだろうが科学性と論理性に欠けた発想でしかない。それを何の臆面もなく語るセラピストやカウンセラーなどいればぞっとする。なぜなら「救済したい，助けたい」といった思いが強すぎるからである。物語には乗りやすいだろうが，冷静なマネジメントからはほど遠く，相手と一緒に泥沼化する例もある。相談を受ける側は，自分の物語に相手を合わせさせてはいけない。

これらのことを避ける，あるいは予防するためにこそ実証性を欠いた構成主義や実践としてのナラティブには注意が必要であろう。

5．実証研究との関係

アセスメントが，悪しき分析主義に陥らないためには何が必要なのか。実証的なアプローチを排除すれば済む問題ではない。構成主義と実証主義を対立概念のように捉えるのは両者にとって大きな損失である。本来，Gergen（1999）によれば，社会構成主義はかなり懐の深いものであったと考える。実証的アプローチの対岸に構成主義があるのではなく共存することが求められるのである。協力し合って正解と思われるものに意味や重要性を付与し，より多くの人が参加できるようにしているのが構成主義的なアプローチなのである。ただそこでは，客観的妥当性という基準は用いることができないことも指摘されている。

西條（2004）は，人間科学としての適切な「考え方」という場合，その「適切さ」の基準はどこにどのようにあるのかという問いを発している。客観性による批判，あるいは客観性への批判によって積極的な議論につながらないことの方が問題であろう。ただし，それはどのように可能か，ということも検討されなければならない。

実証研究にも限界がある。例えば，既存の価値観や概念を構成する要因に基づいた調査やアンケートなどによって収集した数量データがあるとする。そこ

で使われた質問紙もまた，1つのストーリーの枠組みであり，想起を促進するための刺激剤である。問題は，利用されるツールがどのような方向性と枠を持っているかを自覚していなければならない，ということである。どのようなツールも人々の認識に枠を与えるものである。調査等で得られた限られた情報について，現場で実際に働いている人々の意味づけを確かめる必要がある。職場での日常の様子と実際のデータを結びつけながら，共感したり違和感をもったりする自由度を含むことも必要である。

　数量データだけで状況や個人を分析してしまうと見えないものが多すぎる。だからこそ，現場の問題について担当者や問題を抱えた相手とやり取りが必要になる。客観的データで決めつけを行うのではなく，それらを材料にそこで働く人々同士が意見交換をするグループワークなどが不可欠となる。また，縦断研究においてデータの蓄積とその比較ができたとしても考慮されなければならないことがある。初期調査の時点と，時間が経過した後で同じ項目で質問しても，すでに認知的な枠組みが異なっていることがあるからだ。初歩的なことであるが，当然その変化に及ぼす（であろう）影響因も調べておかなければならない。しかしそれでも限界はある。例えば数量的には変化が見られない場合などである。影響因も明確になっていなければ個体の成長発達などの変化はないと断言できるのだろうか。その他の要因，取り巻く環境の変化があってその中である維持機能が働いているとも考えられる。また，数値はある集団や状況の代表値であり絶対値ではないし，個々の状態をすべてあらわしているものでもない。したがって数値だけでいえることには限界もあれば見かけだけの場合もある。

　では質的なデータとして，対象者の行為あるいは行動を観察したり記録すれば十分なのかといえば，これも限界がある。相手のナラティブやお互いの会話分析を行ったとしても，一般化するまでは相当の労力を必要とする。

　ナラティブにはストーリーを語るだけの語彙とメタファーも求められる。会話において相手が構成するストーリーをどのように受け止めていくのか受け手の側の力量が問われるであろう。問題を語る側にも，この表現の幅や種類は大きく影響する。感情表現などにおいては，その心理的な処理にもかかわる極めて知的な作業となっている。

さらに気になるのは，就職がうまくいかない若者の話だけであったり，職場でうまくいかない従業員の話ばかりを集めたりして物言う場合である。何をもってうまくいかないと評価するかも問題ではある。迷いや悩みを意識して相談に来る人のナラティブは，どこまでが個別的で特異なものかを確認しておくべきであろう。なぜなら相談に訪れない人の方が圧倒的多数だからである。

今後への期待としては，社会構成主義的なアプローチが，どのような状況でどのように効果を発揮するのか，やはりそのメカニズムを明らかにする実証的なアプローチが不可欠であろう。その実証性というものをどのように捉えるかの議論が必要である。ワークのためのさまざまなツールも開発されているようだが，その作業過程においてどのような変化がどのように起きているのだろうか。それはどのようにして把握可能なのだろうか。それらのツールは他のものとどのように機能が異なるのか。量的な指標と質的な感触がバランスを保った科学的なアプローチが構築される必要がある。そのためにも「相談」の自己満足におぼれない実践家であることと，現場を忘れない科学者であることが求められる。また，両方の立場の専門家同士が"思い"だけでなく，根拠をもって語り合うことが不可欠であろう。

参考文献

Bateson, G. (1972) The cybernetics of self: A Theory of alcoholism.　In G. Bateson, *Steps to an ecology of mind.* New York: Ballantine.

Burr, V. (1995) *An Introduction to Social Constructionism.* London; Routledge

de Shazer, S. (1985) *Keys to Solution in Brief Therapy* 　W.W.Norton & Company, Inc.　小野直廣（訳）（1994）短期療法　解決の鍵　誠信書房

de Shazer, S. (1991) *Putting Difference to Work.* New York: W.W.Norton & Company.

Gergen, K. (1999)　*An Invitation to Social Construction.* London　Thousand Oaks and New Delhi,　（東村知子（訳）（2004）　あなたへの社会構成主義　ナカニシヤ出版）

Hall, D. T. (1996) Protean careers of the 21th century. *Academy of Management Executive10.* pp.8-16.

本田由紀（2014）もじれる社会　―戦後日本型循環モデルを超えて　ちくま新書

五十嵐敦（2014）職場（29章）　新・青年心理学ハンドブック　福村出版　pp.372-384

May, R. (1983) *Man's Search for Himself　(1953).* W.W.Norton & Company, Inc.（小野泰博（訳）

（1970）失われし自我を求めて　ロロ・メイ著作集1　誠信書房）

西條剛央（2004）構造構成主義の認識力—人間科学の基礎付け　現代のエスプリ

Prigogine, I. & Sterngers I. (1984) *Order out of Chaos; Man's New Dialogue Nature.* New York: Bantam Books.（伏見康治・伏見譲・松坂秀明（訳）（1987）混沌からの秩序　みすず書房）

Rosenzweig, P. (2007) *The Halo Effect.* SIMON & SCHUSTERS, Inc.（桃井緑美子（訳）（2008）なぜビジネス書は間違うのか　日経BP社）

von Bertalanffy, L. (1968) *General System Theory: Foundations, Development, Applications*, New York: George Braziller.（長野啓太・太田邦昌（訳）（1973）一般システム理論　みすず書房）

Waddingtom, C.H. (1962) *New patterns in genetics and development.* New York: Columbia University Press.

Wrzesniewski, A. & Dutton, J.E. (2001) Crafting a job Revisioning employees as active crafters of their work. *Academy of Management Review Vol.26.* pp.179-201.

第2部
押さえるべき背景，更なる応用・実践

─── 第5章 ───

キャリア構築カウンセリングの理論とプロセス
─職業発達理論からキャリア構築理論へ

―――――――――――――――――――――――――――榧野潤

　本章では，Savickas が提唱したキャリア・カウンセリングのモデルであるキャリア構築カウンセリング（career construction counseling；Savickas, 2013b, pp.168-180）の背景にある理論と，そのプロセスについて説明し，今後のキャリア・カウンセリングのモデルを研究する方向性について検討する。

　まず，キャリア構築カウンセリングの背景にあるキャリア構築理論（theory of career construction；Savickas, 2002, 2005, 2013b）について説明する。Savickas は，キャリア構築理論を，Super の職業発達理論（theory of vocational development；Super, 1953）の拡張版と説明している（Savickas, 2002, pp.153-154）。キャリア構築理論が，職業発達理論と比較して，何が変わったかを中心に検討する。

　ついで，キャリア構築カウンセリングのプロセスについて説明する。その際，キャリア構築カウンセリングの原形であるキャリア・スタイル・インタビュー（career style interview；Savickas, 1989）に遡り，Savickas が，キャリア構築カウンセリングを提唱するに至ったきっかけを明らかにする。

　そして，社会構成主義とキャリア構築カウンセリングの関係について検討する。Savickas は，キャリア構築理論のメタ理論として，個人レベルでの意識や知識形成などの認知の働きを前提としない社会構成主義（social constructionism）を活用すると宣言している（Savickas, 2005, p.42；2006, p.85；2013a, p.653；2013b, p.148)。その一方で，キャリア構築カウンセリングについては，この認知の働きを前提とする心理的構成主義（constructivism）の立場から説明している（Savickas, 2011a）。

キャリア構築カウンセリングを含め，キャリア・カウンセリングのモデルを研究する際，社会構成主義あるいは心理的構成主義のどちらの考え方を採用するかによって，研究のアプローチの仕方が大きく異なる。だから，社会構成主義と心理的構成主義の考え方を整理し，キャリア構築理論とキャリア構築カウンセリングの関係について考察する。

1．はじめに

Savickas は，2002 年に Super の職業発達理論の拡張版であるキャリア構築理論を提唱した（Savickas, 2002, pp.153-154）。キャリア構築理論の進化のプロセスで，この理論にキャリア・カウンセリングのモデルを加えた（Savickas, 2005, pp.60-68）。

このキャリア・カウンセリングのモデルは，その後，キャリア・ストーリーの構築，脱構築，再構築，協働構築のプロセスを組み込んだキャリア構築カウンセリングへと，更なる進化を遂げた（Savickas, 2013b, pp.168-180）。

キャリア・ストーリーとは，「これまで××をしており，今，△△をしており，これから○○をする」のように，クライエントが過去や現在の出来事を意味づけ，未来の出来事，つまり，これからの展望を語ることである（(独）労働政策研究・研修機構，2007, p.5）。

キャリア構築カウンセリングでは，キャリア・カウンセラーがキャリア構築理論を利用し，クライエントのキャリア・ストーリーづくりを支援する。そして，クライエントと一緒になって，クライエントの未来に向け，キャリアの展望をつくる（Savickas, 2011a, p.5）。

本章では，Savickas が提唱したキャリア・カウンセリングのモデルであるキャリア構築カウンセリングについて説明し，今後のキャリア・カウンセリングのモデルを研究する方向性について考察する。手順は次の通りである。

第1に，キャリア構築カウンセリングの背景にある，職業発達の理論であるキャリア構築理論について説明する。職業発達の理論は，「クライエントの問題は何か？」という疑問に対応している。それに対し，キャリア・カウンセリングのモデルは，そのクライエントの問題に，「クライエントはどうしたらよいか？」という疑問に対応しなければならない（Savickas & Walsh, 1996）。まずはキャリア構築理論を理解し，キャリア構築カウンセリングにおける「クライエントの問題は何か？」を検討する。その際，Savickas は，キャリア構築理論を，Super（1953）の職業発達理論の拡張版と説明している（Savickas, 2002, pp.153-154）。キャリア構築理論が，職業発達理論と比較して，何が変わったかを中心に検討する。

　第2に，キャリア構築カウンセリングのプロセスと技法について説明する。キャリア構築カウンセリングの重要な構成要素であるキャリア構築インタビュー（career construction interview；Savickas, 2013b, pp.168-180）のルーツを辿ると，キャリア・ストーリー・インタビュー（career story interview；Savickas, 2011a）を経て，キャリア・スタイル・インタビュー（career style interview；Savickas, 1989）に至る。

　キャリア・スタイル・インタビューは，特性・因子理論に基づく職業指導（以下「マッチング・モデル」という）の短所を改善するため，アドラー心理学の考え方を取り入れて開発された（Savickas, 1989, p.168）。

　Savickas は，キャリア・ストーリーの構築の考え方について，このアドラー心理学の目的論を取り入れている。クライエントのキャリア支援を検討する際，目的論の立場に立つと，クライエントが「どこから来たのか？」よりも，「どこへ行こうとするのか？」を重視する（岸見, 1999, p.118）。

　「どこから来たのか？」とは，クライエントの過去の経験に原因があり，その原因が現在や未来のキャリアに影響を及ぼしているとする考え方である。これに対しキャリア構築カウンセリングでは，目的論の考え方を取り入れ，クライエントが，今，ここで（here and now），これからのキャリアについて，まず，「どこへ行こうとするのか？」を問う。そして，現在の自分が考える未来の方向性に合致する過去の経験を想起して，キャリア・ストーリーを構築する（本章「3.（4）キャリア構築の根幹にある考え方」(p.163)）。

第5章　キャリア構築カウンセリングの理論とプロセス―職業発達理論からキャリア構築理論へ

　第3に，社会構成主義とキャリア構築カウンセリングの関係について説明する。Savickasは，キャリア構築理論のメタ理論として，個人レベルでの意識や知識形成などの認知を前提としない社会構成主義を活用すると宣言している（Savickas, 2005, p.42；2006, p.85；2013a, p.653；2013b, p.148）。その一方で，キャリア構築カウンセリングの主要な構成要素であるキャリア構築インタビューは，クライエント個人の意識や知識形成などの認知を前提とした心理的構成主義の視点から説明されている（Savickas, 2011a）。

　キャリア構築カウンセリングを含め，キャリア・カウンセリングのモデルを研究する際，社会構成主義あるいは心理的構成主義のどちらの考え方を採用するかによって，研究のアプローチの仕方が大きく異なる。だから，社会構成主義と心理的構成主義の考え方を整理し，キャリア構築理論とキャリア構築カウンセリングの関係について考察する。

2．キャリア構築カウンセリングの理論

　キャリア・カウンセリングのモデルを示すには，そのモデルが扱う「クライエントの問題は何か？」を明らかにしなければならない。職業心理学の分野では，職業発達の理論が，この問いに答える。キャリア構築カウンセリングの背景にある職業発達の理論はキャリア構築理論になる。

(1) Superの職業発達理論

　Savickasは，キャリア構築理論を，「Superの職業発達理論の日付のない拡張版」（Savickas, 2002, pp.153-154）と説明している。職業発達理論は，元々，10の命題から構成された（Super, 1953）。Superは職業発達理論を改訂し続け，命題は10から最終的に14へと増えた。

　Salomoneは，1953年から1990年の約40年の間に公表された7本の論文に掲載されている職業発達理論の命題をレビューし，職業発達理論の変遷をたどっている。その結果，1957年に12の命題に改訂された際の職業発達過程

の順序性，予測性，力動性に関する命題[1]（Super & Bachrach, 1957, pp.118-120）を除外すれば，職業発達理論の命題は，約40年の間，実質的に何も変わっていないと結論づけている（Salomone, 1996, p.180）。1953年版の職業発達理論を表5-1に示す。

表5-1　職業発達理論の10の命題（Super, 1953）

①人の能力，興味，パーソナリティは多様である。

②人は，能力，興味，パーソナリティの特徴を生かすことにより，複数の仕事に就く資格がある。

③それぞれの仕事は，能力，興味，性格特性について，特徴的なパターンを必要とするが，1つの仕事に様々なタイプの人が従事できるし，1人の人が異なる仕事に従事できるなどの融通性がある。

④職業上の好みや能力，生活したり働いたりする環境は時間の経過や経験とともに変化する。そのため，自己概念も変化する（自己概念は一般的に言って，青年後期から成人後期までの間，かなり安定的だが）。そうやって，選択と適応は連続的なプロセスになる。

⑤自己概念が変化するプロセスは，成長，探索，確立，維持，衰退として特徴づけられる一連のライフ・ステージへと集約できるだろう。そして，これらの段階は次のように再分割できるだろう。(a) 探索段階は，幻想的，試案的期間に分けられる。(b) 確立段階は，試行的，安定期間に分けられる。

⑥キャリア・パターンの性格（達成される仕事の水準，試行的・安定な職務の連鎖，頻度，期間）は，その人の社会経済的な水準，知能，性格の特徴，遭遇する機会によって左右される。

⑦ライフ・ステージを通した発達は，能力と興味の成熟のプロセスの促進や，現実検討や自己概念の発達の支援によって誘導される。

⑧職業発達のプロセスは，基本的に，自己概念が発達したり，実行するプロセスである。それは妥協のプロセスである。そのプロセスでは，自己概念は，遺伝による適性，神経的・内分泌的構成，多様な役割を演じる機会，役割を果たした結果が先輩や同僚からの承認を受ける程度の評価との相互作用の成果である。

⑨個人的要因と社会的要因，そして自己概念と現実との間の妥協のプロセスは，

役割を演じることの1つであり，その役割は，空想のなかであったり，カウンセリングのインタビューであったり，学校の教室，クラブ，パートタイム労働，就職などの現実の生活などで演じられることもある。
⑩仕事や生活に対する満足は，人が自分の能力，興味，性格特性に対する十分なはけ口を見つける程度による。仕事や生活に対する満足は，労働のタイプ，労働条件，生活の仕方などを確立することにかかっている。そのような状況では，成長期や探索期の経験を通して，心地よく，適切であると考えられるような役割を果たすことができるようになる。

(引用) 職業研究所 (1970) の Super (1953) の翻訳を一部改訂

Super は，職業発達理論の1つ1つの命題はバラバラ (segmented) であり，職業発達に関する統合的な枠組みを提供しているわけではないと説明している。

Crites (1969), Borow (1982), そして私 (筆者注:「私」とは Super 自身) が指摘しているように，私の貢献は，統合的，包括的，検証可能な理論を提唱したことにあるのではない。それよりもむしろ，「バラバラな理論 (segmented theory)」を提唱したことにある。(中略) その理論における1つ1つの命題は，検証可能な仮説を提供するものである。それぞれの命題が検証され，改訂され，いずれ統合的な理論を生み出すことを期待する (Super, 1984, p.199)。

職業発達のプロセスについては，命題⑧で，「基本的に，自己概念が発達したり，現実になるプロセス」(Super, 1953, p.190) と説明されている。Super の職業発達の中核には自己概念があり，自己概念が発達し，この自己概念が現実になるプロセスと理解できる (木村, 2013, p.36)。

(2) Savickas のキャリア構築理論

キャリア構築理論は，16の命題から構成される（表5-2参照；Savickas,

2002；2005）。Savickas は，①から③の命題が発達的コンテクスト主義（表5-3参照）に，④から⑩の命題が職業的自己概念に，⑪から⑯の命題がキャリア構築の連鎖としての発達的課題に，それぞれ関わると説明している（Savickas, 2002, p.157）。

発達的コンテクスト主義とは，コンテクストの影響を受け，職業的自己概念が開発される考え方である。Savickas は，コンテクストは多重であると説明し，物質的環境，文化，人種，民族，家族，地域，学校などを挙げている（Savickas, 2002, p.157）。

Super の職業発達理論と同じく，キャリア構築理論の16の命題も，1つ1つの命題はバラバラであり，職業発達に関する統合された枠組みを提供していないと考えられる。

表5-2　キャリア構築理論の16の命題（Savickas, 2002）

①社会とその制度は，社会的役割を通じて，個人のライフコースを構造化する。個人の生活構造は，性役割の社会化などの社会的プロセスによって形成され，中心的役割と周辺的役割から構成される。仕事と家庭などの中心的役割の間でバランスが悪ければ緊張を生むが，バランスが良ければ安定する。

②職業は，ほとんどの男女にとって，その人の中心的な役割であり，パーソナリティ構造の中核にある。しかし，人によってはパーソナリティ構造において職業が周辺にあったり，それほど重要でなかったり，存在そのものがないことさえある。そういう場合，学生，親，主婦，余暇人，市民などの人生における他の役割が中心になる可能性がある。人生の役割に関する個々人の好みは，社会的に不公平な地位に個人を拘束し，かつ位置づける社会的慣習に深く根ざしている。

③個人のキャリア・パターン，すなわち，実現された職業上の地位，職務の連鎖，頻度，期間は，社会から提供される機会との相互作用のなかで，親の社会経済的水準，その人の学歴，能力，パーソナリティ特性，自己概念，キャリア・アダプタビリティなどによって決定される。

④人は，能力，パーソナリティ特性，自己概念などの職業的特徴において異なる。

⑤個々の職業は職業的特徴の様々なパターンを必要とするが，個々の職業から見

ると，ある程度の個人の多様性を受け容れる許容範囲がある。
⑥人は，その人自身の職業的特徴と，その人への職業的要請によって，様々な職業に就く資格がある。
⑦職業的成功は，個人が自分の優れた職業的特徴について，仕事の役割の中で十分に発揮できる機会を，どのくらい見つけるかによって決まる。
⑧人が仕事から得られる満足の程度は，職業的自己概念の実行の程度に比例している。職務満足は，成長期や探索期の経験から，自分にとって快適であり，かつふさわしいと思える役割のタイプを演じることのできる，ある職業のタイプ，ある仕事上の立場，ある生き方などの確立によって決まる。
⑨キャリア構築は，基本的には，仕事の役割において職業的自己概念を開発し実行するプロセスである。生まれつきの適性，身体的特徴，様々な役割を観察したり担ったりする機会，役割をこなした結果について上司や仲間からどのくらい認められたのか，といったこととの相互作用を通じて，自己概念は発達する。個人と社会的要因の統合と妥協によって，職業的自己概念は仕事の役割のなかで実行される。役割をこなすことと，フィードバックからの学習によって，その職業的自己概念は発達する。その役割を演じる場が，空想やカウンセリングの面接であろうと，あるいは，趣味，クラス，クラブ，アルバイト，初職などの現実生活であろうと構わない。
⑩青年期の後期以降，職業的自己概念は徐々に安定し，選択と適応に関して，ある種の連続性を提供する。とはいえ，私たちが住んだり，仕事をしている状況が変わるように，自己概念と職業興味は，時間が経ち，経験が増すにつれ変わる。
⑪職業変化のプロセスはキャリア・ステージのマキシサイクルという性質を持っている。そのサイクルは，成長，探索，確立，マネジメント，離脱の期間を経て進行する。この5つのステージは，社会からの期待として個人が体験する職業発達課題によってさらに細分化される。
⑫成長，探索，確立，マネジメント，離脱のミニサイクルは，病気や障害，工場閉鎖や会社のレイオフ，仕事のリストラや自動化といった社会経済的，もしくは個人的な出来事によって個人のキャリアが不安定になっている時に起きる。それに加え，マキシサイクルにおける1つのキャリア・ステージから次のス

テージへ移行する時にも起きる。
⑬職業的成熟は，成長から離脱に至る連続的なキャリア・ステージに沿って，個人がどれくらい職業発達をしているかを示す心理社会的構成概念である。社会的な観点に立つと，個人の職業的成熟の程度は，年齢によって期待される発達課題と，個人が実際に直面している発達課題との比較によって操作的に定義される。
⑭キャリア・アダプタビリティとは，現在の，そして将来，予想される職業発達課題に対処するための個人のレディネスとリソースを示す心理的構成概念である。態度（attitudes），信念（beliefs），コンピテンシー（competencies）——キャリア構築のABCs——に関する適応の程度は，関心，コントロール，概念，信頼の発達分野とともに高くなる。
⑮キャリア構築は，職業的発達課題をきっかけとし，それらの課題への対処によって生まれるプロセスである。
⑯キャリア構築のプロセスは，どのようなステージにおけるものであれ，職業的発達課題を説明する会話，適応の程度を高める練習，職業的自己概念の明確化と確認の活動によって促進される。

(引用)（独）労働政策研究・研修機構（2007）におけるSavickas（2002）の翻訳を一部改訂

　キャリア構築理論では，職業発達のプロセスは，命題⑨で，「基本的には，仕事の役割において職業的自己概念を開発し実行するプロセスである」（Savickas, 2002, p.155）と説明されている。職業発達理論の命題⑧では「基本的に，自己概念が発達したり，実行するプロセス」（Super, 1953, p.190）と説明されており，どちらも自己概念の発達であることに変わりはない。

　キャリア構築理論では，自己概念は「職業的自己概念」と限定されており，この職業的自己概念を，「仕事の役割において（中略）実行する」と説明されている。職業発達理論は，「自己概念を実行する」自己実現（self-actualization）の考え方であるのに対し，キャリア構築理論では，自己概念が職業や社会的役割のコンテクストにおいて影響を受けることが，より強く強調されている。

(3) 職業発達理論の改訂のポイント

2002年の論文では，Savickasは，職業発達理論からキャリア構築理論への改訂のポイントとして，2つのことを挙げている（Savickas, 2002, p.154）。1つはメタ理論（metatheory）の転換である。メタ理論とは，「理論のあり方の前提となる理論という意味でメタという語が使われている」（サトウ，2013, p.100）[2]。もう1つは，内的な成長よりも，外的な環境への適応の重視である。

1) メタ理論の転換

Savickasは，2002年の論文で，キャリア構築理論のメタ理論が認識論としての心理的構成主義に近づき，存在論としての構成主義から離れると説明している。

> キャリア構築理論は，私たちが現実の表象を構築する認識論としての心理的構成主義に近づくが，私たちが，現実そのものを構築する存在論としての構成主義からは離れる（Savickas, 2002, p.154）。

以下，「認識論としての心理的構成主義」と「存在論としての構成主義」について説明する。

認識論としての心理的構成主義

筆者は，「epistemological constructivism」を「認識論としての心理的構成主義」と翻訳した。認識論（epistemology）とは，「世界に関する知識をどのように得ることができるか考えるものである」（サトウ，2013, p.100）。

「constructivism」については，社会構成主義の立場に立つ心理学者である深尾は「心理的構成主義」（深尾, 2005, p.141），認知言語学者の大堀は「現実構成主義」（大堀, 2002, p.2）と，それぞれ翻訳している。2人は専門とする学問の領域は違うが，ともに同じ意味で「constructivism」という用語を使っている。本章では「心理的構成主義」に統一する。

心理的構成主義とは何だろうか？ 大堀は心理的構成主義について次のように説明する。

ヒトの口から出て来る音声は，それ自体では単なるノイズに過ぎない。それにもかかわらず，われわれが言語によってある出来事を描き出し，対話の相手と協力し合えるのは，よく考えると驚くべきことではないだろうか。こうした営みが可能なのは，われわれが受け取る言語の意味を理解し，それによって1つの世界を作っているからである（大堀，2002，p.1)。

心理的構成主義では，私たちの経験する世界は，ありのままの現実ではないと考える。言語によって，私たちの経験の世界がつくられていると考える。HerrとCramerのカウンセリングの定義では，「カウンセリングとは，（中略）大部分が言語を通しておこなわれる過程」と説明されている（渡辺，2002，pp.15-16)。クライエントは言語を通して，自分自身の経験する世界をカウンセラーに伝える。ありのままの現実を伝えているわけではない。大堀の説明は，カウンセリングの現場にも当てはまる。

　大堀は，言語によって経験の世界が構成される際，この構成には，「経験をどのように捉えるのか」という認知の働きが重要であると強調する。

　言語によって経験の世界が作られるというのは，実際にはどういうことだろうか。（中略）グラスに残った半分の水を見て，客観的な事態は1つでも，「半分もある」と言うことができれば，「半分しかない」と言うこともできる。どちらの言い方をとるかは，真か偽かという論理の問題ではなく，事態をどのように捉えているかという問題である。（中略）これらの例はともに，言語の話し手が世界の一面をある捉え方（construal）のもとに把握した結果，出てくる表現である。言語がわれわれの経験する世界を構成するというとき，重要なのはどのような捉え方が取られているかという問題である。言いかえれば，ヒトの生きる世界は「ありのまま」の現実ではなく，認知活動によって構成されたものだということである」（大堀，2002，p.2)。

2002年のSavickasの論文に戻ると，心理的構成主義では，「私たちが現

実の表象を構築する」と説明されている (Savickas, 2002, p.154)。筆者は，「representation of reality」を「現実の表象」と翻訳した。現実とは，先の大堀の例で説明すると，「グラスに残った半分の水」であり，その現実の表象として，言語で「半分もある」と表現できれば，「半分しかない」と表現もできる。どちらの表現を使うかは捉え方 (construal)，つまり認知活動次第である。

社会構成主義との相違点を説明すると，心理的構成主義では，言語が私たちの経験する世界を構成する。ここまでは社会構成主義と同じである。しかし，心理的構成主義では，その構成は個人の認知活動によって構成されると考える。社会構成主義では認知活動を前提としない。

存在論としての構成主義

筆者は，「ontologic constructionism」を「存在論としての構成主義」と翻訳した。存在論 (ontology) とは，「何が存在するのか，を問う議論である」(サトウ, 2013, p.100)。先の大堀の例で説明すると，存在論では，目の前に「グラスに残った半分の水」があったとしても，それが現実に存在するかどうかは自明ではないと考える。この考え方は，社会構成主義の本質を表している。深尾は，次のように，心理的構成主義と比較しながら社会構成主義を説明している。

　心理的構成主義は，個人の経験世界が，その個人の内界で構成されることを強調する。この立場は，個人の経験世界が構成されるものであり，個人の心は外界をありのままに映す装置ではないと主張する点において，社会構成主義と立場を同じくする。

　しかしながら，社会構成主義は，心と外界のいずれの存在も自明視しないという点において，心理的構成主義と立場を異にする。社会構成主義では，心も外的世界も言語によって形成され，社会的交渉によって変化しているものであると考える。また，心理的構成主義が知識の源泉を個人の心のプロセスに求めるのに対して，社会構成主義は人間行為の源泉を関係性に求め，個人の行動の理解のためにコミュニケーションの重要性を強調する (深尾, 2005, p.141)。

心理的構成主義と社会構成主義の違いは，主客二元論の立場に立つかどうかである。主客二元論とは，個人の心と外界を分ける考え方であり，個人の心を内部，外界を外部と分ける二項図式である（矢守，2000, p.109）。
　例えば，求職者がある求人事業所の就職試験を受け，不合格の通知を受けたとする。心理的構成主義は主客二元論の立場であり，「不合格の通知を受けた」という出来事が，求職者の心の外部で起きたと考える。求職者の心のなか，つまり内部にある経験世界おいて，「悔しい」と感じたり，「新たに求人を探そう」と思ったりする。
　社会構成主義は主客二元論の立場に立たない。個人の心と外界を分けない。「不合格の通知を受けた」という出来事が起きたことを自明視しない。「不合格の通知を受けた」出来事も，求職者が「悔しい」と感じたり，「新たに求人を探そう」と思うことも，すべて言語，つまり記号に過ぎない。
　「不合格の通知を受けた」という記号が，求人企業の採用担当者と求職者の間で使われるとき，その機能として，両者の間で「雇用関係は成立しない」。職業相談の担当者と求職者の間で使われるとき，その機能として，「新たに求人を探す」きっかけになるかもしれない。このように言語に絶対的な意味が存在するわけではなく，関係性における機能として理解されるべきものということになる（サトウ，2013, p.105）。

キャリア構築理論のメタ理論
　①の「認識論としての心理的構成主義」と②の「存在論としての構成主義」の解釈を併せて考えると，2002年のSavickasの論文では，キャリア構築理論のメタ理論は，心理的構成主義に近づき，社会構成主義から離れるという解釈になる。しかし，Superの職業発達理論のメタ理論は社会構成主義ではない。キャリア構築理論は，職業発達理論から何を変えたのだろうか。Savickasは次のように説明している。

　　職業発達理論を更新する際，私は，自己概念の理論はパーソナル・コンストラクト理論と呼ばれた方がよかったかもしれないというSuperの示唆を採用する（Super, 1984, p.207）（Savickas, 2002, p.154）。

パーソナル・コンストラクト理論（personal construct theory）は，Kelly（1955）の理論であり，心理的構成主義に位置づけられる（Young & Collin, 2004, p.376）。しかし，上述した深尾の説明にあるように，心理的構成主義は，「個人の経験世界が構成されるものであり，個人の心は外界をありのままに映す装置ではないと主張する点において，社会構成主義と立場を同じくする」（深尾，2005, p.141）。

Savickas は，キャリア構築理論から職業発達理論に更新する際，心理的構成主義と社会構成主義に共通する「個人の経験世界が構成されるものであり，個人の心は外界をありのまま映す装置ではない」という考え方を採用したと解釈できよう。だから，Savickas は，「存在論としての構成主義からは離れる」（Savickas, 2002, p.154），つまり「社会構成主義から離れる」と言うが，あえて「社会構成主義ではない」と言わなかったと考えられる。

2)内的成長から外的環境の適応へ

Savickas は，職業発達理論からキャリア構築理論への第2の改訂のポイントとして，職業発達の捉え方を，内的成長から外的環境への適応へと転換している。

> 第二に重要な更新は，有機体的な世界観から，コンテクスト派の世界観へ転換することである。人は，内的構造の成熟よりも，環境への適応によって駆り立てられるように発達を概念化するほうへ順応していく。キャリアは展開しない。つまり，キャリアは構成されるのである（Savickas, 2002, p.154）。

この文章を理解するには，「有機体的な世界観」や「コンテクスト派の世界観」という言葉を理解する必要がある。これらは，職業発達の研究の前提となっている哲学を整理した概念である。

Vondracek ら（Vondracek, Lerner & Schulenberg, 1986, p.19）によると，職業発達の理論は，Erikson, Piaget, Freud, Jung らなどの発達の理論のアイディアを部分的に取り入れているに過ぎず，それゆえ，職業発達の理論を検討

するには，発達の理論に立ち戻って検討すべきであるという。

その発達の理論は経験的，実証的なものではなく，概念的なもの，つまり研究者のアイディアを示しているに過ぎないことから，大切なことは，アイディアの前提となっている哲学であり，これを理解しない限り，職業心理学の分野において発達研究の知見を活かすことはできないと述べている。

彼らは発達の理論の哲学として，研究の仮説や方法論の前提となっているPepper や Kuhn のパラダイムや世界観の研究を参照としながら，機械モデル（mechanistic model），有機体モデル（organismic model），コンテクスト主義（contextualism）の3つを挙げている。「機械」「有機体」「コンテクスト」とは，それぞれのパラダイムを説明するためのメタファー（隠喩）である。これらのモデルを表5-3に整理した。

Savickas は，Super の職業発達理論を，有機体モデルに位置づけている（Savickas, 2002, p.154）。有機体という聞き慣れない言葉が使われるのは，発達という現象を，特定の行動の変化のように部分的に見るのではなく，まとまりがあり，それ自体で完結する個人の視点から見るからである。

このモデルでは，個人が環境から影響を受けるよりも，能動的に環境をつくり出すことを強調する。また，個人としての全体性を尊重し，それを構成する部分へと分解できないと考える。なぜならば，部分同士が相互に依存する関係にあるからである。

職業発達理論では，有機体である個人は，自分自身について様々な知覚をしているが，これらの知覚を体制化している自己概念を実行していくことが職業発達と考えており，有機体モデルの考え方が当てはまると言えよう。

コンテクスト主義では，私たちの世界にある物事を歴史的出来事（historical event）として捉える。出来事とは，ある時に，ある場所で何かが起こることである。歴史的とは，過去，現在，未来というように時間が進んでいくことである。時間の流れ，それに伴う出来事の生起は，それ自体が個人の意志とは関係なく進行する能動的な営みである。

歴史的出来事は常に変化し続ける。だから，完全な法則性や一貫性を見出すことはできない。個人も歴史的出来事の真っただなかにあり，常に変化し続ける存在である。

第5章 キャリア構築カウンセリングの理論とプロセス―職業発達理論からキャリア構築理論へ

表 5-3 発達理論の 3 つのモデル

	機械モデル	有機体モデル	コンテクスト主義
モデルの説明	○発達を機械に例えるモデル。機械は複数の部品から構成されている。1つの部品は独立して機能しており、それらの機能が合わさり、1つの機能で機能すればよい。 ○機械の動きを理解しようとするならば、部品1つ1つの働きに分解すればよい。	○発達を特定の行動の変化というように部分的に見るのではなく、まとまりがあり、それ自体で完結する個人という視点で捉える。 ○個人としての全体性を尊重し、それを構成する部分へと分解はできない。	○コンテクスト主義では、私たちの世界にある物事を歴史的出来事として捉える。 ○歴史的出来事は常に変化し続ける。だから、完全な法則や一貫性を見出すことはない。 ○歴史的出来事の変化には、様々なレベルがある。1つのレベルの変化であっても、全体へと波及する。 ○個人も歴史的出来事の真っただなかにあり、常に変化し続ける。
発達の考え方	○個人の行動は誰にでも当てはまる共通の要素へと分解できる。 ○機械は外からの刺激がないと動かないように、発達も外からの刺激を受けて促される。	○個人の中に成長しようとする内的な力があり、時間の経過とともに、それが発現する。 ○個人が環境から影響を受けるよりも、能動的に環境をつくり出すことを強調する。	○時間の流れに沿って、これまでの変化を追い、その延長線上で、これからの出来事が起こる可能性を確率論的に検討する。 ○個人は特定の社会的生態環境において発達する。社会的生態環境、物質的環境、文化、人種、民族、地域、学校、家族などの多重のコンテクストから構成される。 ○個人が、コンテクストについて、より幅広い考えを獲得していくこと。 ○個人が、コンテクストの特質を明らかに、コンテクストを維持したり、あるいは再構成していくこと。
職業発達の理論への応用	○職業発達は複数の特性から把握される。この特性は観察者によって左右されることのない客観的指標によって測定される。職業発達は環境との相互作用により、特性間の強弱が明確になり、分化していく過程である（特性・因子理論）	○個人は自分自身について様々な知覚をしている。これらの知覚をもとに作り上げている自己概念を実現させていくことが職業発達である（職業発達理論）。	○個人が過去、現在の仕事上の出来事を解釈することにより、未来の見通しを立てる。つまり、キャリアのストーリーをつくる。そのストーリーを通して、ストーリーを壊し、活動することによってプロセスをくり返す。このくり返し、つくり直すことで自分自身の置かれている環境に対する理解を深めていく（キャリア・ストーリー・アプローチ）。

注）（独）労働政策研究・研修機構 (2011) の図 (p.5) を、Bronfenbrenner (1979). Vondracek, Lemer & Schulenberg (1986). Savickas (2013a). 椎野 (2014) をもとに改訂

151

コンテクストは時系列上の変化に関係に限らない。出来事は様々なレベルから捉えることができる。例えば，物質的環境，文化，人種，民族，家族，地域，学校などである（Savickas, 2002, p.157）。個々のレベルは，それを包括するレベルがコンテクストとなる関係にある。

　例えば，大企業に勤務する関東地方在住の中高年者が失業した場合，その出来事は，中高年，関東地方在住，大企業勤務者という多重のコンテクストを背景として生起する。その人の年齢，居住地，勤務先の企業規模が変われば，コンテクストの構成は変化することになる。

　コンテクスト主義では，発達を検討する際，有機体モデルのような内的成長よりも，外的環境への適応を重視する。歴史的出来事は常に変化し続ける。だから，完全な法則性や一貫性を見出すことはできない。適応のためにできることは，時間の流れに沿って，これまでの変化を追い，その延長線上で，これからの出来事が起こる可能性を確率論的に検討することである。

　後述するキャリア構築インタビューを始め，キャリアをストーリーとして捉えるアプローチは，このモデルを職業発達の理論に転用したものである（Collin & Young, 1992；Cochran, 1997；Jayasinghe, 2001）。このアプローチでは，個人が過去，現在の出来事をふり返り，それらを解釈することにより，未来の見通しを立てる。具体的に説明すると，「これまで××をしてきたから，これから○○をする」，あるいは「今，△△をしているから，これからは○○をする」というように，過去，現在の出来事を根拠として未来の見通しを立てることである（（独）労働政策研究・研修機構，2007, p.5）。

　このアプローチには次の3つの特徴がある。第1にストーリーをつくる際，過去や現在に起こった出来事の中から，一貫性（coherence）や連続性（continuity）を抽出することである（Savickas, 2011a, pp.40-41）。これは，複数の出来事の中から共通するコンテクストを見出すプロセスと言い換えることができる。例えば，個人が同じ職業で失業を繰り返す場合，それらの出来事に共通するコンテクストとして，その職業の雇用が縮小傾向にあると解釈することである。

　第2にストーリーを固定的なものとして考えないことである。個人は，取り上げる出来事により，無数にストーリーをつくることができる。このストー

リーを現実に試行してみて，うまくいかなければ，違う出来事を取り上げ，新たにストーリーをつくり直せばよい（Savickas, 2011a, p.7）。こういった試行を繰り返すことによって，より有益で生産的な考え方や気持ちのあり方を意識できるようになる。その結果，選択肢の幅が広がり，将来について柔軟に考えられるようになる（Peavy, 1992, p.222）。

　第3に，他者との対話を通して，キャリアのストーリーが社会化されることである。キャリアのストーリーは，個人によってつくられ，対人関係によって調整される（Savickas, 2002, p.161）。具体的には，個人がキャリアのストーリーを言語化し，他者に説明したり，他者からのフィードバックを受けることにより，より多くの人が理解できたり，納得できるストーリーへと書き換えることができる。

3．キャリア構築カウンセリングのプロセス

(1) キャリア構築カウンセリングのプロセス

　Savickasはキャリア構築カウンセリングのプロセスを次のように説明している。

　　キャリア・カウンセラーは，キャリア・カウンセリングにおける次のような場面で，キャリア構築理論を応用する。(a) 小さなストーリーからキャリアをつくり，そして，(b) その小さなストーリーを壊したり，つくり直したりして，大きなストーリーをつくる。それから，(c) クライエントと一緒に，大きなストーリーから，これからのストーリーをつくる（Savickas, 2011a, p.5）。

　このプロセスをより詳細に説明すると，表5-4に示す「オープニング」，キャリア・ストーリーの「構築」，「脱構築」，「再構築」，「協働構築」，「実行」，「クロージング」に分かれる。

キャリア構築カウンセリングは,「オープニング」で,キャリア・カウンセラーが,「私は,あなたがご自身のキャリアをつくる上で,どのような役に立つでしょうか?」と尋ね,クライエントが,キャリア構築インタビューを受けるに当たり,何を求めているのか,言葉にしてもらうことから始まる。
　Savickasは,この「オープニング」について,次のように,より詳細な説明を加えている。

> 　キャリア・カウンセラーは,クライエントに次のことを言葉にしてもらうように働きかけて,キャリア構築カウンセリングを始める。(a)クライエントにとって,現在のストーリーから外れた出来事,(b)クライエントが適応するための準備状態や資質,(c)クライエントがカウンセラーと協働してつくりたい,目標としての新しいシナリオ (Savickas, 2013b, p.168)。

　たとえば,会社が突然,倒産してしまい,仕事を失ったクライエントを想像してほしい。クライエントは,倒産の直前まで,これまでも,そして,これからも,同じ会社に勤め続けるというキャリア・ストーリーを持っていたと考えられる。
　こういう場合,(a)の「クライエントにとって,現在のストーリーから外れた出来事」とは,倒産により,クライエントが失業した出来事になる。(b)の「クライエントが適応するための準備状態や資質」とは,失業の出来事に対処するためのクライエントの柔軟性やストレス耐性,そして仕事探しに有効な人脈の広さなどが考えられる。(c)の「クライエントがカウンセラーと協働してつくりたい,目標としての新しいシナリオ」とは,クライエントは,会社の倒産により同じ会社に勤め続けるキャリア・ストーリーをつくり直す必要があり,キャリア・カウンセラーと協力して,どのようなキャリア・ストーリーをつくりたいのかを言葉にする。これがキャリア構築カウンセリングの目標になる。
　だから,クライエントがキャリア構築カウンセリングを必要とする場面とは,クライエントがすでに持っているキャリア・ストーリーから外れた出来事が起こり,新たなキャリア・ストーリーを再構築する必要性に迫られた場面である。

第5章　キャリア構築カウンセリングの理論とプロセス―職業発達理論からキャリア構築理論へ

表5-4　キャリア構築カウンセリングのプロセス

キャリア構築カウンセリングの概要
　キャリア構築カウンセリングでは，より満足のできる生活や，より成功したキャリアにつながる活動の脚本づくりのため，キャリア・カウンセラーとクライエントが協力して，キャリア・ストーリーの構築，脱構築，再構築，協働構築をする。クライエントが自分自身の生活を設計したり，職業を選択したり，キャリアの転機をうまく乗り切ったり，職場でのいざこざに対処するため，キャリア構築カウンセリングでは，クライエントが目的をつくったり，考えを固めたり，目的に適う活動に取り組むことに焦点を当てる。

Ⅰ．オープニング
　キャリア・カウンセラーは，キャリア・カウンセリングがどのように役に立つことができるのか，クライエントに尋ねる。クライエントと協力して，キャリア・カウンセリングの目標を定め，共有する。

Ⅱ．構築
　キャリア・カウンセラーは，クライエントから重要な出来事，何回もくり返し起こるエピソード，自己が明確になった瞬間に関するストーリーを聞き出し，クライエントと一緒にキャリア・ストーリーづくりを始める。キャリア・カウンセラーは，そのようなストーリーを聞き出すため，キャリア構築インタビューを活用する。キャリア構築インタビューでは，①ロール・モデル，②楽しみにしている雑誌とテレビ番組，③お気に入りの本と映画，④自分自身を元気づけるモットー，⑤思い出せる最も昔の記憶についてクライエントに質問し，それぞれのストーリーをクライエントに話してもらう。

Ⅲ．脱構築
　キャリア・カウンセラーは，構築のプロセスでクライエントに話してもらったストーリーから，クライエントが自分自身の可能性を制限したり，狭い役割に自分自身を縛りつけたり，文化の壁をつくって自分自身を制限してないか，検討する。もし，クライエントが，そういったストーリーによって自分自身を制限しているならば，キャリア・カウンセラーはクライエントがそのストーリーについて違う考え方ができるように援助する。違う考え方とは，自主性や自発性が発揮できない行き詰まりの状態を打開したり，クライエントの可能性を広げるため，ストーリーから新しい意味を見出すことである。

Ⅳ．再構築
　キャリア・カウンセラーは，クライエントが，脱構築で新しい意味を見出した1つ1つの小さなストーリーを統合し，大きなストーリーをつくり上げる援助をする。その際，ストーリーとストーリーをつなぐ筋立てと，それらのストーリーに意味を授けるキャリア・テーマに焦点を当てる。大きなストーリーとは，クライエントのこだわり，自己概念，お気に入りの設定，支配的な脚本，自分への助言をまとめたものである。キャリア・カウンセラーは，この大きなストーリーから，筋立てとキャリア・テーマ，クライエントの内面の変化を抜き出し，ライフ・ポートレートを構成する。

Ⅴ．協働構築
　キャリア・カウンセラーは，クライエントと協力してライフ・ポートレートを改訂する。具体的には，新しい言葉を活用して，新たな大局観をつくり，将来の展望を広げる。これらの改訂は，クライエントのキャリア・ストーリーにおける，これからのエピソードと関係する。ライフ・ポートレートの改訂により，クライエントの自己は，よりはっきりとしたものになる。自己がはっきりすると，クライエント自身にとってもキャリア・カウンセラーにとっても，クライエントの意思が明らかになる。クライエントは，新しい自己の発見に伴い，これから起こる出来事を想像したり，最優先すべき活動を選択したり，意思を固めるかもしれない。

Ⅵ．実行
　クライエントは，脱構築，再構築，協働構築により，新しい意味を伴うキャリア・ストーリーを実行に移す。クライエントの意思は活動へと展開する。クライエントが，この選択肢の実行に躊躇したら，キャリア・カウンセラーは，クライエントを躊躇させる可能性のある障害に注意を払う。それとともに，クライエントの適応の資質にも注意を向ける。

Ⅶ．クロージング
　クライエントが，オープニングで，キャリア・カウンセラーと協力して立てた目標を達成できたか確認する。キャリア・カウンセラーは，通常，キャリア・カウンセリングで起こったことを，数行の文章でまとめ，終了する。

（引用）Savickas (2013b) をもとに作成

```
┌──────────────────┐        ┌──────────────────┐
│ ① ロール・モデル   │        │ ② 雑誌            │
│  （自己概念）      │        │ （職業・仕事環境） │
└─────────┬────────┘        └─────────┬────────┘
          ▼                            ▼
        ┌──────────────────┐     ┌──────────────────┐
        │ ③ お気に入りの   │◀────│ ④ モットー       │
        │   ストーリー     │     │ （調和への励まし）│
        │   （調和）       │     └──────────────────┘
        └────────▲─────────┘
                 │
  ┌──────────────────────────────────────┐
  │ ⑤ 思い出せる最も昔の記憶               │
  │ （おおもとになっているストーリー）     │
  └──────────────────────────────────────┘
```

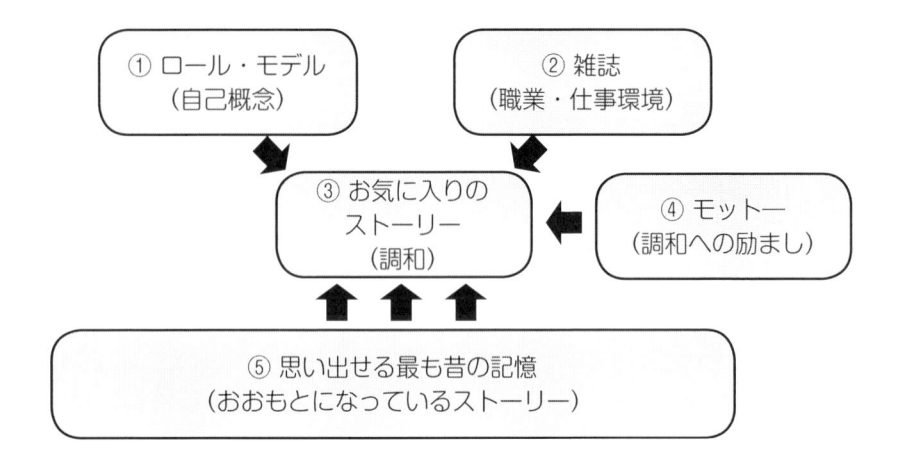

図 5-1　キャリア構築インタビューの面接構造

(2) キャリア構築インタビューの概要

　キャリア・カウンセラーは，キャリア構築カウンセリングの「構築」の段階で，キャリア構築インタビューを実施する。

　Savickasは40年以上にわたって実践をくり返し，キャリア構築インタビューを開発した（Savickas, 2013a, p.657）。Savickasは，2011年の著作（Savickas, 2011a）で，キャリア構築インタビューの背景にある考え方，技法の活用方法，アセスメント等の解釈の方法などをまとめた。キャリア構築インタビューでは，上述した「オープニング」から始まり，ついで，①ロール・モデル，②雑誌，③お気に入りのストーリー，④モットー，⑤思い出せる最も昔の記憶の5つの話題について，クライエントに質問し，それぞれのストーリーを話してもらう。キャリア・カウンセラーは，その応答を材料として，クライエントがライフ・ストーリーを明らかにし，キャリア・テーマを特定する支援をする（Savickas, 2011a, pp.56-57）。

　キャリア構築インタビューの面接構造については，人と職業のマッチングの視点から，図5-1のように整理できると考えられる。

①ロール・モデルでは，クライエントの少年／少女時代に，尊敬したり，あこがれていた人物について聞くことにより，「かくありたい」という自己概念を言葉にしてもらうとされている（Savickas, 2011a, p.57）。マッチングでは「人」に相当すると考えられる。

②雑誌では，定期的に読んでいる雑誌，あるいは定期的に視聴しているテレビ番組について聞くことにより，興味のある職業や居心地のよい仕事環境を言葉にしてもらうとされている（Savickas, 2011a, p.60）。マッチングでは「職業」に相当すると考えられる。

③お気に入りストーリーでは，お気に入りの小説や映画を尋ね，そのストーリーを聞くことにより，①の「かくありたい」という自己概念が，②の興味ある職業や居心地のよい仕事環境と，どのように関わるのか，を言葉にしてもらうとされている（Savickas, 2011a, p.63）。マッチングでは，「人」と「職業」をつなぐところに相当すると考えられる。

④モットーでは，クライエントに，お気に入りの座右の銘やことわざを聞くことにより，自分自身に対する効果的な助言を意識してもらうとされている（Savickas, 2011a, p.64）。マッチングでは，「人」と「職業」をつなぐための助言に相当すると考えられる。

⑤思い出せる最も昔の記憶は，クライエントに，思い出すことのできる最も昔の記憶を聞くことにより，クライエントのおおもとになっているストーリーを意識してもらうとされている（Savickas, 2011a, p.64）。マッチングでは，「人」と「職業」をつなぐストーリーの背景にある先入観やこだわりに相当すると考えられる。

筆者は，2013年5月26日に，（社）日本産業カウンセラー協会四国支部第43回全国大会第3分科会「キャリア」において，「キャリア支援の実際──キャリア・カウンセリングライブ」で，キャリア・ストーリー・インタビューについて解説した。当日の発表資料には，⑤思い出せる最も昔の記憶を除く，上述した4つの質問の解説と活用のポイントと注意点について，「キャリア構築インタビューの解説」（榧野，2013）にまとめた。章末に，この発表資料を一

部改訂した「キャリア構築インタビューの解説」(pp.176-187) を掲載する。⑤思いだせる最も昔の記憶については，本章「3.(4)キャリア構築の根幹にある考え方」(p.163) で解説する。

(3) キャリア構築インタビューの原形

キャリア構築インタビューのルーツをたどると，Savickas が，1989 年に，アドラー心理学の考え方を取り入れて開発したキャリア・スタイル・インタビューの論文に至る（Savickas, 1989）。

キャリア・スタイル・インタビューの目的は，キャリア・カウンセラーが構造化された面接をして，クライエントから人生の目標やライフ・スタイルに関する情報を引き出すことにある。

　キャリア・スタイル・インタビューは，クライエントのキャリア選択に関する意見や経験を引き出すため，クライエントの目から見て妥当な，刺激となる質問で構成される。これらの質問は，クライエントの人生の目標とライフ・スタイルに関する情報を引き出す役割をする。こういった情報は，クライエントがどのような興味を持っているのかを明らかにする。興味が明らかになることにより，問題の解決につながったり，クライエントを，より問題のない状態にすることができる（Savickas, 1989, p.298）。

キャリア・スタイル・インタビューの実施方法は，質問を中心に構造化された面接法であり，キャリア構築インタビューと同じである。質問項目にも類似性が見られる（表 5-5 参照）。

　刺激となる質問は，順序立てられて構造化面接の形で構成される。構造化のおかげで，話題が円滑に流れ，クライエントは，カウンセラーに自分のことを説明する間，能動的に自己分析を続けることになる。刺激となる質問の内容は，以下に掲げるように，①ロール・モデル，②愛読書，③愛読雑誌，④レジャー活動，⑤学校での得意科目，⑥モットー，⑦理想の

第5章　キャリア構築カウンセリングの理論とプロセス—職業発達理論からキャリア構築理論へ

表5-5　キャリア・スタイル・インタビューとキャリア構築インタビューの比較

質問事項	キャリア・スタイル・インタビュー 質問の内容	解釈の視点	キャリア構築インタビューに該当する質問項目の有無
①ロール・モデル	少年／少女時代に, 尊敬したり, あこがれた人物を聞く	クライエントの人生における苦境	○
②本	愛読書を聞く	クライエントの人生における苦境とその解決策	○
③雑誌	愛読雑誌を聞く	クライエントのキャリア・スタイルに合った環境	○
④レジャー活動	自由時間に何がしたいかを聞く	クライエントの興味	×
⑤学校の科目	高等学校時代, 好きだった科目, 嫌いだった科目を聞く	クライエントの好む学習環境, 学習習慣, 学習への態度	×
⑥モットー	好きなことわざや座右の銘を聞く	クライエントが自分自身のライフストーリーにつけているタイトル	○
⑦理想の将来像	クライエントの子ども時代に, 親が, クライエントに抱いていた理想の将来像を聞く	クライエントが反応を示した職業に関する何らかのヒント	×
⑧意思決定	これまでクライエントが行った選択のうち, 重要な選択を聞く	クライエントの意思決定上の戦略	×

（引用）Savickas（1989；2011a）をもとに作成

将来像, そして⑨意思決定である（Savickas, 1989, p.298）。

Savickasによると, キャリア・スタイル・インタビューの開発の目的は, アドラー心理学の考え方を取り入れることにより, 特性因子理論に見られる古典的な人と職業のマッチング・モデルの改善にあると説明している。

　アドラー派カウンセラーは, 適合（fit）を目的としたマッチング・モデル（筆者注：特性因子理論に見られる古典的なマッチング・モデルを指す）を評価するが, そのモデルを固定的なものと見ている。アドラー派のカウンセラーは, 職業興味や能力のような特性の個人的相違に基づいて, 職業への適合性を予測するだけでなく, クライエントが自分の持つ特性について, どう利用するかも含むように拡張する。（中略）アドラー派カウンセラーも, クライエントの能力, 職業興味, 価値観といった特性の目録を作成する点では, 古典的なマッチング・モデルを用いる特性因子論派のカウンセラーと変わらない。しかし, アドラー派のカウンセラーは, クライエント

が社会に適合するために，換言すれば，所属，貢献および協力するために，これらの特性をどう利用するかに重点を置く（Savickas，1989，p.292）。

Savickasは，アドラー心理学の利用により，次の4つの点で，古典的なマッチング・モデルが改善できると考えている（Savickas，1989，pp.293-296）。

1）適合から所属へ
アドラー派のカウンセラーは，キャリア選択の基準として，人と職業の適合を検討する重要性を認めている。しかし，それに留まらず，クライエントの社会的，そして哲学的な動機も重視する。そのため，クライエントは能力だけでなく，自分自身に固有の人生の目標を検討する必要があると考える。

　社会に適合しようとする人間は，自らに対して，利己的と利他的の両方の問いかけ，すなわち，「私はどこに居場所を見つけることができるか？」と「私はどのようにして貢献できるか？」の問いかけをしなければならない。これらの問いかけに答えるに当たっては，自分が持つ独自の目標と能力を考慮すべきである（Savickas，1989，p.293）。

2）類似性から独自性へ
古典的なマッチング・モデルの考え方に基づく職業興味検査では，クライエントが，職業の興味や能力等の面で，多様な職種の労働者と，どのように類似しているかを扱う。
アドラー派のカウンセラーは，進行中のクライエントの人生に現れる，その人の独自性を重視する。彼らは，クライエントが自分の性格を自ら設計すると考えるからである。

　アドラー心理学では，カウンセラーに，クライエントを理解するには，クライエントが何を目指しているのか，そして，それをどのような方法で達成するつもりなのかを把握するように助言する。クライエントの目標と方法を知ることにより，職業興味検査の活用だけに頼るより，はるかに明

確に，クライエントの独自性を把握できる。職業興味検査は，クライエントが職業についてどう感じているかを測定するために使われるだけである。クライエントが目標を達成して，より効果的かつ完全になるため，どのように職業を利用しようとしているかを測定するものではない（Savickas, 1989, pp.293-294）。

3）職業興味からキャリア・パスへ

アドラー派のカウンセラーは，クライエントが目標に向かって進む道筋を「指針（guiding lines）」と呼んでいる。カウンセラーは，クライエントの目標と指針を知ることにより，クライエントのキャリア・パスを思い描くことができる。

> 例えば，自宅の近所で歩くことのできる現実の道路を考えてみよう。その道路を歩くうちに自分を惹きつけるものにも不快にするものにも出会うだろう。いずれにせよ，そこで出会うものに対しては，反応（たとえ無関心という反応であれ，退屈という反応であれ）せざるを得ない。しかし，他の道路の沿道にある物ならば，たとえそれが存在するとわかっていたとしても，反応を要求されない。そこから類推すると，クライエントの指針に沿った職業だけがクライエントの興味を引くことができる。人は，そうした職業を認識したうえで，それを有用と評価するならば，興味を抱くに至るだろう（Savickas, 1989, p.294）。

アドラー派のカウンセラーは，人は，人生の目標を具体化するための機会を，環境のなかから探すと考える。そうした対象物を発見した時，人は興味を持つようになり，その対象物に対し，主観的に自分自身を関係づける。興味が，その人の行動の方向性を決定づけるのではない。逆に，その人の行動の方向性が興味の対象となり得るものを決定づけると考える。

> ブルーカラー労働者は，自分の興味に基づいて仕事を選ぶ機会がない場合が多い。彼らは，自分の属する地域社会における機会の構造によって狭

められた職業の選択肢のなかから，仕事を選択せざるを得ない。そのため，ともかく得られた職でよしとするか，または内容を問わず，最も賃金の高い職を選ぶようにする他ないことが多い。彼らは，自分の興味を，仕事を通じてではなく，レジャー活動や家族での役割を通じて表現することになる（Savickas, 1989, p.294）。

4）選択から意思決定へ

古典的なマッチング・モデルとその職業興味検査は，職業選択を主，キャリアの意思決定のプロセスを従として扱う。それに対し，アドラー派のカウンセラーは，クライエントが選択する職業と選択の仕方を区別し，両者を独立して扱う。その結果，キャリア・カウンセリングの重点対象の範囲が，キャリアの意思決定のプロセスも含むように拡張される。

アドラー派のカウンセラーは，キャリアの意思決定を支援する際，クライエントの私的な論理を重視する。この私的な論理には，クライエントの指針的虚構（guiding fictions）が含まれる。

指針的虚構とは，クライエントが自分自身の劣等感を軽減して，安心感を高めるために何が必要か，という問いへの答えである。カウンセラーは，クライエントの指針的虚構を知ることにより，クライエントのキャリアの目標と職業興味の裏にある隠れた理由や意味を理解できる。

　例えば，自分は他者を喜ばせることを通じてしか社会に所属することができないという指針的虚構を形成しつつ成人した少女の事例がある。彼女は，ほとんどのことをうまく対処できたが，ことキャリアの選択に際しては，法律以外の進路を考えて，父親と祖父の機嫌を損ねた。彼女は教師になりたかったが，父親がそれに不満なことから，自分を価値のない，役立たずに感じて途方に暮れていた。法科大学院の最終学年になって，初めてキャリア・カウンセリングに助けを求めた。彼女は，カウンセラーに対し，自分が法科大学院を好きになれない理由を知るための助言と，弁護士としてどの程度やっていけるかの予測を求めた。カウンセラーは，他者を喜ばせるという彼女の虚構の目標と，彼女が法律を選択したことの隠れた理由

を検討するように支援した。結局，彼女は法律学の教授となり，その結果，大人になるための諸問題を統合的に解決できた（Savickas, 1989, p.296）。

一般的に言って，アドラー派のカウンセラーは，これら「適合から所属へ」「類似性から独自性へ」「職業興味からキャリア・パスへ」「選択から意思決定へ」を重視して，人と職業のマッチングを検討する。概して，職業興味検査を用いた，人と職業を固定的に考えるキャリア・カウンセリングをしない。キャリア・スタイル・インタビューに見られる質問を活用し，クライエントの独自の経験や意見を引き出し，クライエントの人生の目標とライフ・スタイルの評価に活用する。

筆者は，キャリア・スタイル・インタビューも，キャリア構築インタビューと同様，その面接構造は，マッチングの視点から構成されていると考える。

　ここで，第1と第2の分野（ロール・モデルとレジャー活動）がクライエント自身を対象としているのに対し，第3と第4の分野（雑誌と学校の科目）が環境を対象にしていることに留意すべきである（Savickas, 1989, p.306）。

表5-5で説明すると，「①ロール・モデル」と「④レジャー活動」がクライエント自身を対象としており，「③雑誌」と「⑤学校の科目」がクライエントの環境を対象としている。環境は職業と読み替えることができる。キャリア構築インタビューと同様，人と職業のマッチングを取り入れた面接構造であると理解できる。

(4) キャリア構築の根幹にある考え方

キャリア構築インタビューは，キャリア構築理論を実践へと展開したキャリア構築カウンセリングの一部という位置づけにある。その一方で，キャリア構築インタビューのルーツと考えられるキャリア・スタイル・インタビューに遡ると，その背景にある理論はアドラー心理学にあると理解できる。

キャリア構築インタビューでは，クライエントのライフ・テーマやキャリア・テーマを明らかにすることを重視する（下村, 2014, p.22)。その背景には，過去をふり返る「どこから」ではなく，未来へと自分を投げ出す「どこへ」を重視するアドラー心理学の目的論の考え方（岸見, 1999, p.48）が反映されている（本節「3)職業興味からキャリア・パスへ」(p.161))。

目的論では過去に原因があって未来に目的があるという考え方をしない。例えば，キャリア構築インタビューにおける質問項目のうち，「思い出せる最も昔の記憶」がある。この質問では，クライエントに，思い出すことのできる最も昔の記憶を聞くことにより，クライエントのおおもとになっているストーリーを意識してもらうとされている (Savickas, 2011a, p.64)。これは，アドラー心理学の早期回想の考え方から来ている。岸見は，この早期回想について，次のように説明している。

　アドラーが次のような早期回想をあげています（『個人心理学講義』p.92)。「ある日，母親が私と弟を市場に連れていってくれました。その日，突然雨が降り出しました。母親は最初私を抱きましたが，ふと弟を見ると，私を降ろして弟を抱き上げました」。このような回想が語られたのは，先にも見たように今のこの人のライフ・スタイルに合致する回想を選び出しているということです。過去の経験が今のこの人のライフ・スタイルを決定するというふうには考えません（岸見, 1999, p.171)。

Savickas も同様に，「現在の活動が常に記憶を変え，記憶そのものは，常に現在の意味を持つ」(Savickas, 2011a, p.74) と説明している。だから，キャリア構築インタビューにおける「思い出せる最も昔の記憶」の質問に対するクライエントの返答は，クライエントが，現在の自分が欲する，未来の方向性に合致する過去の経験を思い出していると解釈する。クライエントは，現在の自分にとって必要なキャリア・ストーリーをつくっていると考えるのである。そして，キャリア・カウンセラーは，そのキャリア・ストーリーをつくる支援をすると考えるのである。

Savickas は，これを「語りのなかの真実（narrative truth)」(Savickas, 2011a,

p.34）と呼んでいる。キャリア構築の根幹にある考え方がここにある。この発想は，私たちの経験する世界はありのままの現実ではないと考える，社会構成主義と心理的構成主義の両方に共通する立場に立つ。そして，キャリア・ストーリーをつくるとは，クライエントの私的な論理であり，アドラー心理学における指針的虚構の考え方に通ずる。

4．社会構成主義とキャリア構築カウンセリング

キャリア構築カウンセリングを含め，キャリア・カウンセリング・モデルを研究する際，社会構成主義あるいは心理的構成主義のどちらの考え方を採用するかによって，研究のアプローチの仕方が大きく異なる。ここでは，2002年以降のキャリア構築理論のメタ理論の変遷を追い，キャリア構築理論とキャリア構築カウンセリングの関係について考察する。

なお，Young & Collin は，「constructivism」の用語が，心理的構成主義と社会構成主義を分けずに活用される場合，つまり，それらの共通要素[3]を指す場合，"constructivism" と " " の引用符で括って表記した（Young & Collin, 2004, p.374）。本章では「constructivism」の用語を「心理的構成主義」に統一して翻訳しているが，心理的構成主義と社会構成主義の共通要素を指す場合，Young & Collin（2004）に倣い，"構成主義" と表記する。

⑴キャリア構築理論のメタ理論

本章「2．⑶-1）メタ理論の転換」（pp.145-149）では，2002年の Savickas の論文をもとに，キャリア構築理論のメタ理論が "構成主義" であり，"構成主義" のなかで社会構成主義から離れ心理的構成主義に近づくと解釈した（Savickas, 2002, p.154）。その後，キャリア構築理論のメタ理論は，どのように変化したのだろうか。

筆者の知る限り，2005年以降の論文から，Savickas は，はっきりとキャリア構築理論のメタ理論が社会構成主義であると宣言するようになった

(Savickas, 2005, p.42；2006, p.85；2013a, p.653；2013b, p.148)。

　メタ理論として社会構成主義を活用する目的は2つ考えられる。1つは，Super の職業発達理論を現代の社会に合うように更新することである。もう1つは，バラバラな理論から構成される職業発達理論を統合することである。

　キャリア構築理論は，Super の職業発達理論のうち，影響力の大きい 1957 年版を更新し，発展させたものである。Super の職業発達理論を多文化社会やグローバル経済で使えるように改訂した。この理論は，Super の革新的なアイディアを，現代のキャリアのビジョンに組み込む。その際，職業発達理論の中核的な概念を再概念化するため，メタ理論として社会構成主義（social constructionism）を活用する（Savickas, 2005, p.42）。

Savickas は 2013 年に，職業発達理論の統合について次のように説明している。

　ドン（筆者注：Super を指す）は，バラバラな理論から構成される職業発達理論の統合を望んでいた。<u>私は社会構成主義を活用して，職業発達理論を統合できたかもしれないと思う</u>（筆者注：下線を加筆）（Savickas, 2005；2013）（Savickas, 2013a, p.653）。

職業発達理論の統合は，まだ完結していないと考えられる。だから，下線を引いた文章の原文を見ると，職業発達理論の統合について，「I think I may have done」となっており，「～できたかもしれない」と控えめに表現しているのだろう。

　社会構成主義と心理的構成主義の関係だが，2013 年の論文では，2002 年の論文と同様，両者ともに重要というスタンスである。

　キャリア構築理論は，個人が心理的構成主義（personal constructivism）と社会構成主義を通して，どのようにしてキャリアをつくるのか，その方法について取り扱う（Savickas, 2013b, p.147）。

しかし，続けて，次のように述べている。

　キャリア構築理論は，個人は現実の表象をつくるが，現実そのものはつくらないと強く主張する（Savickas, 2013b, p.147）。

「現実の表象をつくる」とは主客二元論の立場である。心理的構成主義の考え方であり，「現実そのものをつくらない」とは社会構成主義を否定する考え方になる。その一方で，2011年の著作には次のように説明している。

　キャリア構築理論は，言語を表現の手段と考えるキャリア理論とは異なる。こういったキャリア理論は伝統的な考え方であり，認識論に基礎を置く。認識論では，まず思考や感情があり，言語は，それらを表現する手段を提供すると考える。それに対し，キャリア構築理論では，言語が社会的現実をつくり，かつ構成するという信念に基づいている（Savickas, 2011a, p.16）。

伝統的なキャリア理論は，「言語を表現の手段と考える」。これは心理的構成主義の考え方である。それに対し，「キャリア構築理論では，言語が社会的現実をつくり，かつ構成するという信念に基づいている」。これは社会構成主義の考え方である。Savickasは，ここでは心理的構成主義を受け容れていない。

　以上，まとめると次のように言えるだろう。第1に，筆者の知る限り2005年以降，Savickasはキャリア構築理論のメタ理論を社会構成主義と明確に位置づけるようになった。具体的には，社会構成主義を活用して，Superの職業発達理論，その改訂版であるキャリア構築理論の命題を包括する枠組みをつくり，統合することが考えられる。

　第2に，キャリア構築理論における心理的構成主義の取り扱いについては，概ね受け容れる方向にある（Savickas, 2002, p.154；2013b, p.147）。しかし，主客二元論の視点からすると，Savickasの発言に揺れが見られる。例えば，2011年の著作では心理的構成主義を受け容れていない（Savickas, 2011a, p.16)。2013年の論文では，社会構成主義を受け容れていない箇所が見受けられる (Savickas, 2013b, p.147)。

(2) 社会構成主義とキャリア構築カウンセリングの関係

社会構成主義とキャリア構築カウンセリングの関係に焦点を当てる。キャリア構築インタビューの方法論の説明が中心の2011年の著作では，Savickasは，自己の内外を分ける主客二元論の立場から，キャリア構築を説明している。

> 個人は，話すことによって，自己をつくるが，自己をつくる上で，言語よりも必要とするものがある。それは，ふり返るための経験である。特に対人的な経験である。なぜならば，自己は外側からつくられるのであり，内側から外へとつくられるのではない (Savickas, 2011a, p.17)。

この他にも「意識の意識化」(conscious of consciousness；Savickas, 2011a, p.17) や，Rogersを引用し，「違う視点で事実を見る」(look at old facts in new way；Savickas, 2011a, p.72) など，キャリア構築カウンセリングにおけるクライエント個人の認知の変化を想定した主客二元論の立場からの説明がほとんどである。

では，キャリア構築カウンセリングは，どのように社会構成主義と関わっているのだろうか。2011年の論文で，Savickasは，職業心理学では人間に対する主要な見方が3種類あると説明している (Savickas, 2011b, p.18)。それらは，「客体としての自己 (self as object)」，「主体としての自己 (self as subject)」，「プロジェクトとしての自己 (self as project)」である。

「客体としての自己」とは，客観的に自己を捉える見方である。職業心理学では，適性研究が該当する。適性研究はパーソナリティ心理学の影響を受けており，客観的に人間の個人差を捉えようとする。この捉え方は他者から見られるクライエントの特徴に焦点を当てる。Savickasは，この捉え方からクライエントを把握する場合，そのクライエントを「アクター (actor：役者)」と呼んだ (Savickas, 2011a, p.7)。

「主体としての自己」とは，主観的に自己を捉える見方である。職業心理学

では，自分に対する気づきなどの主観を重視する自己概念の研究が該当する。自己概念の研究は人間性心理学の影響を受けており，人間には自ら成長しようとする能力があると考える。この捉え方は，クライエントの自主性や主体性に焦点を当てる。Savickas は，この捉え方からクライエントを把握する場合，そのクライエントを「エージェント（agent）：主体者」と呼んだ（Savickas, 2011a, p.7）。

「プロジェクトとしての自己」とは，経済のグローバル化や会社の組織構造のフラット化により，雇用環境が不安定になり，労働者が長期的なキャリア展望を持てなくなったなかでの自己の見方である。プロジェクトとは短期の仕事であり，業務が割り当てられ成果を出して仕事が終了するように，始めと終わりがはっきりとしている仕事の形態である。

「プロジェクトとしての自己」では，キャリアとはプロジェクトの連鎖と考える。プロジェクト自体はバラバラなので，人間がプロジェクトの経験を解釈し，プロジェクト間のつながりを意味づけなければならない。職業心理学ではキャリア・ストーリー・アプローチが該当する（榧野，2014, p.38）。キャリア・ストーリー・アプローチはナラティブ心理学の影響を受けている。この捉え方は，キャリア・ストーリーの構築のため，クライエントが語ることに焦点を当てる。Savickas は，この捉え方からクライエントを把握する場合，クライエントを「オーサー（author）：著述家」と呼んだ（Savickas, 2011a, p.7）。

3つの自己の捉え方，それはキャリア・カウンセラーのクライエントの見方でもあるのだが，それぞれ基盤となるパラダイムが違う。表5-3の「発達理論の3つのモデル」を参照すると，Savickas は，「主体としての自己」のパラダイムは有機体モデル，「プロジェクトとしての自己」のそれはコンテクスト主義に，それぞれ該当すると説明している。「客体としての自己」は表5-3の機械モデルではなく，個人間の差異に焦点を当てる形相的差異（formist difference）モデルと説明している（Savickas, 2013a, p.655）。Savickas は，これらのパラダイムは全て言語の世界で展開されていると説明する。

　職業心理学は，長い時間をかけ，Kuhn（2000）の言う，いわゆる言語社会（language communities）を発展させてきた。職業心理学者は様々な側

面から人間を見るが、それぞれの見方には、自己と職業行動を理解するためのパラダイムを伴う。基本的に自己は曖昧な概念なので、<u>それぞれのパラダイムの信奉者は、共通に理解する言語とメタファーを活用し、自己について説明する</u>（著者注：下線を加筆）（Savickas, 2011b）。

　Savickas が、キャリア構築理論のメタ理論として社会構成主義を活用する理由がここにあると考えられる。社会構成主義では、「心も外的世界も言語によって形成され、社会的交渉によって変化する」（深尾, 2005, p.141）。職業心理学の3つのパラダイムは言語の世界で展開しており、だから社会構成主義によって統合できると考えるのである。

5．キャリア・カウンセリング・モデルの研究

　Savickas のキャリア構築カウンセリングは、その背景に職業発達の理論であるキャリア構築理論がある。だからキャリア構築カウンセリングは、カウンセリングとは違う、キャリア・カウンセリング固有のモデルなのである。
　このモデルを洗練化させるには、キャリア・カウンセラーとクライエントとの間の言葉のやりとりを中心としたキャリア・カウンセリングのプロセスに関する研究が必要と考えられる。その際、筆者は、社会構成主義よりも心理的構成主義のアプローチが適切であると考える。
　社会構成主義と心理的構成主義は、いずれも"構成主義"であり、私たちの世界は「ありのまま」の現実ではないと考える。言語が私たちの世界を構成すると考える。両者の違いは、どのようにして「ありのまま」の現実ではない私たちの世界を構成するのか、その考え方にある。

　　前者（筆者注：心理的構成主義を指す）は、個人の認知活動を通して、意味づくりと、社会と心理的な世界の構築に焦点を当てる。その一方で、後者（筆者注：社会構成主義を指す）は、社会的プロセスと相互作用を通して、社会と心理的な世界を現実化する（現実そのものがつくられる）（Young & Collin, 2004, p.375）。

キャリア構築カウンセリングでは，キャリア・カウンセラーは，主にクライエントをオーサーと捉える。しかし，クライエントが仕事を選択し，その仕事に適応できるように，必要に応じてアクターやエージェントと捉え，クライエントに合ったキャリア支援サービスを提供する（Savickas, 2013b, p.168）。だから，クライエントに提供するキャリア支援サービスは，アクター，エージェント，オーサーといったクライエントの捉え方（construal）の影響を受ける。

この捉え方は，クライエントとの話し合いを通して，キャリア・カウンセラーの「認知活動によって構成されたもの」（大堀，2002，p.2）に他ならない。このように考えると，キャリア構築カウンセリングのプロセスを研究する際，キャリア・カウンセラーとクライエントの認知活動を視野に入れる，つまり心理的構成主義からのアプローチが適切であると考えられる。

心理的構成主義は，主客二元論の立場に立つため，認知の対象となる現実（自己の外の世界）が実在することを前提としている。しかし，この考え方の問題は，その前提が証明できない点にある。この点について認知言語学者の大堀は次のように説明する。

　言語が特定の捉え方を現実の事態に課するケースは，文による表し方についてもいえる。例えば，「この辺には活断層が集まっている」というとき，表されているのは，活断層があたかもどこかから「移動」して，今の場所に集まったかのような事態の捉え方である。ここでも，伝えられるのは客観的位置関係というよりは，想像上の「移動」によって構成された配置である。
　ヒトの認知活動を考えるとき，上のような見方に立つならば，重要なのは客観的な事実に基づいた真か偽かの判定ばかりでなく，自らが構成した世界の中で出来事がもつ「まことらしさ」なのだという考えにたどり着く。ヒトは豊かな想像力をもった生き物だ，と言われる。それは架空の出来事を思い描く能力だけでなく，日常の言語使用においても広く反映されている。客観的な保証のない「まことらしさ」に価値が無いという考えは誤りである（大堀，2002，pp.2-3）。

キャリア・カウンセラーは，どのようにして，アクター，エージェント，オー

サーの視点からクライエントを捉えるのだろうか？　大堀の説明を参考にすると，それは，キャリア・カウンセラーが構成した世界における，出来事の持つ「まことらしさ」に影響を受けることになる。たとえば，クライエントが「長く働いていた会社から解雇された」と話したとする。キャリア・カウンセラーは，アクター，エージェント，オーサーの視点から，その出来事が持つ「まことらしさ」に注意を向ける。もちろん「長く働いていた会社から解雇された」出来事が客観的な事実かどうかを確認することも大切である。しかし，大堀の言うように現実味のある出来事の捉え方，つまり，キャリア・カウンセラーが，「自ら構成した世界の中で出来事がもつ『まことらしさ』」（大堀，2002，p.3）も大切なのである。

　上記の考え方をクライエントの視点から検討する。筆者は，クライエントの生きづらさや苦しみは，出来事の持つ「まことらしさ」の柔軟性のなさ，つまり単調な視点からしか「まことらしさ」を感じられない出来事の捉え方にあると考える。その「まことらしさ」とは出来事が自己の外の世界で起こっていることを前提としている。この前提は今のところ確かめようがない。しかし，キャリア・カウンセリングでは，その前提の証明を一旦保留し，クライエントの「まことらしさ」の捉え方に焦点を当てた方が，より実りが多い（fruitful）と考えられないだろうか。だから，キャリア構築カウンセリングでは，キャリア・ストーリーの構築，脱構築，再構築，協働構築をくり返し，クライエントが，出来事の持つ「まことらしさ」をより柔軟に捉える支援をするのではないだろうか。Savickasの言う「小さなストーリー」から「大きなストーリー」へのつくり直し（Savickas, 2011a, p.5）とは，クライエントが出来事の持つ「まことらしさ」をより柔軟に捉え，キャリア・ストーリーについて，そして自分自身について，もう1つの捉え方（another construal）をすることではないだろうか。そして，この捉え方の転換こそ，「ヒトの認知活動」そのものと言えよう。

注釈
1　順序性，予測性，力動性に関する命題は次の3つになる。「職業的発達は，常に前進する継続的な，一般に後もどりできない過程である」，「職業的発達は，順次性があり，類型化でき，したがって予測することができる1つの過程である」，「職業的発達はダイナミックな過程である」。これら1957年版の職業発達理論の命題の翻訳は木村（2013）から引用した。

2 サトウは,「その正しさを確かめるための直接的な手がかりが記述されていない理論はメタ理論であると言える」と説明している(サトウ,2013,p.100)。
3 心理的構成主義は,「個人の経験世界が構成されるものであり,個人の心は外界をありのままに映す装置ではないと主張する点において,社会構成主義と立場を同じくする」(深尾,2005,p.141)。

参考文献

Bronfenbrenner, U. (1979) *The Ecology of Human Development Experiments by Nature and Design.* Cambridge, MA: Harvard University Press.

Cochran, L.(1997) *Career counseling : A narrative approach.* Thousand Oaks, CA: Sage Publications.

Collin, A. & Young, R.A.(1992) Constructing Career Through Narrative and Context: An Interpretive Perspective. In A. Collin & R.A. Young, *Interpreting Career: Hermeneutical Studies of Lives in Context*. pp.1-14 ,United States of America: Praeger Publishers.

(独)労働政策研究・研修機構(2007)職業相談におけるカウンセリング技法の研究 労働政策研究報告書 No.91 (独)労働政策研究・研修機構.

(独)労働政策研究・研修機構(2011)キャリア表現インデックスの開発—職業相談等における就職支援の効果を検討するために— 資料シリーズ No.92 (独)労働政策研究・研修機構.

深尾誠(2005)＜研究ノート＞社会構成主義の理論と実践について 大分大学経済論集 56(5) 大分大学経済学会 pp.141-154.

Jayasinghe, M.(2001) *Counselling in Career Guidance*. Open University Press.

榧野潤(2013)キャリア・ストーリー・インタビューの解説 日本産業カウンセラー協会第43回全国研究大会in四国「第3分科会キャリア」発表資料 2013年5月26日.

榧野潤(2014)激動の時代のキャリア・カウンセリング Business labor trend 2014年5月号 (独)労働政策研究・研修機構 pp.38-41.

榧野潤(2015)職業相談の研修研究と実践 JILPT Discussion Paper Series op.15-02.

Kelly, G. A (1955) *The psychology of personal constructs Vol. I, II.* Norton, New York. (2nd printing : 1991, Routledge, London, New York).

岸見一郎(1999)アドラー心理学入門 よりよい人間関係のために ＫＫベストセラーズ.

木村周(2013)キャリア・コンサルティング 理論と実際—カウンセリング,ガイダンス,コンサルティングの一体化を目指して 3訂版 一般社団法人雇用問題研究会.

大堀壽夫(2002)認知言語学 東京大学出版会.

Peavy, V. (1992). A Constructivist Model of Training for Career Counselors. *Journal of Career Development 18(3) Spring.* pp.215-228.

サトウタツヤ（2013）心理と行動に関わる理論　やまだようこ・麻生武・サトウタツヤ・能智正博・秋田喜代美・矢守克也（編）　質的心理学ハンドブック　新曜社　pp.98-114.

Salomone, P. R. (1996) Tracing Super's theory of vocational development: A 40-year retrospective. *Journal of Career Development 22.* pp.167–184.

Savickas, M. L. (1989) Career-Style Assessment and Counseling. In T. Sweeney (Eds.), *Adlerian Counseling: A Practical Approach for a New Decade (3rd eds.).* pp.289-320, Muncie, IN: Accelerated Development Press.

Savickas, M. L. (2002) Career construction: A developmental theory of vocational behavior. In D. Brown & Associate (Eds.), *Career choice and development (4th eds.).* pp.149–205, San Francisco, CA: Jossey-Bass.

Savickas, M. L. (2005) The Theory and Practice of Career Construction. In S. D. Brown & R.W. Lent (Eds.), *Career Development and Counseling: Putting Theory and Research to Work.* pp.42-70, Hoboken, NJ.

Savickas, M. L. (2006) Career construction theory. In J. Greenhaus, & G. Callanan (Eds.), *Encyclopedia of career development.* pp.85-89, Thousand Oaks, CA: SAGE Publications.

Savickas, M. L. (2011a) *Career Counseling.* Washington DC: American Psychological Association.

Savickas, M. L. (2011b). The self in vocational psychology: Object, subject, and project. In P. J. Hartung & L. M. Subich (Eds.), *Developing self in work and career: Concepts, cases and contests.* pp.17-33, Washington, DC: American Psychological Association Press.

Savickas, M. L. (2013a) The 2012 Leona Tyler Award Address: Constructing careers – Actors, agents, and authors. *The Counseling Psychologist 41.* pp.648-662.

Savickas, M. L. (2013b) Career Construction theory and practice. In R.W. Lent and S.D. Brown (Eds.), *Career Development and Counseling: putting theory and research to work (2nd ed.).* pp. 147-183, New Jersey: John Wiley and sons.

Savickas, M. L. & Walsh, W. B. (1996) *Handbook of career counseling theory and practice.* Palo Alto, CA: Davis-Black.

Super, D. E. (1953) A theory of vocational development. *American Psychologist 8.* pp.185-190.

Super, D. E. & Bachrach, P. B. (1957) *Scientific careers and vocational development theory*, New York: Teachers College, Bureau of Publications.

下村英雄（2014）キャリア構築理論　日本キャリア・デザイン学会監修　キャリア・デザイン支援ハンドブック　株式会社ナカニシヤ出版.

第5章 キャリア構築カウンセリングの理論とプロセス―職業発達理論からキャリア構築理論へ

職業研究所(1970)職業選択の理論を目指して(翻訳) 職研資料シリーズⅢ-3 職業研究所.

Vondracek, F. W., Lerner, R. M., & Schulenberg, J. E.(1986) The Concept of Development, *Career Development: A Life-span Developmental Approach*. pp.15-34, Hillsdale, NJ: Erlbaum Associates.

渡辺三枝子(2002)カウンセリング心理学 ナカニシヤ出版.

矢守克也(2000)社会的表象理論と社会構成主義――W.Wagnerの見解をめぐって 実験社会心理学 40(2) pp.95-114.

Young, R. A., & Collin, A.(2004) Introduction: Constructivism, social constructionism in the career field. *Journal of Vocational Behavior 64*. pp.373–388.

Appendix　キャリア構築インタビューの解説[1]

1．はじめに

　キャリア構築インタビューは，キャリア・カウンセリングの研究者であるSavickasが，40年以上にわたって実践をくり返し，開発したキャリア・カウンセリング技法です。

　この技法では，キャリア・カウンセラーが，①ロール・モデル，②雑誌，③お気に入りのストーリー，④モットー，⑤思い出せる最も昔の記憶，の5つの話題についてクライエントに質問し，その応答を材料として，まるでパズルを解くように，クライエントのキャリアの方向性やテーマをつくる支援をします。

　ここでは，キャリア構築インタビューの背景にある考え方と，「思い出せる最も昔の記憶」を除く，上述した4つの質問と，それらを活用するためのポイントについて解説します。

2．ストーリーを通して世界を理解する

　この技法の背景には，「私たちはストーリーを通して，自分自身の生きている世界を理解する」という考え方があります。

　ストーリーとは，「これまで△△をしており，今，○○をしていて，これから◎◎をする」というように，時間の流れに沿って，△△，○○，◎◎といった出来事を説明することです。こういったストーリーを通して，私たちは，「過去があるから現在があり，現在があるから未来がある」というように出来事を関連づけて理解できるようになります。

　例えば，失業者の就職支援をするときに，私たちはクライエントに対して「過去に事務の経験があれば，今後も事務の仕事で求人を探した方がうまくいくだろう」と，だいたいの見当をつけることができます。

　つまり，過去や現在の出来事は，その人にとって，ふさわしい仕事を見つけるためのトライ・アンド・エラーの歴史であり，その歴史をふり返ることによ

り，未来の展望をつくることができるのです。

　ただし，歴史学者のように，じっくりと1つ1つの出来事を研究するというわけではありません。直観でいいから，ぱっと思いついた過去の出来事を手っ取り早くふり返り，大まかでいいから，筋の通った展望ができればOKなのです。

　なぜなら，世の中は，いくらストーリーの筋が通っていても，その筋書き通りにならないことがほとんどだからです。ストーリーができたら，とりあえず実際に試してみる。試してみて，うまくいかなかったら，またストーリーをつくり直す。それをくり返していくうちに，自分自身に合った仕事や働き方が見つかる，という考え方をします。

　上述した失業者の就職支援の例で説明すると，クライエントが事務職の仕事を探したけれども，適当な求人が見つからなかったとします。その人の職務経歴書を見ると，過去に事務の仕事をしながら，経理の補助的な仕事をしていたことが記載されています。そこから，就職の可能性を広げる新たなストーリーとして，経理の求人や，経理関連の職業訓練を検討するようにクライエントに提案することができるのです。

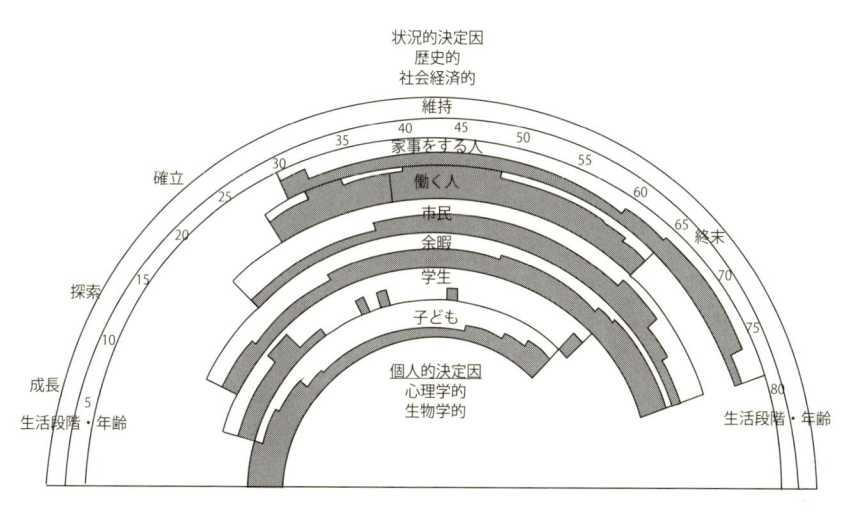

ライフ・キャリア・レインボー（Super, 1990）

このようにして，過去の事務の仕事に対する見方を変えることにより，事務から経理へと，キャリアのストーリーが書き換えられます。

ここでは例として，事務や経理などの賃労働の仕事を取り上げましたが，キャリアのストーリーとしてとりあげる分野は，それだけに限りません。

ライフ・キャリア・レインボー（p.177の図）の提唱者であるSuper（1990）は，キャリアの展開する分野を「労働者」に限定せず，「子ども（息子，娘）」「学生」「レジャー」「市民」「配偶者」「主婦」「親」「年休受給者もしくは恩給受給者」というように様々な生活上の役割へと広げ，単なる「キャリア」から「ライフ・キャリア」へと，その意味を広げました。キャリアのストーリーも同じくライフ・キャリアへと広がります。

3．キャリア構築インタビュー[2]

キャリア構築インタビューでは，5つの質問を通して，クライエントに様々なストーリーを話してもらいます。キャリア・カウンセラーは，これらのストーリーを，より大きな枠組みから捉え直すことにより，クライエントのキャリアの方向性やテーマをつくる支援をします。その枠組みとは，キャリア・カウンセリングの前提となる考え方である「人と仕事のマッチング」です。

それぞれの質問と，「人と仕事のマッチング」との関連性は次の通りです。

① 「ロール・モデル」では，クライエントの少年／少女時代に，尊敬したり，あこがれていた人物について聞くことにより，「かくありたい」という自己概念を言葉にしてもらいます。マッチングでは「人」に相当します。
② 「雑誌」では，定期的に読んだり，視聴したりしている雑誌やテレビ番組について聞くことにより，興味のある職業や居心地のよい仕事環境を言葉にしてもらいます。マッチングでは「仕事」に相当します。
③ 「お気に入りのストーリー」では，お気に入りの小説や映画を尋ね，そのストーリーを聞くことにより，①の「かくありたい」という自己概念

が，②の興味ある職業や居心地のよい仕事環境と，どのように関わるのか，を言葉にしてもらいます。マッチングでは，「人」と「仕事」をつなぐところに相当します。
④「モットー」では，クライエントに，お気に入りの座右の銘やことわざを聞くことにより，自分自身に対する効果的な助言を意識してもらいます。マッチングでは，「人」と「仕事」をつなぐための助言に相当します。
⑤「思い出せる最も昔の記憶」は，クライエントに，思い出すことのできる最も昔の記憶を聞くことにより，クライエントのおおもととなっているストーリーを意識してもらいます。マッチングでは，「人」と「仕事」をつなぐストーリーの背景にある先入観やこだわりに相当します。

次に1つ1つの質問について，活用のポイントや注意点などについて説明します。

①ロール・モデル
あなたが，少年／少女時代，尊敬したり，あこがれた人物は誰でしたか？　その人物について話してください。
（Who did you admire when you were growing up? Tell me about her or him.）

【解説】
ロール・モデルとは，クライエントがなりたい人物像のことです。この質問のねらいは，クライエントが自分自身の自己概念を言葉にしてもらうことにあります。自己概念とは，英語ではセルフ・コンセプト（self-concept）と言います。
ここで言うコンセプトとは，物事についての一般化された意味内容としての「概念」ではなく，例えば，コンセプト・カーという使われ方からわかるように，「まだ実現はしていないが，ある程度，具体的な構想」という意味で用いられています。

つまり自己概念とは，これから自分がどのようになりたいのか，つまり「かくありたい」自分についての具体的な構想という意味になります。

【活用のポイント】
- 「あなたが，少年／少女時代，尊敬したり，あこがれていた人物は誰でしたか？」と聞くと，クライエントは，そういった人物が想像できず，答えられない場合があります。そういう場合，「しぐさや服装など外見的に真似をした人物でもOK」と言います。
- それでも，クライエントが特定の人物を思い浮かべることができない場合，「有名人である必要はなくて，身近な人物でもいい」と言ってあげましょう。そうすると，親戚や近所の人，先生の名前がよく出てきます。
- クライエントのなかには，少年／少女時代がいつ頃のことなのか，尋ねてくる方がいます。Savickasの論文では，この質問の例として，少年／少女時代が「6歳の時」と記述されています（Savickas, 2011, p.6）。しかし，筆者の経験では，特定の年齢に限定すると，クライエントが答えにくいことから，「小学校に入る前後」と説明しています。
- クライエントが，人物の名前を1人挙げることができたら，さらに2人追加して全部で3人答えてもらうようにしましょう。
- なかには，「親」と答える方がいますが，「親」はロール・モデルの対象にはなりませんので，3人のうちの1人に入れないでください。なぜなら，「親」は，ロール・モデルのような「かくありたい」という対象ではなく，先導者や指導者という性格が強いからです。
- 3人答えることができたら，それぞれの人物について，「その人について具体的に話してください」とお願いします。クライエントが答えにくそうにしていたら，少年／少女時代に戻って，その時，その人物がどのように見えたのか，話してください」と言ってみましょう。クライエントが，その人物について語っている内容が，その人の自己概念になります。
- クライエントが，その人物がどのようなことをしたのか（＝行動），といったことばかり話していたら，その人物がどのような人だったのか（＝性格）を聞くようにしてください（反対に「性格」ばかり話していたら「行

動」を聞くようにします)。
- なかには，最近，その人物がどうしているのか，を話す方がいますが，その場合は，「あなたが少年／少女時代の当時の話をしてください」と，再度，お願いしましょう。
- 3人の人物について話し終えたら，今度は，それぞれの人物とクライエント本人との似ているところ，似ていないところを聞いてみましょう。似ているところは，すでに実現した自己概念，似ていないところは，まだ実現できていない自己概念と考えられるでしょう。
- 3人の人物について共通することを聞いてもよいでしょう。自己概念として，より信頼性の高い特徴を得ることができるでしょう。

【活用上の注意】
- キャリア・カウンセラーは，尊敬したり，あこがれた人物が「誰か」ということではなく，クライエントが「何を」尊敬したり，あこがれたのか，ということに注意を向けてください。
- クライエントが，私たちがよく知っている人物を答えても，その人物の「何を」尊敬したり，あこがれたのかは，人それぞれであることに注意しなければなりません。

【活用例】
　ある男性のクライエントは，少年／少女時代に尊敬したり，あこがれた人物を，「スーパーマン」と答えました。キャリア・カウンセラーは，スーパーマンについて，「鋼の男」や「並外れた力」というイメージを持っていたことから，クライエントの自己概念は「男らしさ」や「力強さ」にあると考えました。続けて，「スーパーマンのどこを尊敬したり，あこがれたのですか？」と尋ねると，クライエントは「真実と正義をつらぬくところ」と答えました。キャリア・カウンセラーは，彼がスーパーマンの「男らしさ」や「力強さ」よりも，「真実と正義をつらぬく」態度に惹かれていることを理解しました。

②雑誌

あなたが，定期的に読んだり視聴したりしている雑誌やテレビ番組はありますか？ どんな雑誌／番組ですか？
その雑誌／番組のどんなところが好きですか？

（Do you read any magazines or watch any television shows regularly? Which ones?
― What do you like about these magazines or television shows?）

【解説】

Savickas は，テレビや漫画に登場するお気に入りのキャラクターや夢中になった遊びなど，日常生活に密着したトピックを聞くことが，クライエントのキャリアに対する感じ方や考え方を探る手がかりとなる，と考えています。

この質問もそうです。どのような雑誌やテレビ番組を定期的に見ているかを聞くことにより，その人の職業に対する興味や，居心地のよい仕事環境がわかると言います。

Holland の職業興味の6分野（（独）日本労働研究機構，2002）に当てはめると，定期的に読んでいる雑誌が「プレジデント」や「フォーブス」ならば企業的領域に，「日経サイエンス」ならば研究的領域に，「芸術新潮」ならば芸術的領域

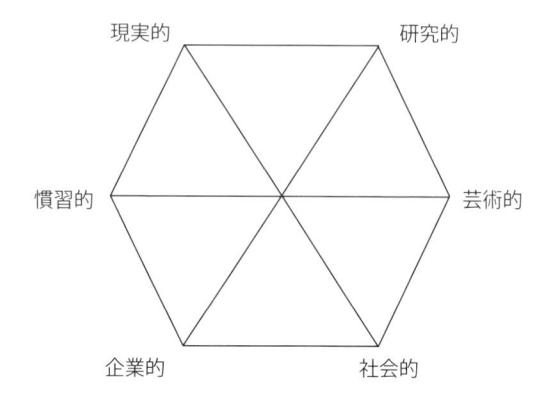

職業興味の6分野

ということになります。

【活用のポイント】
- 好きな雑誌を2～3つ挙げてもらったら,それぞれの雑誌について,その魅力を聞いてください。
- 日刊や週刊などの短い期間で定期的に発行されており,専門的な内容の雑誌ほど,その人の職業興味を簡単に知ることができます。
- さまざまな分野の話題が書かれてある総合誌の場合は,その雑誌のどこが面白いのか,何を一番始めに読むのか,などを聞いて,職業の興味領域との関連性を見つける手がかりを得ましょう。
- 好きな雑誌について聞くことができたらベストです。雑誌を読まない人ならば,好きなテレビ番組を聞いてみてください。テレビをあまり見ない人ならば,よく見るホームページを聞きましょう。雑誌⇒テレビ番組⇒ホームページの順番で聞くようにします。

【活用上の注意】
- ①で説明した「かくありたい」という自己概念と,②の興味のある職業や居心地のよい仕事環境は,互いに強く関連し合っていることを意識しましょう。
- ①「かくありたい」という自己概念と,②興味のある職業や居心地のよい仕事環境をいかにつなげていくか,というヒントが,次の質問である③「お気に入りのストーリー」にあることを覚えておきましょう。

【活用例】
　アメリカ先住民(ネイティブ・アメリカン)のクライエントは,定期的に視聴しているテレビ番組として,SFテレビドラマシリーズの「スタートレック」と答えました。宇宙船の乗組員が,今まで誰も行ったことのない宇宙を航海するところが好きだと言います。

　彼女のロール・モデルを聞くと,ポカホンタス(歴史上の人物で,ネイティブ・アメリカンのポウハタン族の酋長の娘)と答えました。

なぜポカホンタスを尊敬するかというと，ポウハタン族と白人入植者の2つの異質な文化を，ポカホンタスが，話し合いを通して結びつけたからだと答えました。

キャリア・カウンセラーは，スタートレックと　ポカホンタスの関係をイメージしました。

もし，ポカホンタスがスタートレックの宇宙船乗組員（地球人だけでなく，さまざまな惑星の出身者からなる）であったら，さまざまな文化を背景とする乗組員とコミュニケーションをとりながら，乗組員同士をつなぐようなことをしているだろうと想像しました。

> ③お気に入りのストーリー
> あなたのお気に入りの小説あるいは映画はなんですか？
> そのストーリーを話してください。
> （What is your favorite book or movie?
> Tell me the story.）

【解説】
①の「ロール・モデル」の質問では自己概念を，②の「雑誌」の質問では興味のある職業や居心地のよい仕事環境を，クライエントに，それぞれ言葉にしてもらいました。③の「お気に入りのストーリー」の質問から，「かくありたい」という自己概念が，興味ある職業や居心地のよい仕事環境と，どのように結びつくのか，ということを，クライエントに言葉にしてもらいます。

【活用のポイント】
- お気に入りのストーリー（1つでも複数でもOK）を聞きます。
- まず，そのストーリーのタイトルを聞いたら，どのような話なのかを聞いてみてください。
- クライエントの「かくありたい」という自己概念が，興味ある職業や居心地のよい仕事環境と，どのように結びつくのか，ということを意識して話を聞くようにしましょう。

- クライエントは通常，お気に入りのストーリーを通して，自分自身の将来の可能性について話しています。
- お気に入りのストーリーを聞くことで，クライエントが，人生における中心的な問題をどのように考え，その問題にどのように対処できると思っているのか，理解できることがよくあるのです。

【活用上の注意】
- クライエントの選択したストーリーをすでに知っていても，クライエントが自分自身の言葉で，ストーリーをどのように語るのかが重要なことなので，話をじっくりと聴くようにしましょう。

【活用例】
女性の医学生のクライエントは，お気に入りのストーリーとして，「風とともに去りぬ」を挙げました。彼女は，ヒロインのスカーレット・オハラの人生を語っているうちに，医者になることと，女性らしさを失わないことの間で葛藤を感じている自分自身に気づきました。

④モットー
あなたのお気に入りのことわざ，あるいは座右の銘を話してください。
(Tell me your favorite saying or motto.)

【解説】
クライエントは，自分自身にとって何が必要なのかを最もよく知っており，それがお気に入りのことわざや座右の銘として現れてきます。したがって，それらはクライエントにとって，自分自身に対する最もよい助言なのです。

【活用例】
中高年の男性のクライエントは，座右の銘として，「人生は重き荷を背負うて遠き道を往くが如し」と答えました。彼はどんなに忙しくても仕事を断らず，

複数のプロジェクトを抱えると同時に，家庭では介護の必要な両親の世話をしており，とにかく今は忍耐が大切であると自分自身に言い聞かせていました。

4．まとめ

　Savickas は，上記の 4 つの質問は，日常のある一瞬を捉えるスナップショットのようなものだと説明しています。
　これらの質問を通して，クライエントが自分自身のキャリアのなかから，重要だと感じた出来事を抜き出すお手伝いする，というわけです。
　また，こういったスナップショットとは別にバイオグラフィーの作成も必要だと言っています。バイオグラフィーとは，キャリア上の出来事を，年代順に漏れなく整理したものです。
　筆者は，バイオグラフィーとスナップショットの関係は，履歴書と職務経歴書の関係に似ていると考えています。なぜなら，履歴書は，キャリア上の出来事を年代順に書き並べたものであり，職務経歴書は，その出来事の中から求人者にアピールできることを抜き出して整理したものだからです。
　Savickas は，クライエントの身の回りに起こった出来事を整理し（＝バイオグラフィー），そこから過去・現在の出来事を抜き出し（＝スナップショット），それらの出来事をつなげて未来への展望をつくれ，つまりキャリアのストーリーをつくれ，と言います。
　まず今回説明した 4 つの質問を活用して，そのストーリーを，とりあえず手っ取り早くつくってみる。そして実際に試してみる。ダメだったらまたつくり直す。それを繰り返すうちに，クライエントにぴったり合うストーリー（＝未来への希望）や心地よい生活環境が見つかることでしょう。
　今回は説明しませんでしたが，5 番目の「思い出せる最も昔の記憶」に関する質問の目的は，クライエントのおおもととなっているストーリーを言葉にしてもらうことであり，これはキャリアのストーリーの背景にある先入観やこだわりに相当します。さらにより深いキャリア・カウンセリングを行う際，必要とされる質問となります。

注釈

1 榧野（2013）の配付資料を一部改訂。この解説の主な情報源は Savickas（2011）である。「3. キャリア構築インタビュー ④モットー」（pp.185-186）の活用例は筆者の創作である。

2 2011年4月13日に，オーストラリアで開催された国際進路指導学会において，Savikcas のワークショップ「多文化世界におけるライフデザインのためのキャリア・カウンセリング」が開催された。「思い出せる最も昔の記憶」を除いた4つの質問は，その際に配付されたキャリア・ストーリー・インタビューのシートを翻訳したものを活用した。なお，2013年の論文では，Savikcas はキャリア・ストーリー・インタビューをキャリア構築インタビューと言い換えている（Savikcas, 2013）

参考文献

榧野潤（2013）キャリア・ストーリー・インタビューの解説　日本産業カウンセラー協会第43回全国研究大会 in 四国「第3分科会キャリア」発表資料 2013年5月26日.

Savickas, M. L.(2002). Career construction. A developmental theory of vocational behavior. In D.Brown & Associations (eds.), *Career choice and development(4th. Ed.)*. San Francisco:Jossey Bass.

Savickas, M. L.(2009). Career Studies as self-making and life designing *Career Research & Development* 24. pp.15-17.

Savickas, M. L.(2011). *Career Counseling.* Washington, DC:APA.

Savickas, M. L. (2013). Career Construction theory and practice. In R.W. Lent and S.D. Brown (Eds.), *Career Development and Counseling: putting theory and research to work (2nd ed.).* pp. 147-183, New Jersey: John Wiley and sons.

Super, D. E.(1990). A Life-Span, Life-Space Approach to Career Development. In D. Brown & L. Brooks, *Career Choice and Development: Applying contemporary theories to practice(2nd ed.).* SF: Jossey-Bass.

独立行政法人日本労働研究機構（2002）ＶＰＩ職業興味検査［第3版］手引　（社）雇用問題研究会.

独立行政法人労働政策・研究研修機構（2007）職業相談におけるカウンセリング技法の研究（独）労働政策研究・研修機構.

―――第6章―――

キャリア・カウンセリングにおけるナラティブ・アプローチ

―――高橋浩

　10年ほど前は，ナラティブ・アプローチに関する和書は数冊ほどしか見かけなかった。しかし，現在では30冊以上も検索することができ，近年のナラティブ・アプローチに対する関心の高まりが見て取れる。そこでこの章では，まずナラティブ・アプローチの基本的考え方を解説し，ナラティブ・セラピーと構成主義キャリア・カウンセリングとの共通点・相違点を検討していく。次に，ナラティブ・セラピーの3つの流派について，キャリア・カウンセリングへの応用を見据えながら解説をする。最後に，キャリア・カウンセリングにおけるナラティブ・アプローチとして，Brottのストーリード・アプローチと国内におけるナラティブ・アプローチの応用例を紹介する。

1．ナラティブ・アプローチの概要

(1) ナラティブ・アプローチとは

　ナラティブ（narrative）は「語り」あるいは「物語」と訳される。語りは物語を語る行為であり，物語は語りの生成物である。「『語り』と『物語』はこのように区別される関係にあるが，同時に，それらは相互に連続する関係にもあ

る」(野口，2002)。つまり，語りによって物語が生成されるのだが，物語があるからこそ語りも生まれることができるのである。したがって，キャリアについてのナラティブは，語り手のこれまでの生きざまを表現するものであると同時に，語られた物語によって語り手のこれからの生き方やキャリアを規定することにもなるのである。

　このような働きがあるナラティブという概念は，1980年代後半頃から医療，看護，福祉，心理など多くの分野で注目されてきた。「いずれも『ケア』や『援助』という行為において，『ナラティブ』が重要な役割を果たすことを主張するものであり，これらの動きを総称して『ナラティブ・アプローチ narrative approach』と呼ぶことができる」(野口，2002)。ナラティブが注目される理由について，森岡(2008)は「情報化社会の加速度的な進行に伴い個人の生の輪郭がぼやけ，関係の絆が希薄になってきた現代社会の問題」があるからだと指摘している。それゆえ，ナラティブ・アプローチは，語り手と聞き手との対話という関係を通じて，語り手にとってより自分らしい物語（＝自己物語）を創造することを主眼としているのである。

　このようなナラティブ・アプローチが心理療法に導入され，ナラティブ・セラピーと呼ばれることになった。White & Epston (1990) が "Narrative means to therapeutic ends"『物語としての家族』を著したのがその起源といわれている。また，キャリア・カウンセリングの分野では，1990年代以降，ポストモダンや社会構成主義（あるいは構成主義）の影響を受け，ナラティブ・アプローチが導入され始めた。例えば，Cochran (1997) の「ナラティブ・アプローチ」，Savickas (2011) の「キャリア構築理論」などの構成主義キャリア・カウンセリングである。キャリア・カウンセリングは，心理療法にやや遅れてナラティブ・アプローチを導入したが，ナラティブ・セラピーの理論を直接転用したというわけではなく，独自の発展を遂げている。両者の違いについては後述するとして，まずは共通点について述べていく。

(2) 社会構成主義における「現実」

　ナラティブ・アプローチは社会構成主義の影響を受けている。社会構成主義

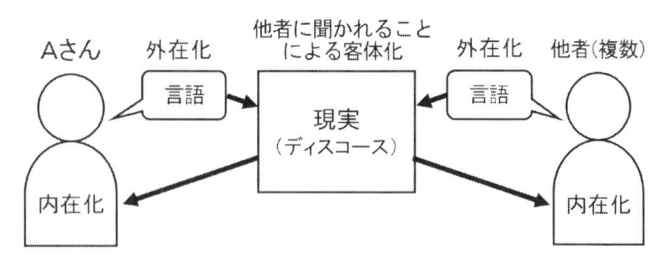

図 6-1 「現実」の社会構成

Berger & Luckmann (1967) を参考に筆者が作成

では，客観的事実があるとする考え方を否定し「現実は言語によって構成される」としている。「わたしたちが今まで，『客観的事実』と考えていたことがらはすなわち，わたしたちが『客観的事実』として『意味構成』しているということを示す」（高橋・吉川，2001）。例えば，「ニート（NEET）」という言語である。「ニート」とは，英語で Not in Education, Employment or Training の略で，就学，就労，職業訓練のいずれも行っていない人のことを指す。この「ニート」という言語が登場する以前では，ニートを言語によって同定することができないため，そのような人たちを社会的に認知することができず，世間には存在しないものとされる。無理に「ニート」を同定しようとするならば，「風太郎（ふうたろう）」とか「家事手伝い」，「すねかじり」といった既存の言語で代替させることになる。もちろん，いずれもニートを正確に同定するものではない。しかし，ひとたび「ニート」という言語が登場すると，そのような存在を同定することが可能になり，突然，ニートの人口が急増することになる。中には自ら「私はニートです」と名のるものも現れるという次第である。

では，現実は言語によってどのように構成されるのだろうか。このことについて Berger & Luckmann (1967) は次のように述べている。A さんが持っている内的体験は，言語で他者に話すことによってその人の経験として外在化される。外在化された経験は，複数の他者によって聞かれることによって客体化されて社会に共有される。その客体化されたものを聞いた他者は A さんが経験したことを内在化し，他者の中で A さんの経験と織り合わされる。それが

さらに言語によって外在化され，客体化されていく。このような繰り返しによって，客体化された経験が社会における現実になっていく（図6-1）。

この過程で，客体化されて社会に共有された価値観のことを社会的言説（ディスコース（discourse））という。それは，社会的な思い込みのようなもので，常識や規範，マナーといった形で共有されていることが多い。たとえば，「年長者や上位者を敬うべきである」，「お客様はもてなすべきである」などは，日本社会におけるディスコースであろう。なお，ディスコースは，特定の社会・文化以外に，特定の分野や社会階層，活動領域など，さまざまな社会単位で存在しえる。そして，私たちは，意識するしないにかかわらず，何らかのディスコースに影響されて生きているので，個々人のナラティブもディスコースの影響を多分に受けることになるのである。

さて，社会構成主義では，現実が言語で構成されると考えることから，クライエントが抱える心理的な「問題」や「キャリア」も言語によって構成されると考える。そこで，ナラティブ（語りや物語）を変化させるという介入によってそれらも変化させることができる，という考えに行きつく。つまり，ナラティブ・アプローチは，ナラティブを媒介して現実に変化を生み出すアプローチであるといえる。

(3) 行為としてのナラティブ

ここで「ナラティブ」という言葉をあらためて説明したい（ナラティブには行為と生成物の2つの側面があることを述べたが，それらを識別するために，この章では行為をナラティブとし，生成物を物語あるいはストーリーとする）。ナラティブとは「出来事と出来事を結びつけて筋立てる行為である」（やまだ，2000）。誰が，いつ，どこで，何を，どのようにしたか（起きたか）を述べるだけではなく，そこに「筋立てること」，すなわちプロット plot が求められる。

小説家 Forster（1971）が用いた，出来事の羅列とプロットの違いの例を以下に示す。
① 王様は死んだ。そして王妃も死んだ。
② 王様は死んだ。そして悲しみのあまり，王妃も死んだ。

①では，「王様の死」と「王妃の死」という2つの出来事を時系列に示しているに過ぎない。一方，②では，「悲しみのあまり」という王妃の死の原因が示されることにより2つの出来事が結びつけられている。さらに，「悲しみのあまり」という表現から，王妃の王に対する「愛情」の深さというこの文脈の「テーマ」が伝わってくる。

Habermas & Bluck (2000) は，ライフ・ヒストリーにおける一貫性の分析枠組として，時間的一貫性（時系列の明確さ），因果的一貫性（因果関係の明確さ），主題的一貫性（主題の明確さ）を提起した。これはプロットの特徴を上手く説明している。時系列の明確さだけでなく因果関係と主題の明確さがプロットの要素といえる。したがって，ナラティブとは，「出来事と出来事を時間的・因果的・主題的な一貫性を持って結びつける行為である」と言いかえることができる。

(4) ナラティブ・アプローチのスタンス

Monk, Winslade, Crocket and Epston (1997) は，ナラティブ・アプローチのスタンスを，機械の治療，ロマンティシズムの治療，ポストモダンの治療の3つの方法論の対比によって説明している。

1) 機械の治療（故障した機械を修理する）

いわゆる医療モデルのスタンスである。この方法論では，問題の原因がクライエントの中に存在することを前提としている。カウンセラーは，クライエントが抱える問題の原因を見極めようとして，さまざまなアセスメントを行う。問題の原因とは，クライエント自身の何らかの欠陥や力不足，機能不全のことである。原因を特定したら，その除去や修正を行うために介入する。認知・行動療法，論理療法などがこのスタンスをとる。

2) ロマンティシズムの治療（タマネギの皮をむく）

この方法論では，人間には奥深い核というべきものがあり，それは玉ねぎの皮のように幾重もの保護膜におおわれている，という考え方である。成長過程

において,外的脅威から自己を守るために保護膜が形成されたと考える。カウンセラーは,クライエントが抱える問題が保護膜による防衛反応であると解釈し,保護膜を取り去ってタマネギの核である真正の自己をあらわにすることを目指す。そして,内に秘めた感情の発露によって自己が解放されることを推奨する。精神分析理論やゲシュタルト療法がこのスタンスをとる。

3)ポストモダンの治療(ナラティブ)

　この方法論でのカウンセラーの関心は,クライエントが語りの中で経験に付与した意味構造を理解することである。ここでの目的は,クライエントがどのような人間であるかを把握することではなく,クライエントが社会においてどのような意味を構築していくかについて探索していくことである。問題はクライエントの中ではなく,語られたプロットの中に位置しており,カウンセラーは問題のストーリーからクライエントにとって望ましいストーリーへとプロットを書き替える共著者としてかかわっていく。

　この方法論が他のモデルと大きく異なる点は以下である。
　①人が問題ではなく,問題のみを問題として捉えること
　②問題解決よりも問題解消(問題が問題ではなくなること)を目指すこと
　③カウンセラーとクライエントは上下関係ではなく対等であること

　認知療法とナラティブ・アプローチは,事実に対する認知や解釈を変容させるという点で類似しているが,両者には決定的な違いがある。認知療法では,クライエントに「認知のゆがみ」という原因がありそれを解決しようとする。しかし,ナラティブ・アプローチではクライエントに原因があるとは考えない。クライエントがそのような語りで示される意味や文脈で生きていると捉え,クライエントにとってより望ましいストーリーを著述させる。これは,原因の除去(＝問題解決)なのではなく,クライエントにとって問題が問題ではない状態にすること(＝問題解消)を目指しているのである。

　例えば,うつ病のクライエントに対して気分を抑うつにさせるような認知のゆがみを修正していくのではなく,うつ病に影響を受けない生活のストーリーを語るようにかかわっていく。これによって,たとえうつ病自体は治癒しなくとも,それに悩まされずにうつ病とともに生きていけるようになるのである。

なお,ポストモダンのスタンスは,他の方法論を否定するものではない。多様なクライエントやケースに合わせて他のスタンスと補完し合うように用いるものである。

(5) 理論としてのナラティブ・アプローチ

カウンセリング理論について,國分(1980)は「①人間観─人間とは何か。人間をどう見るか。②性格論─性格とは何か。それはどのように形成されるか。③問題発生─問題行動はどうして起こるか。発生の機制は何か(医学でいう病理学に相当)。④援助目標─「治る」とは何か。健常とは何か。目的地はどこか。⑤カウンセラーの役割─目標達成のためにカウンセラーは何をなすべきか。⑥クライエントの役割─目標達成のためにクライエントは何をなすべきか。⑦

表6-1 理論としてのナラティブ・アプローチ

人間観	語りによって現実の意味を構成する存在である。
性格論	性格論はない。 語りが意味するところに従って生きる。意味は語りのたびに変化する。語りがディスコースに支配されている場合がある。
問題発生	固定的な語りに制約され,新しい物語,とくにディスコースに支配されない自分らしい物語(自己物語)を語れない場合に悩みが生じる。
支援目標	固定的な物語を支えている前提や意味構成を分解し検討して(脱構築),自己物語を創り出せるようにする(再著述)。
カウンセラーの役割	新しいストーリーを生み出す共著者としてかかわる。これまでの経験の中から,ディスコースや問題に影響されない部分,およびそれらに対抗できる部分,あるいは重要な意味を見いだせるように問いかける(脱構築)。見出した事柄にもとづいてより望ましいストーリーを語れるように問いかける(再著述)。望ましいストーリーで生きてゆくことを支援する。
クライエントの役割	新しいストーリーを生み出す主著者。これまでの経験の中から,ディスコースや問題に影響されない部分,およびそれらに対抗できる部分,あるいは重要な意味を見出す(脱構築)。見出した事柄にもとづいてより望ましいストーリーを語る(再著述)。望ましいストーリーに沿って行動する。
限界	何らかの欠陥,能力不足,機能不全などの解決・改善はできない。言語表現力に乏しい人は,カウンセラーとの対話や新しい物語の生成が難しい。

限界—その理論が適用できない問題や対象は何か。以上7問に答えるものがカウンセリング理論である」としている。これに沿ってナラティブ・アプローチを整理してみると表6-1のようになる。

ナラティブ・アプローチの特徴を浮き彫りにするため，前項で言及した前二者のスタンスの代表理論（論理療法，精神分析理論）についても同様に整理してみた（表6-2）。人間観，性格論，病理論に見られるように，2つの理論とも問題はクライエントの中にあるものと捉えている。また，カウンセラーおよびクライエントの役割に注目すると，双方の役割は専門家と非専門家という上下関係になっていることが伺える。

これらと比較すると，ナラティブ・アプローチは，クライエントと対等な関係の中で，クライエントが経験に対してどのように意味づけているのか，あるいは今後の人生をどのように意味づけていくのか，を扱っていることが理解で

表6-2　精神分析理論および論理療法の概要

	論理療法	精神分析理論
人間観	本来はラショナル。しかし多くは非論理的前提の洗礼をうけイラショナルになっている。	性悪説。本来は本能（エス，イド）のかたまり。
性格論	前提・心情・ビリーフが性格の核。そしてビリーフは後天的なもの。	幼少期の家庭生活の体験が性格をつくる。
病理論	事実にも論理にもあわないビリーフを金科玉条とすることが諸悪の根源。	諸悪の根源は抑圧にあり。
治療目標	ラショナル・ビリーフを確立する。つまり自己洗脳を助ける。	無意識の意識化。
カウンセラーの役割	説得者。	行動のパターン，行動の意味，行動の原因を解釈する。
クライエントの役割	従順な生徒。	思い浮かぶことを取捨選択せず自由連想する。

國分（1980）より

きる。したがって，ナラティブ・アプローチは，キャリア・カウンセリングでいうところの内的キャリアを扱っているといえる。

(6) キャリア・カウンセリングとセラピーの違い

ナラティブ・アプローチにおいて，キャリア・カウンセリングは構成主義（constructivism）（構築主義または心理構成主義ともいう），セラピーは社会構成主義（social constructionism）にもとづいており，両者には微妙な違いがある。構成主義は個人や認知プロセスを通じて意味生成や心理・社会的な世界の構築に焦点を当てているが，社会構成主義は，社会的なプロセスや相互作用を通じて心理・社会的世界が現実になることを強調している（Young & Collin, 2004）。これらの思想を背景にしているわけだが，両者のアプローチの違いを一言で表現するならば，キャリア・カウンセリングは「未来の肯定化」，ナラティブ・セラピーは「過去の肯定化」といえる。

キャリア心理学の Amundson が 2012 年に来日した際の講演で次のようなことを述べた。「遠くにものを投げるには，大きくテークバックをしなければならない」。これは，キャリア・カウンセリングの特徴をよく表している。構成主義のキャリア・カウンセリングでは，「過去から現在に至るストーリー」の

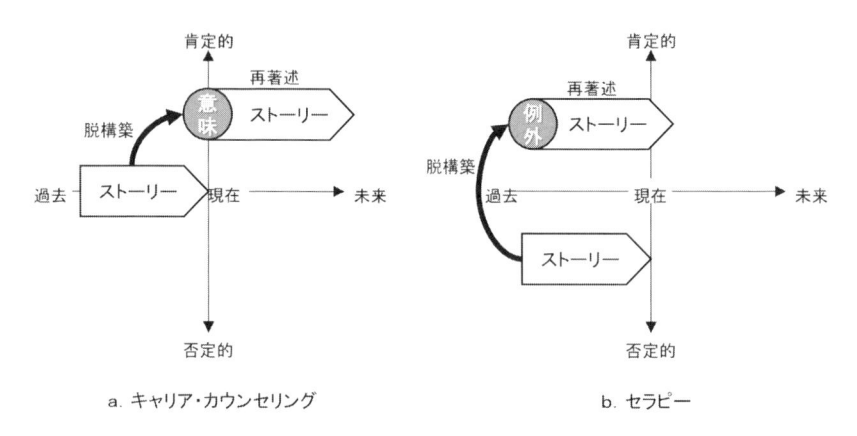

図6-2 ナラティブ・アプローチにおけるキャリア・カウンセリングとセラピー

中に意味を見出し，その意味にもとづいて「未来のストーリー」を構築することに重点を置いている（図6-2-a）。クライエントは経験の意味するところをあまり意識せずに過去から現在に至るストーリーを語るが，そこにはクライエント独自の認知が働いており，その傾向やパターンから本人の「働く意味」が見出される（＝脱構築）。未来のストーリーは，その意味にもとづき構築される（＝再著述）。したがって，未来が肯定化されることになる。

一方，ナラティブ・セラピーは，「過去から現在に至る問題のストーリー」を「問題から解放されたストーリー」への転換を図ることを重視している（図6-2-b）。問題のストーリーを支えている前提は何かを解きほぐしてそこからの脱却を図り（＝脱構築），問題に対抗できる，あるいはそれから解放された自己物語を構築する（＝再著述）。脱構築では，いまだ語られなかった物語を語れるようにしたり，問題に支配されない出来事や問題に対抗できる出来事（＝ユニークな結果，例外）を見出したりして，過去を肯定化する。

2．ナラティブ・セラピーの3大流派

(1) ナラティブ・セラピーを学ぶ必要性

構成主義キャリア・カウンセリングを実践するにあたり，ナラティブ・セラピーの理論を応用できる点は多々ある。ストーリーの背後にある意味を検討し，それにもとづいて新たなストーリー創造するという視点，クライエントと対等な立場で共にストーリーを生み出そうとする姿勢などである。これらの理解が乏しいと，構成主義キャリア・カウンセリング，あるいはそこで用いられる質的アセスメントは表層的な実践に留まってしまうであろう。それゆえ，まずはナラティブ・セラピーについて理解することが望まれる。

ナラティブ・セラピーには大きく3つの流れがある。① White & Epston（1990）による狭義の「ナラティブ・セラピー」，② Anderson & Goolishian（1992）の「無知の姿勢」および Anderson（1997）「コラボレーティヴ・アプローチ」，③ Andersen（1992）の「リフレクティング・チーム」である。次節

以降で，この3大流派の基本的な考え方について触れていくが，その前にナラティブ・セラピーの骨子を理解するうえで有用なワークを1つ紹介したい。

(2) ワーク「2つの自己紹介」

「2つの自己紹介」（遠藤，2003）は，自己紹介と他己紹介を行うワークである。両者は必然的に異なる語りを生むのだが，この違いを体験することによってナラティブ・セラピーの骨子を理解することができる。手順はおおよそ次のようなものである。

①A4用紙の上半分に，名前，職業など，ふだん初対面の人に対して行う自己紹介を書く。
②次の質問についてゆっくり考え，用紙の下半分にその質問への答えを書く。
- 質問：まず，これまでの人生の中で，自分のことを最も大切にして高く評価してくれた方のことを思い出す（すでに亡くなった方，人以外のペットやぬいぐるみでも構わない）。

次に，今思い出した方が，自分に代わって自分のことを他己紹介すると想像すると，どんな内容で紹介するかを考え，その他己紹介を下半分に書く。

上記の質問が答えにくい場合は，パスして，次の質問に応える
- パスした人への質問：上半分では書ききれなかった自己紹介を「自分の中にある最も肯定的な自分」と相談しながら，下半分に書く。

自己紹介
①上半分に書いた内容から皆さんの前で話すことが心地よい部分を紹介する。
②下半分に書いた内容から皆さんの前で話すことが心地よい部分を紹介する。
③この2つの内容を比較して気づいたことや感じたことも話す。

このワークにおいて，「1つ目の自己紹介は，名前や職業，家族についてといった『支配的なディスコースが適正と認める自己紹介』であることが多い。2つ目の自己紹介では『支配的なディスコースから抜け落ちた自己紹介』であり，より人間味があり生き生きとした自己紹介である」（遠藤，2003）。

自己紹介と同様に，社会がこうあるべきだとするディスコースに支配された

語りは，本来の自分らしさは表現されないため時にそれが悩みとなる。一方，ディスコースの支配から解放された語りは意味のあるより自分らしい物語（自己物語）となる。このワークは，このことを容易に実感できるものである。つまり，ナラティブ・アプローチの骨子とは，ディスコースに支配されたストーリーから自己物語へとストーリーを転換することなのである。

3．WhiteとEpstonの（狭義の）ナラティブ・セラピー

(1) ドミナント・ストーリーとオルタナティヴ・ストーリー

　狭義のナラティブ・セラピーの骨子は，実は前述の2つの自己紹介で説明した通りである。ドミナント・ストーリー（支配的ストーリー，問題が染み込んだストーリー）をオルタナティヴ・ストーリー（代替ストーリー，問題から解放されているストーリー）へと転換することである。転換とは，ストーリーを修正することではなく，全く異なる視点のストーリー，別バージョンのストーリーへ換えると捉えた方がよい。たとえ同じ経験をしていても，どの出来事を抽出して筋立てるかで経験の意味は異なってくる。図6-3の2つの図は，同じ出来事（アルファベット）を示している。しかし，人はすべての出来事を語るわけではない。同じ経験の中からP-R-O-B-L-E-Mを抽出して筋立てれば問題（problem）のストーリーとなるし，M-E-A-N-I-N-Gを筋立てれば意味（meaning）のあるストーリーとなる（図6-3）。問題から解放されクライエン

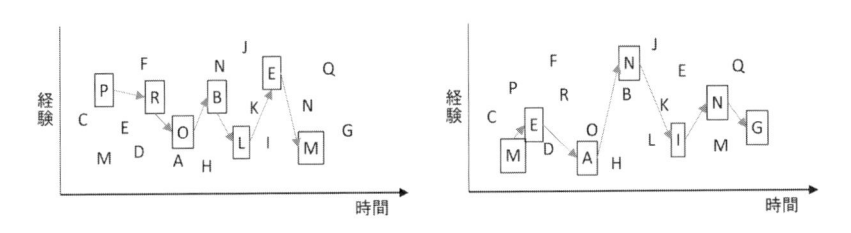

図6-3　出来事の筋立て方と経験の意味の違い

トにとって意味のあるストーリーを語れるように支援することが，ストーリーの転換なのである。

　WhiteとEpstonはドミナント・ストーリーをオルタナティヴ・ストーリーへ転換するいくつかのステップを提示している。中でも特に重要な2つの方法である「外在化する会話」と「ユニークな結果」について述べたい。

(2) 外在化する会話

　クライエントは悩みを抱えて相談に来るので，通常，問題が染み込んだドミナント・ストーリーが語られる。その問題は自分の内にあると考えられがちであり，クライエントは自己卑下をし，また周囲の人やカウンセラーは知らずしらずクライエントを非難し攻撃するような態度をとってしまう。これによって，クライエントの苦しみは強化され継続されてしまう。

　この状況を打開するには，まず，自分が問題を内在しているという囚われから脱することであり，そのために行うことが「外在化する会話」である。外在化する会話とは，「問題をその人のアイデンティティから切り離すこと」である（Morgan, 2000）。そのためには，問題がクライエントの外側にあって，それがクライエントに対して悪影響を与えている，という構造を前提としてクライエントと会話を進めていく必要がある。例えば，「何があなたに○○をさせているのですか？」や，「○○はあなたにどんな影響を与えていますか？」という問い方である（○○は問題や悩みのこと）。また，「○○という問題にどんな名前をつけますか？」とたずねて，クライエント自身に問題に名前をつけてもらう。問題が命名されると，クライエントおよびカウンセラーは，その後の会話においてより問題を外在化した存在として扱いやすくなる。これにより，クライエントは自己卑下をやめて問題と対峙するようになり，また周囲の人やカウンセラーはクライエントと協力して問題に対抗する体制が整うことになる。

　後述の「ユニークな結果」につなげるには，さらに問題について詳しく語る必要がある。Morgan（2000）は，「問題の歴史をたどる」，「問題の影響を明らかにする」，「問題を文脈に位置付ける（脱構築）」の3つが必要だとしている。1番目の問題の歴史をたどるとは，その問題がいつから，どんな時に，人生の

何パーセント支配していたかなどについて語ることである。2番目，問題の影響を明らかにするとは，その問題が自分の気持ちやエネルギー，物事の捉え方，対人関係，仕事，人生などにどのような影響を与えているかについて語ることである。3番目，問題を文脈に位置付けるとは，その問題を支えているディスコースを発見し，それがどのようにクライエントの中に入り込み維持・発展してきたか，どんな影響を与えているかに気づくこと（脱構築）である。これらのことが，質問と対話を通じて明らかになると，クライエントはより一層，問題から距離を置くことができるようになる。

(3) ユニークな結果

外在化する会話だけでは，ドミナント・ストーリーからオルタナティヴ・ストーリーへの転換は難しい。クライエントとの対話を通じて「ユニークな結果」を見出すことが必要である。ユニークな結果とは，問題の影響が少ないこと，問題の影響に対抗できることなど，ドミナント・ストーリーに「見合わない」ものすべてである（Morgan, 2000）。ドミナント・ストーリーの「例外」ともいわれている。クライエントは経験したことのすべてを語っているわけではないことは既に説明した。いまだ語られていない経験の中には，ユニークな結果が存在する可能性は非常に高い。そこへクライエントの目を向けてもらうために次のような問いかけを行う。（○○は問題につけた名前）

「○○に影響されていない瞬間はどういうときですか？」
「○○に影響されながらも，ちゃんとやり遂げたのはどうしてですか？」

ユニークな結果が見出されると，クライエントは自分の経験のすべてが問題に翻弄されているわけではないことに気づき，また，問題の性質や弱点にも気づくようになる。しかし，ユニークな結果は簡単に見つからないこともしばしばあるので，カウンセラーはユニークな結果の存在を信じ，質問の角度を変えながら粘り強く行っていくことも重要である。

ユニークな結果が十分に見出されたら，クライエントとカウンセラーは協働して，問題への対抗手段を検討していく。例えば，「○○にどのように取り組んでいきますか？」といった投げかけをして，問題に惑わされず，自分らしく

生きていくストーリーを語れるようにしていく。このストーリーが語れた時，ドミナント・ストーリーがオルタナティヴ・ストーリーに転換されたことになる。

(4) 事例：報告書が書けないＡ氏のケース

「外在化する会話」と「ユニークな結果」を適用したキャリア・カウンセリングの具体例を示す。クライエントのＡ氏は20歳代後半の男性，独身で会社員。報告書の作成が上手く進まないことを問題として相談に訪れた。

以下はその逐語記録であり，ＣＯはカウンセラーを意味する。なお，このケースは，ナラティブ・アプローチの学習用に創作したものである。

Ａ氏のケース逐語記録

No	話者	発言
1	Ａ氏	報告書作成ができないんです。毎日，夜おそくまで残業しても，何をどう書いていいのかわからないときもありますし……。完成しても，それでいいのかどうか，ぜんぜん自信がないんです。同僚はみんな当たり前のようにできているのに，私だけダメなんです。
2	ＣＯ	なるほど。「報告書ができないこと」は，Ａさんを「ダメ」だと思わせてしまうのですね。
3	Ａ氏	はい。
4	ＣＯ	「報告書」は，あなたに対してどのような影響をあなたに与えるのでしょうか？
5	Ａ氏	えぇっと……，よくわかりません。
6	ＣＯ	私の質問が少し変わっているので，答えにくいかも知れませんね。「報告書ができないこと」が影響する前は，Ａさんはどんな自分でしたか？
7	Ａ氏	仕事が楽しかったです。でも，今では会社に行きたくないと思っています。

8	ＣＯ	「報告書」はAさんに「会社に行きたくない」と思わせているんですね。
9	A氏	はい。
10	ＣＯ	なぜ私がこのように聞くのかといいますと，Aさんが「自分はダメ」だとは思いたくもないだろうし，「会社に行かなくてもいい」と思っているとは感じられないのです。「何か」があなたにこのように考えるように仕向けているのではないかと考えていたのです。
11	A氏	（じっと話を聞いている。沈黙。）
12	ＣＯ	ところで，「報告書」にもいろいろとあると思いますが，どんな報告書が，特に「自分はダメ」ということに結びついているのですか？
13	A氏	そうですね。（間）議事録とか何かの調査結果報告とかはまだ良いんですが……，企画提案とかプレゼン資料を書くときに何か自分を批判する声が聞こえてくるんですよ。そんなんじゃだめだと……。
14	ＣＯ	なるほど。報告書といっても，企画提案書とかプレゼン資料とかが特に問題で，「そんなんじゃダメだ」という声が聞こえてくるわけですね。その声の主に名前をつけるとしたら，どんな名前を付けますか？
15	A氏	名前ですか……，そうですね……，「批判屋」ですかね。
16	ＣＯ	なるほど。「批判屋」ですね。その批判屋はAさんにどんな影響を与えていますか？
17	A氏	報告書を書く手を止めるさせるんです。
18	ＣＯ	批判屋がAさんの手を止めさせるんですね。どんな風に手を止めさせるのでしょうか？
19	A氏	ええと，何か書こうとすると，「それは違う」「その程度のことじゃダメだ」と言ってくるんです。本当は，期限が迫ってきているので，どんどん書きたいんです。でも，筆が進まなくて……，ああ自分はダメだなって思うんです。

20	ＣＯ	今,「ダメだな」と言いましたが,それは批判屋がＡさんにそう言わせているのではないでしょうか？　どうですか？
21	Ａ氏	えっ。
22	ＣＯ	Ａさんは「どんどん書きたい」と思っていますよね。なのに「自分がダメだ」というのは矛盾しているように感じたんです。ですから,それは批判屋がＡさんに言わせているのではないかと？
23	Ａ氏	あ〜,そういう考え方もありますね。（笑）
24	ＣＯ	ええ,ですから批判屋がＡさんに「自分はダメだ」と言わせないようにしてみたらいいのではないかと思うのですが……。
25	Ａ氏	もちろん,そうできたらいいんですけど……,どうやったら……。
26	ＣＯ	それを一緒に考えてみたいのです。Ａさんはこれまで批判屋から影響されなかったことはありますか？　つまり「自分はダメだ」と言われなかった瞬間とか,「手を止めさせられなかった」ことなど。どんな些細な瞬間でも構わないのですが。
27	Ａ氏	そうですね……,でもそれだったら悩まなくて済むんですけど。
28	ＣＯ	では,批判屋の邪魔はひと時の休みもなく邪魔をし続けているのでしょうか？　ほんの一瞬でも邪魔されないことはないでしょうか？
29	Ａ氏	ええっと,そうですね……,ん〜,よくわかりません。
30	ＣＯ	難しい質問だったかもしれませんね。 ところで,Ａさんは報告の締切りはどうされているんですか？
31	Ａ氏	たまに間に合わないこともありますが,おおかた守ってます。
32	ＣＯ	素晴らしいですね。批判屋の影響を受けながらもＡさんはどうやって締切りを守っているのでしょうか？
33	Ａ氏	ええっと……,とにかく時間を掛けてます。残業してますし……,それでじっくり考えて……,調べ物をしたり……,時

		には同僚に相談したりして……。
34	ＣＯ	それらの間で批判屋が邪魔をすることはないですか？
35	Ａ氏	そうですね……，考えたり調べ物をしているときは邪魔してきますが，相談しているときはそうでもないかな……。
36	ＣＯ	相談しているときの状況をもう少し詳しく話してもらえませんか？
37	Ａ氏	それは……，なんかこう机から離れて，自分の考えを同僚に聞いてもらったり，同僚から意見を聞いたりしていて……，意識が同僚との会話に向かっているからだと思います。
38	ＣＯ	報告書づくりから離れて同僚との会話をしている間，批判屋は黙っているようですね。
39	Ａ氏	そうですね。書こうとすると批判屋が口を出してきて，同僚と話していると黙っているんです。それで，同僚と話しているうちにヒントが得られて「これを書こう」と決まるとスラスラと書けるって感じです。
40	ＣＯ	では，批判屋に対抗するのにどんな取り組みがあるでしょうか？
41	Ａ氏	そうですね。批判屋はパソコンから離れているときと，書くことが決まったときは黙っているんです。だから，考えるときはパソコンから離れる。考えが決まったらパソコンに入力するといいと思います。
42	ＣＯ	それはいい考えですね。それをすることで，Ａさんにどんな影響が生じると思いますか？
43	Ａ氏	批判屋の出番がなくなり，残業が減りそうです。何より，なんか，先が見えてきました。
44	ＣＯ	どんな自分が見えてきましたか？
45	Ａ氏	批判屋に邪魔されずにじっくり考え，すらすらと報告書を書いている自分がいます。
46	ＣＯ	それは良かったですね。

(5) 事例の解説

1) 外在化する会話

逐語記録のNo.1はクライエントのドミナント・ストーリーである。これに対して，カウンセラーは，冒頭から問題がクライエントの外にあるものとして会話をしている。「報告書」あるいは「報告書ができないこと」がAさんに「自分はダメ」「会社に行きたくない」と思わせている，という構造でかかわっている。しかし，クライエントはこのような構造で考えることに慣れていないため戸惑いを示している（No.5, 11, 21, 29）。

そこで，カウンセラーはこの構造を説明し（No.10），問題と影響を詳述するような質問をしている（No.12）。批判の声があることが分かったので，それに「名前」をつけさせている（No.14）。問題に命名することで，クライエントとカウンセラーが問題に対抗する協働関係をとりやすくなった（No.22以降）。

2) ユニークな結果

No.24からはユニークな結果を探っている。ユニークな結果は，ドミナント・ストーリーを語るクライエントにとっては簡単なことではない。しかし，人は一瞬一瞬，変化し異なる経験をしているわけであり，常に問題から影響を受け続けるとは考えにくい。瞬間的であってもユニークな結果は必ずある，というようなスタンスで，かかわることが重要である。また，問題からの影響を受けつつも現時点まで報告書の締切りを守ってきたということは，問題に対抗できる何らかのリソースをクライエントが持っている証拠である（No.31）。そのリソースを発揮した状況を具体的に語ることは，問題への対抗手段を明らかにする有効な方法である（No.32〜41）。

3) 再著述―オルタナティヴ・ストーリーへの転換

最終的にNo.41, 43, 45は，その対抗手段を発揮して生き生きと働いている姿を語っている。ここで，クライエントの語りがオルタナティヴ・ストーリーに転換されたといえる。

4）脱構築について

　この事例では，最終的にユニークな結果が見つかり脱構築がなされた。しかし，もう少し丁寧に脱構築を行うとするなら，「批判屋」という問題がAさんに入り込み，維持・発展していった歴史についてたずねるとよい。おそらく，批判屋が形成された背景に，「自分一人で完璧にこなす」といった仕事におけるディスコースを発見できるだろう。そして，このようなディスコースが，いつ，どのようにAさんに入り込み強化されていったのか，その歴史についても語ってもらうことでナラティブ・アプローチをより効果的に実践することができる。

4．AndersonとGoolishianの無知の姿勢（コラボレーティヴ・アプローチ）

(1) コラボレーティヴなかかわり

　コラボレーティヴ・アプローチ（Anderson, 1997）では，クライエントを「専門家のナラティブ」にはめ込んでしまうことに警鐘を鳴らしている。専門家の知識・理論にもとづく診断的な発言は，非専門家であるクライエントにとって影響が大きいからである。コラボレーティヴ・アプローチにおいてセラピーとは，継続的に意味を生成していくことであり，カウンセラーとクライエントとの対話におけるコラボレーティヴで非権威的なものである（青木，2003）。

　専門知識によって診断されると，「クライエントの問題」は「専門家による問題」へと変質してしまう。だとすれば，専門家は，専門知識で問題を語らない姿勢をとらなければならない。野口（2002）によると，Goolishianは「治療的会話は，対話を通じてのお互い同士の探索であり，相互の交流のなかで，アイディアの交換を通じて今までとは異なる新しい意味を発展させ，問題を解決せずに解消する方向へと向かう」としている。ここでの探索は，問題についてではなくお互い同士の探索である。これによって新しい意味を生成するのである。生成された意味がクライエントにとって重要であれば，問題自体は解決されなくとも，それはもはや問題ではなくなるのである（＝問題の解消）。

したがって，Goolishian が考えるセラピストとは，クライエントと対等な関係を持ち，対話によって新しい意味生成と問題解消を促すコラボレーティヴ（協働的）な存在なのである。

(2) 無知の姿勢

「無知の姿勢」とは，既知の知識や理論を，そのままクライエントに適用することに慎重であろうとする姿勢である（Anderson & Goolishian, 1992）。この無知の姿勢は，単に専門家の影響を抑えるという消極的なスタンスではない。この姿勢は，専門家を「クライエントと問題の関係の外にいる診断者」から「クライエントとの対話者」へと引き寄せて，新たな意味生成と問題解消を図ろうとする積極的なスタンスである。

無知（not-knowing）とは，専門的知識がないということではなく，クライエントの内的世界について無知であるという意味である。専門家は，専門的な知識を脇においた瞬間，クライエントの内的世界が持つ意味について無知となるのだから，クライエントから教えてもらう姿勢が必要になる。野口（2002）によれば，無知の姿勢とは，「セラピストの旺盛で純粋な好奇心がそのふるまいから伝わってくるような態度ないしスタンスのことである」。したがって，カウンセラーは，次のことに留意する必要がある。

①専門的知識や社会通念（ディスコース）を一旦脇に置く
②クライエントの内的世界の専門家はクライエントであり，カウンセラーはそれについて教えてもらう立場である
③クライエントの内的世界に対して好奇心を持ち続ける（語りは常に更新される）

無知の姿勢を続けると，クライエントの内的世界が見えてくる。しかし，そこで無知の姿勢を停止してはいけない。それは，クライエントの内的世界の決めつけになる恐れがあり，また，クライエントの「いまだ語られなかった物語（not-yet-said story）」を語る機会を奪うことになるからである。無知の姿勢をとり続け，対話を続けることで新たな語りと新たな意味を生成し続けていくことが重要である。

(3) 事例：ラースとの面談

　ラースは，Goolishian の知人の精神科医に通う 40 歳の男性患者である。その精神科医から，困難なケースであるとしてコンサルテーションの依頼があり，Goolishian が1回だけ面談を行った。ここでの Goolishian のかかわりが無知の姿勢をよく表している。

> ラースとの面談（Anderson & Goolishian，1992 をもとに筆者が要約）
> 　ラースは，実際には伝染病にかかってはいないのだが，自分が伝染病患者であるという強い確信と，自分が他者に対して病気をつぎつぎと伝染させて死に至らしめているという恐怖心や不安にさいなまれていた。
> 　ラースに対してグーリシャンは次のようにたずねた。「この病気にかかってからどのくらいになりますか？（How long have you had this disease?）」ラースはこの問いかけに対して，驚いた様子を見せて，しばらくしてから語り始めた。＜中略＞
> 　このラースとのやり取りを別室から観察していた同僚のセラピストたちは，そのような問いかけは，かえってその病気への思い込みを強化してしまうのではないかと危惧した。むしろ，「その病気にかかったと思ってからどのくらいになりますか？（How long have you thought you had this disease?）」とするのが安全だと提案した。
> 　この面接の帰りに，ラースを紹介した精神科医が本人に「面接はどうだった？」とたずねた。ラースはすぐさま「セラピストは僕のいうことを信じてくれたよ！」と答えたという。
> 　その後，ラースの生活状況はずいぶんよくなった。伝染病にかかっているかどうかはもはや彼にとっては問題ではなくなっていたとのことであった。

　ラースへの問いかけのわずかな表現の差がその後の経過に大きな違いを生み出している。「病気にかかってから」はクライエントの視点に立った発言である。専門知識を脇におき，純粋にクライエントの内的世界を深く知りたいと

いう好奇心からくる言葉である。これに対して,「病気にかかったと思ってから」は専門家の視点であり, 伝染病というのは「思い込みである」という診断的な立場からの発言である。この姿勢の差が面接後のラースの言葉に表れている。「僕のいうことを信じてくれたよ！」は, クライエントの内的世界を他者と共有できた喜びがにじみ出ている。このことは, よほど重要な意味があったに違いない。なぜなら, その結果, もはや伝染病は問題ではなくなった（問題が解消された）からである。

(4) 受容・共感と無知の姿勢

Rogers (1957) の「人格変容が起こるのに必要にして充分な条件」が発表されて以来, カウンセリングにおいて受容・共感の態度は基本的な態度とされている。これは, 非審判的態度で傾聴をしていくので, 一見, 無知の姿勢と類似している。しかし, 野口 (2002) は, 両者に決定的に異なる点があると指摘する (表6-3)。Rogersがパーソナリティや自己の核心の存在を前提とする人間観を持つのに対して, 無知の姿勢はそういったものを前提とせず, クライエントとの対話やそこから生み出される語りや意味を重視しているといえる。

ところで, 受容・共感は意外と難しい態度である。例えば, クライエントの「昇進した」という報告を受け, カウンセラーが「それはおめでとうございます」と返したとすれば, カウンセラーは「昇進・昇格は良いこと」とするディスコースに影響されているといえる。実はクライエントは管理職よりも現場を望んでいた, という内的世界を無視することになる。一見, 受容・共感してい

表6-3 受容・共感と無知の姿勢の比較

	Rogersの受容・共感の態度	ナラティブ・アプローチの無知の姿勢
支援方針	「自己の核心」を発見することを大切にする	「自己の核心」という存在を想定しない
支援目標	パーソナリティの成長	パーソナリティの成長を目標としない
役割	パーソナリティなどの成長の同伴者	新しい何かを生み出すための会話相手（共著者）

(引用) 野口 (2002) をもとに筆者が整理

るように思われる発言であっても，実はそうではないことが無知の姿勢から見えてくる。このように，キャリア・カウンセリングにおいては，特に外的キャリアについてのディスコースに影響されやすい。キャリア・カウンセリングでは，専門の知識を脇に置くだけでなく，カウンセラーが支配されているディスコースに気づきそれを脇に置くことも必要である。無知の姿勢を貫いてクライエントの内的世界や内的キャリアを知ったとき，ある種の発見のような驚きが感じられる。そのときはじめてカウンセラーは「共感」ができたといえるのではないだろうか。この意味で，無知の姿勢はキャリア・カウンセリングにおいて重要なスタンスだといえる。

　キャリア・カウンセリングでは，職業選択や意思決定などがテーマとなることが多いため，問題解決による対応がなされがちである。もちろん，このような対応は否定されるものではないが，キャリアで悩む背景には生きる意味・働く意味をテーマにしたケースも少なくない。このようなケースにおいて，特に無知の姿勢が求められるであろう。

5．Andersenのリフレクティング・チーム

(1) 空間構造とナラティブ

　Andersen（1992）は，家族療法（家族成員に生じた問題を扱う心理療法）における面接室と観察室の空間構造が，治療対象である家族の語りを抑制していると考え，その空間構造を転換することで新しい語りを生成することを考えた。その方法が，リフレクティング・チームである。

　リフレクティング・チームを解説する前に，家族療法における空間構造について説明しなければならない。家族療法には三種の神器といわれるツールがある。1つ目はワンウェイミラーである。家族の入る面接室とセラピスト・チームが家族の様子を見る観察室があり，その間はワンウェイミラーによって仕切られている。2つ目はビデオカメラである。ワンウェイミラーからの死角を観察したり面接室の様子を録画したりするために，観察室にはビデオカメラが

設置されている。3つ目はインターフォンである。これは，観察室のセラピスト・チームから面接室のセラピストへ指示を出すためのものである。このような空間構造をもって家族療法はおこなわれる。

しかし，このような空間構造でセラピーを行うと次のような問題が生じるとAndersen（1992）は指摘している。

①セラピスト・チームが必ずしも同一意見にならない。

②治療チームが匿名のため，家族に対する敬意が欠けたり，セラピストの見識に偏った指示がなされたりする。

③結果として，治療方針が散漫になり，治療の選択の幅も狭まってしまう。

そこで，Andersenは，セラピストと家族との空間構造を変えることを試みた。ある程度セラピーが進んだところで，家族とセラピスト・チームの部屋を交換し，家族がセラピスト・チームの会話を観察できるようにした。セラピスト・チームは，一転して家族から観察される立場になるのだが，この時，セラピスト・チームが家族を見て思ったこと感じたことについて対話をする。このことが家族の現状を映しだす（リフレクトする）ことになるわけである。これがリフレクティング・チームと呼ばれるゆえんである。

このような空間構造の転換は，セラピスト・チームを，家族に指示や介入する「治療者の立場」から，家族の歴史やアイデンティティについて語られたことを承認する「証言者の立場」へと変化させたのである。具体的には，①セラピスト・チームが家族に「指示を出したり介入したりする」という役割を取らなくなった，②「家族に対する失礼な表現」が少なくなった，③治療者が家族の話をよく聞くようになった，④断定的な言い方を避けるようになった，⑤言葉が専門用語から日常言語へと移行した（野口，2002）。つまり，リフレクティング・チームは，セラピスト・チームを無知の姿勢へ接近させ，家族に新たな視点からの語りを生成させるきっかけを作り出す方法といえる。

(2) リフレクティング・チームの応用

リフレクティング・チームをキャリア・カウンセリングに応用したグループ・ワークを紹介したい。このワークは，リフレクティング・チームにおける

空間構造の転換を体験してもらうために日本キャリア開発協会（JCDA）の大原良夫氏が考案したものである。単なるリフレクティング・チームの疑似体験としてだけでなく，グループによるキャリア・カウンセリングとしても有効である。

リフレクティング・チームのワーク
　このワークは，3名1組で実施する。1名が語り手，2名が聞き手となる。手順は次の通りである。
①参加者各自が，これまでの自分のキャリアについてライフ・ライン法などを用いて振り返る（10分程度）。これは，この後のグループ・ワークで自分のキャリアについて語るための準備である。
②3人組を作り，最初の語り手を決める。1名が語り手（クライエント役）で2名が聞き手（リフレクティング・チーム役）になる。
③ワークは3ラウンドある（図6-4）。第1ラウンド（10〜15分）では，語り手が2名の聞き手に対して事前に作成したライフ・ラインを参考にしながら，自分のキャリアを語る。聞き手は，無知の姿勢で聴く。語り終わったら，語り手は自分のキャリアにタイトルをつける。
④第2ラウンド（5〜8分）では空間構造の転換を行う。聞き手2名が，第1ラウンドで聞いた語り手のストーリーについて対話をする。特に，語り手の持ち味や強み，感動した点，印象的な点について対話をする。語り手は2名の聞き手の対話を黙って聞く。
⑤第3ラウンド（5〜8分）では，3名でシェアをする。ここまでのやり取りを通じての気づきや感想や，語り手のキャリアの意味・価値について対話をする。語り手から口火を切ると円滑に進めやすい。シェア終了後，語り手は自分のキャリアに対して，あらためてタイトルを付け直す。
⑥語り手は，キャリアにつけた2つのタイトルの変化を確認し感想を述べる。
⑦次の語り手へ交代して，③〜⑥を繰り返す。全員が語り手を行ったら終了する。

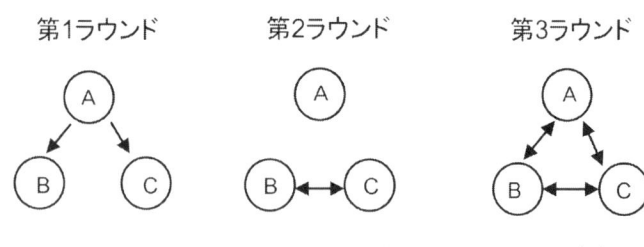

```
        第1ラウンド              第2ラウンド              第3ラウンド

           A                       A                       A
          ↙ ↘                     ↕                      ↕ ↕
         B   C                  B ↔ C                  B ↔ C

   Aがキャリアを語る      B,CがAの語りに         シェアをする
   B,Cは聴く（質問可）   ついて対話をする

                         特に，Aの強み・持ち
                         味や，感動した点・印
                         象に残った点について
```

図6-4　リフレクティング・チームのワーク

　このワークが上手く進むと，第1ラウンドでつけたキャリアのタイトルが，第3ラウンドでより具体的でより自分らしいものへと変化し，自分が重要視しているキャリアの意味や価値が明確になる。第1ラウンドでは，現在，語り手が捉えているキャリアが語られる。問題を抱えていれば問題のストーリーが語られるであろう。第2ラウンドでは，空間構造の転換をして，語り手が聞き手2名の対話を聴く構造となる。聞き手2名は語り手のストーリーの肯定的側面を取り上げるので，それまで語り手が重視しなかった出来事や言葉に焦点があてられることになる。また，語り手のストーリーが，聞き手に感心や感動などの影響を与えるものであったことに語り手は気づかされることもある。第3ラウンドでは，第2ラウンドの対話を受けて3名でシェアをするが，語り手がこれまで語ることがなかったストーリーが語られたり，バージョンの異なるストーリーへと語り直されたりする。これに伴い，キャリアのタイトルも変化していく。実際にこのワークを体験すると，タイトルがより具体的で意味のあるものへと変化するため，これに驚く受講者は少なくない。

　このようなグループ・ワークによってキャリア・カウンセリングにリフレクティング・チームを適用すると他者の視点から物語が語り直されて，いまだ語られなかった物語や新たなストーリーを生成する機会を提供することができる。

6．Brottのストーリード・アプローチ

(1) ストーリード・アプローチの概要

　ここまで，ナラティブ・セラピーについて取り上げてきたが，ここからはキャリア・カウンセリングにおけるナラティブ・アプローチについて述べる。Cochran, Savickas, Peavy については他章で取り上げているので，ここでは，Brott（2001, 2005）の「ストーリード・アプローチ」（ストーリーによるアプローチ）と，この理論にもとづいた Brott（2014）「質的アセスメント：表意プロセスとしてのクライエント・ストーリー」を紹介する。

　Brott は，21 世紀がテクノロジーの時代となり，個人がいかに「人生」を生きていくかが社会における大きなテーマになってきていると指摘している。それゆえ，キャリア・カウンセリングにおいても，個人の主観を重視した「表意プロセス（ideographic process）」が重要であると主張する。そのプロセスとは，個人が語るストーリーに織り込まれている役割横断的な意味やテーマを明らかにしていくことである。つまり，ストーリード・アプローチとは，クライエントとカウンセラーが「協働して人生のストーリーの意味を明らかにしていく」ものである。

　ストーリード・アプローチの基本的な流れは次のようなものである。クライエントとカウンセラーが協働して，「共構築（co-construction）」，「脱構築（deconstruction）」，「構築（construction）」という「ストーリー展開（story development）」を行い，クライエントの世界を探索するものである（Brott, 2001）（図6-5）。共構築ではクライエントと協働してライフ・ストーリーに織り込まれた意味を明らかにし，脱構築ではライフ・ストーリーに他者の視点が入り込める余地を開き，構築ではクライエントの未来の章を再著述する。ストーリード・アプローチは，このようなストーリー展開を通じて，クライエントの人生の意味にもとづいた未来像を形成するのである。

　このストーリー展開において，質的アセスメントと量的アセスメントの両方が用いられるが，そのねらいは，クライエントのストーリーに織り込まれた意

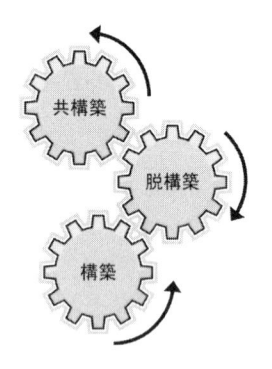

図6-5　ストーリード・アプローチにおけるストーリー展開

味を探索することである。特に，質的アセスメントでは，社会的文脈における個人の特徴や独自の表現などに注目し，その個人の経験や行動のパターンを見出すために用いられる。

　3つのストーリー展開ごとのアプローチとアセスメントの活用について次項で紹介する。

(2) 共構築

　共構築とは，過去から現在までの経験にもとづいて，クライエントとカウンセラーが協働してクライエントのライフ・ストーリーを「明らか」にしていくことである（Brott, 2001）。ライフ・ストーリーには，ライフ・ロール（家族，学生，職業人，余暇，市民）が関連しているので，それらを含めた人生経験を詳しく語ってもらう。小学校前，小・中学校，高校，大学，社会人前期・中期・後期などライフ・ストーリーの「章」を作り，各章での重要な人物，特徴的な瞬間・輝かしい瞬間，興味・関心などを明らかにし，最後にその章にタイトルをつけていく。

　Brottは，ライフ・ライン（Brott, 2001, 2004）を用いてクライエントの各章におけるライフ・ストーリーを共構築するために，次のような質問をすると良いとしている。

「この章で最も古い思い出は何ですか？」

「どこに住み，どんな人がいましたか？」

　特徴的な瞬間・輝かしい瞬間に光をあて，その「瞬間」がいつどこで生じたのか，その時どんな人がいたのかなどを明らかにしていく。このようにして，「瞬間」が詳しく語られて時間的空間的に広がってきたら，ライフ・ストーリーの意味を明らかにしていく。

「その経験は，あなたにとって何が重要だと言っていますか？」

「人生のその瞬間の何が重要なのですか？」

「あなたはその経験から何を学びましたか？」

　このようにして，その章の重要性が具体的に語られたら，クライエントに，各章を象徴する内容を簡単に書いてもらい，その後，各章およびライフ・ストーリー全体のタイトルをつけてもらう。

　共構築で用いられる質的アセスメントには，「ライフ・ライン」（Broot, 2001, 2004）の他に「ライフ・ロール分析」，「カード・ソート」などがある。これらは，すでに第1章で解説済みなのでここでは説明を割愛するが，いずれも，クライエントのライフ・ストーリーを詳述してもらうために用いられる。

(3) 脱構築

　脱構築とは，クライエントのライフ・ストーリーを異なる視点で見られるように，そのストーリーの捉え方の余地を広げることである（Brott, 2001）。このことを「空間を開く（opening space）」や「荷解き（unpack）」とも表現している。空間を開くとは，ディスコースに見合わない例外を探すことや，異なる経験を想像すること，人生に対する異なる観点を確認すること，将来の方向性を導入することである。これらによって，クライエントが担ってきた多様なライフ・ロールは，支配的なディスコースから解放され，クライエントの望む生き方・在り方が明らかになる。これが「荷解き」である。

　脱構築で用いられる質的アセスメントとして，「テーマ・イン・プレイ（遊びにおけるテーマ）」（Brott, 2014），「アイデアル・デイ（理想の1日）」（Osborn & Zunker, 2006），「レジュメ分析」（Brown & Brooks, 1991）を挙げている。

1)テーマ・イン・プレイ

テーマ・イン・プレイは遊びにおけるテーマに着目して，若者の視点と大人の視点を比較して現在の仕事などの役割を捉えなおす。まず，若者の視点として，「最も古い遊びの思い出は何か」，「子どもの頃，大人になったら何になりたかったか」，「10代の頃，どんなことをするのが楽しみだったか」，「10代の頃，どんな役割を楽しめたか／楽しめなかったか」を書き出す。次に，大人の視点として，「教育／訓練」，「好きな／嫌いな仕事」，「興味」について書き出す。そして，2つの視点の共通点・相違点を探っていくことによって，これまでとは異なる自分の仕事や役割に対する捉え方を見出していく。

2)アイデアル・デイ

アイデアル・デイは，朝起きて夜寝るまでの理想の1日について想像する。あなたは何をし，誰と過ごし，どのくらい時間をかけ，どこにいるのかについて書いていく。このことによって，日常生活のしがらみや固定観念から一旦離れて，自分の望みや価値観に気づくことができる。また，ライフ・ストーリーを捉える視野を広げることができる。

3)レジュメ分析

レジュメ分析は，クライエントの重要な経歴（レジュメ）を端的にまとめ，興味・関心，強み，望ましい労働環境を探索する。経歴を書き終えたら，①これまでに経験した活動や職務のなかで楽しかったものとそうでないものを蛍光ペンで色分けする，②仕事の物理的環境や人間関係，組織文化について好きな点／嫌いな点を詳細に述べる，③これまで担った役割がどの Holland コードに該当するかを思いつくかぎり話す，④これらの情報を整理して自分のテーマや矛盾点を探す，⑤確認した好みの傾向やテーマにもとづいて理想の仕事の職務内容を書き出す。この過程を通じて，クライエントは，自分のテーマに気づくことができる。

なお，Brott（2014）は質的アセスメントのみを重視しているのではなく，標準化されたアセスメント（例えば，ストロング興味検査，MBTI性格検査，ラ

イフ・バリュー・インベントリ）によって得られた量的データも有効であるとしている。アセスメントによって得られたデータについて，支持したり反論したりすることで自己認識を検討することができるからである。

(4) 構築

構築とは，クライエントが未来に向けて再著述をする段階であり，自尊心と能力にもとづいた新しくより生産的なストーリーの構築であるとしている（Brott, 2001）。つまり，これまでクライエントが探索してきた多様なライフ・ロールとライフ・ストーリーの意味を取り入れながら，未来の章を構築していくのである。未来の章を作るに際して，Brott（2005）は以下の質問をクライエントに投げかけるとしている。

　「このライフ・ロールを今の状態から望ましい状態に変えていくために，あなたがまずできることは何ですか？」
　「それを，どのくらいの期間で成し遂げたいと思っていますか？」
　「あなたがとるべき他の手順は何ですか？」
　「あなたがその手順を達成することを阻む障害は何ですか？」
　「そうした障害を切り抜けるために，あなたにはどんなリソースがありますか？」

　上記の内容を実施するために，Brott（2004）は「ゴール・マップ」というツールを開発している。ゴール・マップは1枚のシートで，シートの最下部はクライエントの現在を示す日付記入欄があり，最上部はクライエントのゴールの記入欄がある。日付記入欄付近にはゴールに向うステップ（取るべき行動手順の記入欄），曲がりくねった道に置かれた通行止め（障害物の記入欄），その障害を切り抜けるための橋（リソース記入欄）がある。各記入欄には該当する内容を書いていくことによって，クライエントは自分がとるべき段取りや，行く手を阻む障害，そうした障害を切り抜けるためのリソース，自分の目標の焦点を，視覚的に捉えることができる（Brott, 2005）。

　以上の通り，ストーリード・アプローチは，3つのストーリー展開を通じて，クライエントにとって望ましい未来のストーリーを構築していくものである。

ゴール・マップ

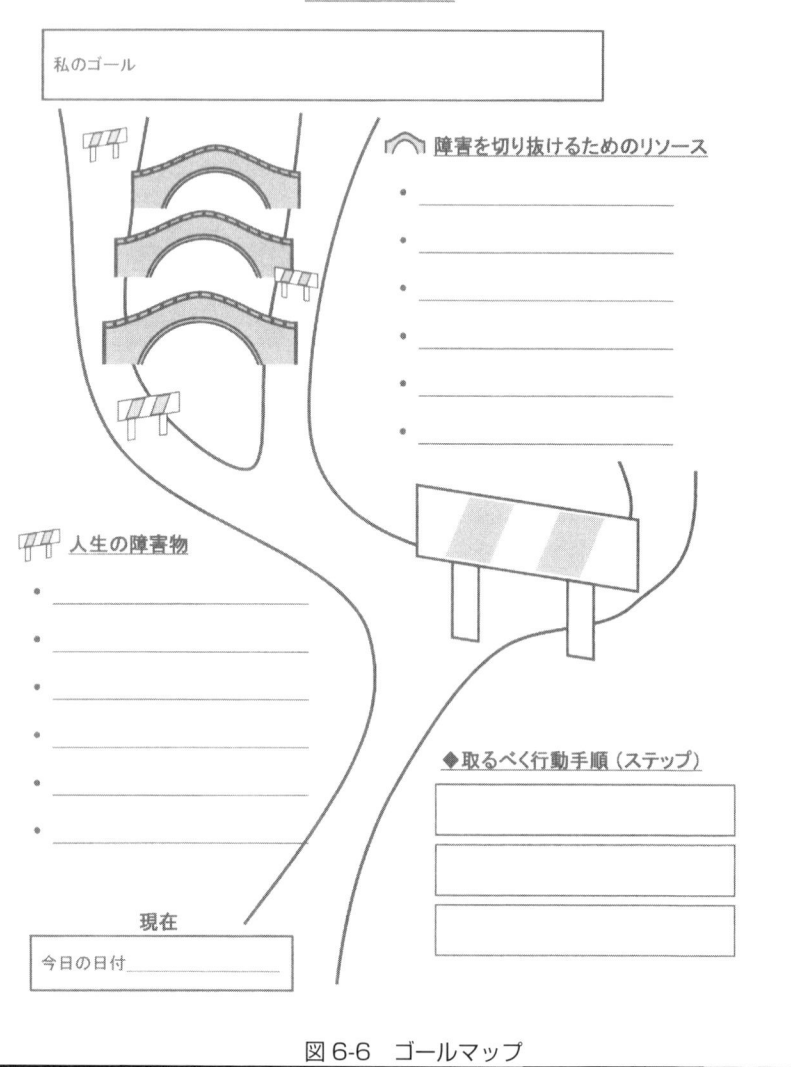

私のゴール

障害を切り抜けるためのリソース

人生の障害物

◆取るべき行動手順（ステップ）

現在

今日の日付＿＿＿＿＿＿＿

図6-6　ゴールマップ

（引用）Brott（2004）をもとに筆者が作成

7．日本におけるナラティブ・アプローチの応用例

(1) 人生すごろくにみるナラティブ・アプローチ

　ここでは，国内におけるナラティブ・アプローチを応用したツールを2例紹介する。1つは日本キャリア開発協会（JCDA）の「人生すごろく『金の糸〜golden thread〜』」と，ホワイトアイコロキアムの「人生すごろく〜人生これからノート〜」である。どちらも「すごろく」というゲーム性を伴ったツールである。かねてより，人生ゲームという盤ゲームが存在しているため，「人生」と「すごろく」を組み合わせる発想は目新しいものではない。しかし，この発想とナラティブ・アプローチを融合させ日本人向けに実用化している点で，特筆すべきものである。

　これらのツールがナラティブ・アプローチたるゆえんは，すごろくを通じて参加者がライフ・ストーリーを語ることはもちろんのこと，サイコロによって語りに偶発性を持たせて，いまだ語られなかった物語や新たなストーリーの生成を促すことにある。また，このツールの参加者は同世代で構成されるのだが，このことが対話を対等な関係にすると同時にリフレクティング・チームとして機能することになる。さらに，すごろくのまとめとして，人生の章ごとにタイトルをつけて自分のテーマを見出す仕掛けには，質的アセスメントにみられた表意プロセスの要素も盛り込まれている。

(2) 人生すごろく　金の糸〜 golden thread 〜

　「人生すごろく『金の糸〜 golden thread 〜』」は，2013年に京都産業大学が社会人基礎力を育成するカリキュラムにおいて10名の学生が考案したもので，2014年に日本キャリア開発協会（JCDA）が商品化したものである（図6-7）。小学校時代から大学時代までの経験を「楽しく語る」「問いに答える」「考える」「書く」ことによって言語化し，自分らしさである「金の糸」を言葉にするという自己探索ツールである。「金の糸」とは，Savickas（2011）が

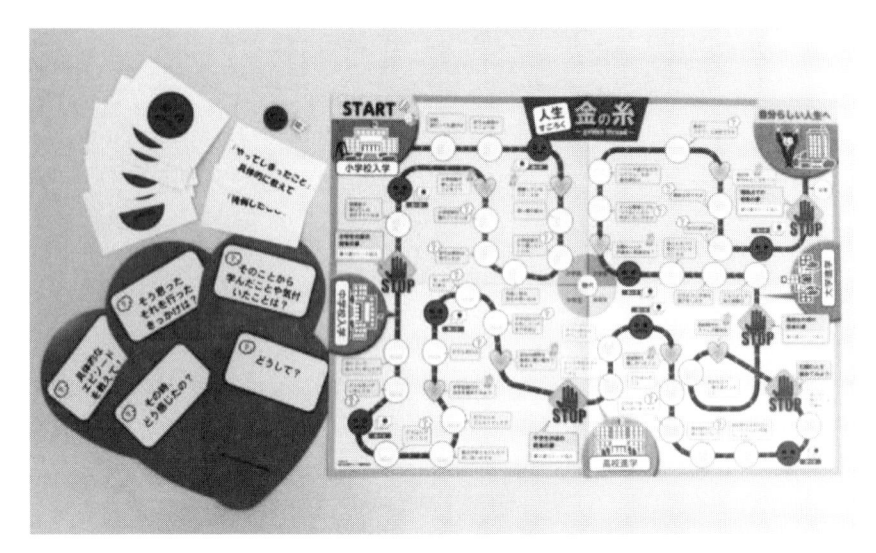

図6-7　人生すごろく 金の糸〜 golden thread 〜

ナラティブ・キャリア・カウンセリングにおいて見出されるライフ・テーマ（人生の意味）を golden thread と称したことに由来している。

　このツールの対象は大学生などの若者で，4〜6人で行われる。目的は，ゴールの到達の速さではなく，自分および参加者のライフ・テーマを語れるようになることである。サイコロを振って出た目の数だけ駒を動かし，該当するマス目に書かれたあるお題について語っていく。マス目は小学校時代から，中学校時代，高校時代，大学時代までの4つに分けられており，各時代におけるお題についてライフ・ストーリーを語ることになる。駒は1つだけで，参加者全員が同じお題について答えていく。例えば，「このころの憧れのヒーロー，ヒロインは？」といった問いについて，全員が順次語っていく。これにより，互いのライフ・ストーリーを共有していくことになる。

　また，マス目のお題以外にも，カードを引いてそこに書かれている問いに答えるようなバリエーションも用意されている。また，対話を活性化するための質問カードがあり，そこに書かれた質問を提示するだけで質問できる工夫もある。このように，すごろくを進めることで，多様な語りと対話を重ね，時代ごとのライフ・ストーリーを豊かにしていく。これはストーリード・アプローチ

の共構築に相当する。

　このツールでは，各時代を総括する「振り返りシート」が用意されている。各時代を終了したら，時代ごとの「自分の特徴」，「今の自分に繋がっていること」，「その時代における将来の夢」を記入する。これにより，各時代の経験と現在の自分とのつながりを感じ取ることを促している。すごろく終了後は，4つの時代を貫くライフ・テーマ「金の糸」を検討していく。振り返りシートには「金の糸（自分らしさ）を表す言葉」，「金の糸の具体的なイメージ」，「金の糸を表す具体的なエピソード」の記入欄が設けられている。最後に，ワークシートにもとづいた自己紹介をグループで行って終了する。これはストーリード・アプローチの脱構築に相当する。

　このツールの効果は，参加者同士の楽しい対話を通じて，自己理解を深めてライフ・テーマを自覚することである。このツールを大学のキャリア教育で行ったところ，普段対話が苦手な学生もかなり興味を持って取り組んでくれた。ライフ・テーマの自覚は，今後の就職活動において，自己PRの素材として用いることもできるし，また，職業選択などの職業行動における判断基準にすることもできる。このツールは，職業観，就業観の醸成にも寄与することであろう。

(3) 人生すごろく　〜人生これからノート〜

　2つ目の人生すごろくは，2014年に目白大学大学院心理学研究科の原裕視教授が代表を務めるホワイトアイコロキアム研究会が開発したものである（図6-8）。筆者も開発に携わった。対象者は，60歳前後のシニア層である。退職後の人生に下降するイメージを抱くシニア層は少なくない。Leider & Webber（2013）は，従来のライフ・ストーリーは成人期後に下降するとされているが，今後は成人後も上昇していくものと捉えるべきだ，と指摘している。このツールは，まさにこのような思いから開発された。成人期後に下降するイメージがまさにディスコースであり，そこから脱却しなくては生き生きしたセカンド・キャリアは実現できなくなるという考えが背景にある。

　このツールも4〜6名で行う。目的はやはりゴールの速さではなく，人生の

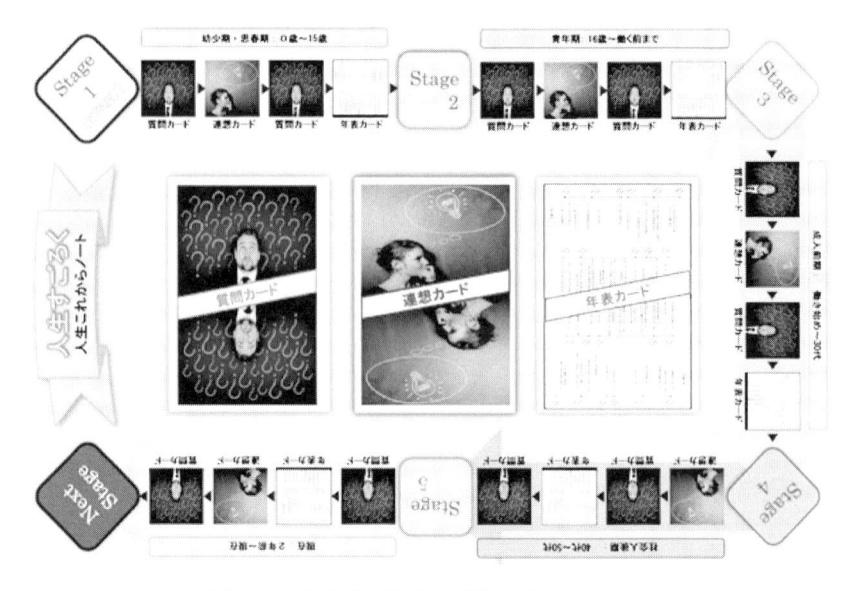

図 6-8 人生すごろく〜これからノート〜

テーマを明確化することである。すごろく盤は，幼少期・思春期，青年期〜働くまで，働き始め〜30代，40代〜50代，2年前〜現在の5つの時代に分けられている。全員がそれぞれの駒を持ち，順にサイコロで駒を進めて，到達したマスの指示に従い人生を振り返る。マス目には，①質問カードをめくりその問いに答える，②連想カードをめくり出たキーワードから連想する思い出を語る，③年表カードをめくり当時の様子を懐かしむ，の3種類の指示がある。質問カードには，「その時代で最も楽しかったことは何か？」，「大切な思い出の品とそれにまつわる話しは？」などがある。連想カードには，「出会い」「恩師」「結婚・離婚」など人物やライフイベントが書かれている。年表カードには，昭和初期から現在までの政治，経済，物価，世相，流行語などが書かれている。参加者は，このようなランダムなお題についてライフ・ストーリーを語っていく。それを他のメンバーは聴き，たずねたいことがあれば質問をする。このやりとりを通じて，参加者全員は各自の人生で想起したこと，印象に残ったことを付箋に記録しておく。そして次の人がサイコロを振り，同様のことを繰り返していく。

すごろく終了後，時代ごとにまとめを行う。すごろく実施時に記入した付箋を時代ごとに貼り，これにもとづき各時代を象徴する言葉を書き出す。

次に，ライフ・ラインを用いて，各時代における満足度と，各時代が現在の自分に与える影響度を曲線で描いていく。この2つの曲線をもとにライフ・ストーリーをあらためてメンバーの前で語ってもらう。これには，バラバラな5つの時代を一貫させて筋立ててもらう意図がある。他のメンバーからの感想や印象をフィードバックしてもらい，これを考慮の上，全時代を通じての人生のタイトルをつけていく。このメンバーからのフィードバックには，リフレクティング・チームの効果がある。

実施してみると，年表カードで当時を懐かしんで大いに盛り上がりを見せた。同世代であるからこそ当時の遊びや流行などを楽しく共有でき，ライフ・ストーリーを共構築することができる。また，2つのライフ・ライン曲線では，参加者の多くの方が，影響度の曲線が50代以降も向上傾向にあり，過去の苦労・困難が自分を精神的に成長させた機会であったと語っていた。このツールは，過去の苦労・困難を肯定的に意味づけ，セカンド・キャリアに対する動機づけをする効果があるようである。

この後，メンバーは人生すごろくから離れて，未来の人生を語るセッションに移る。その方法は2段階からなっている。第1段階では，各自の人生のタイトル（＝人生の意味）を大切にして日々生活している自分を想像してもらう。質的アセスメントのアイデアル・デイに類似した手法であるが，自分の「死」という究極の未来から今後の日々の生活を想像してもらう点に特徴がある。

第2段階では，メンバー全員でともに生きていく未来像を粘土オブジェ（非言語）で表現してもらう。セカンド・キャリアでは，これまで以上に地域との人間関係も増えていくことが予想される。新たな人間関係の構築と個人の人生の意味の充実とを両立させていくことが求められる。そこで，自己と他者の未来像を共同作業による粘土オブジェで表現してもらうのである。実際にこのワークを行うと，他者の作ったパーツから触発されたり，また，他者のパーツと融合したりしながら，当初メンバーが予想しなかった未来像が作られることが多い。その後，各自に出来上がった作品を説明してもらうと（＝未来像を語ってもらうと），同一のオブジェに対して各自が独自の意味づけをしているこ

とが伺える。つまり，粘土オブジェという非言語表現を語りに転換させることを通じて，各自の人生の意味と他者のそれとを融合して生きていく可能性を実感できるワークとなっている。

8．まとめ

(1) キャリア・カウンセリングにおけるナラティブ・アプローチとは

この章では，ナラティブ・アプローチについて事例やツールの紹介を交えて解説を行った。わたしたちは，自らが語った物語にしたがって生きている。しかし，それらは時に望まない生き方を強いてくる。そこで，物語を語り直して，より望ましい自己物語を作る必要がある。また，一度作られた物語にしがみつくことは，いずれ自分を生きづらくする。なぜならば，自分も社会も変化し続けているからである。ゆえに，語りと物語は際限のない相互作用を繰り返して，随時，自己物語を書き換えていくことになる。

その自己物語の生成への効果的なかかわり方として，ナラティブ・セラピーの3大流派と構成主義キャリア・カウンセリングの例を解説した。WhiteとEpstonの「外在化する会話」と「ユニークな結果」によるドミナント・ストーリーからオルタナティヴ・ストーリーへの転換，AndersonとGoolishianの「無知の姿勢」によるいまだ語られなかった語りの生成，Andersenの「リフレクティング・チーム」による他者の視点での語り直しが挙げられた。また，構成主義キャリア・カウンセリングでは，Brottのストーリード・アプローチと，2つの人生すごろくを紹介した。いずれもライフ・ストーリーを語りながらそのテーマや意味を見出し，それにもとづき未来の物語の生成を行っていた。また，その際，各種の質的アセスメントを用いていた。

これらを概観すると，キャリア・カウンセリングにおけるナラティブ・アプローチとは，クライエントの「語りと物語の相互作用」に共著者としてカウンセラーがかかわりながら，「より望ましいキャリアの自己物語の更新」を援助することといえる。そして，その援助方法は，理論に則って技法を用いるとい

うよりも，無知の姿勢に象徴されるように，援助スタンスや対話の態度の中におのずと存在するという方が近いだろう。つまり，援助スタンスの中に各種技法を統合していくことが重要である。

(2) キャリア・カウンセリングにおけるナラティブ・アプローチの課題と展望

Lyotard (1979) は，「大きな物語」の失墜の後に「小さな物語」が復権するといった。大きな物語とは，社会の全員を統制するような活動のことで，それが失墜し，個別の物語である小さな物語が重要視されるようになる，ということである。現在，ナラティブが注目されはじめており，それは Lyotard の指摘通りであろう。しかし，わたしたちの社会は小さな物語が復権するところまで至っただろうか。少なくとも，ビジネス界はまだまだモダンの思想である。科学的な合理性や生産性・効率性が重視されており，これらによって従業員を統制することが是とされている。この点で，ナラティブ・アプローチとの大きなギャップが生じている。ナラティブ・アプローチで生成された物語は，クライエント＝カウンセラー間の「小さな物語」にすぎず，それは職場や組織にとっても望ましい物語であるとは限らない。

高橋（2012）は，若者が職業的一人前になるためには，組織が求める「すべきこと（must）」と若者の「したいこと（will）」との統合が重要であり，それには「すべきこと」に対する意味付与が必要であるとしている。若者が組織で一人前として認められるためには，個人と組織の間で双方にとって意味のある物語を作る必要がある。つまり，クライエント＝カウンセラー間の小さな物語の生成だけでは不十分であり，クライエントは，組織，すなわちそこで働く人々との間でも物語を作る必要がある。さらには，家族や地域社会とも共有できる小さな物語を生成し続けていくことも重要である。この輪を拡大していった先には，ビジネス界においてもポストモダンが主流となった社会が出現し，その時こそ小さな物語が復権するであろう。

このように考えると，ナラティブ・アプローチを行うキャリア・カウンセラーは，クライエントとの面談に限定せず，クライエントと組織（職場），家族，地域社会などとの間で小さな物語を作り出せるような援助を視野に入れて

おく必要がある。なぜならわたしたちの人生は，社会と切り離すことができないからである。ナラティブ・アプローチによるさまざまな領域や階層の集団との物語作りは，各自がその集団内での相互理解を深めながらより自分らしく生きていく可能性を広げることだろう。

引用文献

Andersen, T. (1992) Reflections on Reflecting with Families. in McNamee, S. & Gergen, K. J. eds. (1992) *Therapy as Social Construction.* London, Sage.〔リフレクティング手法をふりかえって　野口裕二・野村直樹（訳）（1997）ナラティヴ・セラピー：社会構成主義の実践　金剛出版〕

Anderson, H., & Goolishian, H. (1992) The Client is the Expert: A Not-knowing Approach to Therapy. in McNamee, S. & Gergen, K. J. eds. (1992) *Therapy as Social Construction.* London, Sage.〔クライエントこそ専門家である　野口裕二・野村直樹（訳）（1997）ナラティヴ・セラピー：社会構成主義の実践　金剛出版〕

Anderson, H. (1997) *Conversation, Language, and Possibilities: A Postmodern Approach to Therapy.* Basic Books.

青木義子（2003）ハロルド・グーリシャン—人間味豊かな臨床の先駆者　小森康永・野村直樹（編）（2003）ナラティヴ・プラクティス　現代のエスプリ（433）　至文堂．

Berger, P. L., & Luckmann, T. (1967) *The Social Construction of Reality: A Treatise in the Sociology of Knowledge.* Doubleday & Company.（山口節郎（訳）（1977）日常世界の構成　新曜社）

Brott, P. E. (2001) The Storied Approach: A Postmodern Perspective for Career Counseling. *The Career Development Quarterly* 49(4). pp.304-313.

Brott, P. E. (2004) Constructivist Assessment in Career Counseling. *Journal of Career Development* 30. pp.189–200.

Brott, P. E. (2005) A Constructivist Look at Life Roles. *The Career Development Quarterly* 54(2), 138-149.

Brott, P. E. (2014) *Qualitative Assessments: The Client Story as an Ideographic Process.* National Career Development Association 2014 Conference.

Brown, D., & Brooks, L. (1991) *Career Counseling Techniques.* Boston: Allyn and Bacon.

Cochran, L. (1997) *Career Counseling: A Narrative Approach.* Sage Publications.

遠藤勇司（2003）カウンセリングルームにおけるナラティヴ・プラクティス小森康永・野村直樹（編）（2003）ナラティヴ・プラクティス　現代のエスプリ 433　至文堂．

Forster, E. M. (1971) *Aspects of the Novel*. Harmondsworth, Middlesex: Penguin Books.

Habermas, T., & Bluck, S. (2000) Getting a life: the emergence of the life story in adolescence. *Psychological Bulletin 126(5)*. pp.748.

國分康孝（1980）カウンセリングの理論　誠信書房.

Leider, R. J., & Webber, A. M. (2013) *Life Reimagined: Discovering Your New Life Possibilities* Berrett-Koehler Publishers.

Lyotard, J. F. (1979) *La Condition Postmoderne* Paris: Minuit.（小林康夫（訳）（1986）. ポストモダンの条件　水声社）

Monk, G., Winslade, J., Crocket, K. and Epston, D. (1997) Narrative Therapy in Practice: The Archaeology of Hope John Wiley & Sons.（国重浩一・バーナード紫（訳）（2008）ナラティヴ・アプローチの理論から実践まで 希望を掘りあてる考古学　北大路書房）

Morgan, A. (2000) *What is Narrative Therapy* An Easy-to-read Introduction". Adelaide, South Australia: Dulwich Centre Publications.（小森康永・上田牧子（訳）（2003）ナラティヴ・セラピーって何？　金剛出版）

森岡正芳（2008）ナラティヴと心理療法　金剛出版.

野口裕二（2002）物語としてのケア ナラティヴ・アプローチの世界へ　医学書院.

Osborn, D. S., & Zunker, V. G. (2006) Using Non-standerdized Self-Assessment Inventries. In *Using Assessment Result for Career Development (7th ed)*. pp.278-284, Belmont, CA: Thomson Brooks/Cole.

Rogers, C. R. (1957) The Necessary and Sufficient Conditions of Therapeutic Personality Change. *Journal of Consulting Psychology 21(2)*. p.95.

Savickas, M. (2011) *Career Counseling* American Psychological Association.

高橋浩（2012）青年期キャリア発達における経験学習と意味づけに関する研究，立正大学大学院心理学研究科 博士論文.

高橋規子・吉川悟（2001）ナラティヴ・セラピー入門　金剛出版.

やまだようこ（2000）人生を物語る―生成のライフヒストリー　ミネルヴァ書房.

White, M., & Epston, D. (1990) *Narrative Means to Therapeutic Ends* WW Norton & Company.（小森康永（監訳）（1992）物語としての家族　金剛出版）

Young, R. A. and Collin, A. (2004) Introduction: Constructivism and Social Constructionism in the Career Field. *Journal of vocational Behaviour 64*. pp.373-388.

―――第7章―――

構成主義キャリア・カウンセリングを教える

―――宗方比佐子

注：Savickas はキャリア構築理論について、「個人構成主義（personal constructivism）と社会構成主義（social constructionism）を通じて人がどのようにキャリアを構成するのかを説明する」（Savickas, 2013, p147）と記しているため、本章ではキャリア構築理論に基づくカウンセリングを「構成主義キャリア・カウンセリング」と表記する。

　本章では、Savickas が提唱するキャリア構築理論（Career construction theory）を題材として、構成主義キャリア・カウンセリングの考え方や実践方法をどのように教えるかという問題を扱う。前半では理論編として、構成主義キャリア・カウンセリングとは何か、構成主義キャリア・カウンセリングが注目される理由は何かを明らかにする。その際に、キャリア・カウンセリングの歴史的変遷およびキャリア構築理論が生起した背景について考察する。さらに、キャリア構築理論の概要とカウンセラーの役割についても述べる。後半は実践編として、筆者が授業でキャリア・スタイル・インタビューを実施した例と Savickas（2006）の実践ビデオの内容から、キャリア構築理論に基づくキャリア・カウンセリングの進め方を示す。最後に、構成主義キャリア・カウンセリングが目指すことがらについて考察する。

1．構成主義キャリア・カウンセリングの理論を教える

(1) 構成主義キャリア・カウンセリングとは何か

キャリア・カウンセリングの初学者とっては，構成主義キャリア・カウンセリングとは何か，伝統的なキャリア・カウンセリングとはどこがどのように異なるのかを即座に理解することは容易なことではないと思われる。ここでは，Savickas が提唱するキャリア構築理論に基づき，構成主義キャリア・カウンセリングとは何かを説明する。

　現在の米国キャリア心理学界において，最も名声の高い学者の一人である Savickas は，21 世にふさわしいキャリア発達およびキャリア・カウンセリングの理論として「キャリア構築理論」を提唱した（Savickas, 2005：2011）。

　働く人をとりまく環境が流動的で不安定なものへと急激に変化している今日，働く人を支えるキャリア・カウンセリングも変化すべきであると Savickas は主張する。キャリア構築理論は構成主義の視点とナラティブ・アプローチの手法をキャリア理論に取り入れ，「人は職業行動と職業経験に意味を付与することにより，自らのキャリアを構成する」と考える。そして，客観的なキャリア（仕事に就いている間の経歴）より"意味あるストーリー"を生み出す1つのまとまりとしての主観的なキャリアを重視し，過去の記憶，現在の経験，そして将来の抱負に意味を与える主観的な構成体としてのキャリアに焦点を当てる。現代人が自分を見失わずに，変化の多い人生を乗り切るためには，人生のストーリーを自ら創造することが役立つと考えるからである。

(2) 構成主義キャリア・カウンセリングが注目される理由

　なぜ構成主義キャリア・カウンセリングが近年になって注目されるようになったかを理解するために，キャリア・カウンセリングの歴史的変遷を教えることは非常に重要である。Maree（2010：2013）は，心理学の理論や心理援助のモデルが経済や学問全体の歴史的変化から大きな影響を受けていると指摘した。すなわち農業，工業化，サービス産業，情報産業化を経て経済が変化するに従い，心理学理論と心理援助の理論もその時代のニーズに適合する形で変遷を遂げているからである。また，Savickas（2011）はこれまでのキャリア介入の歴史を，「キャリア・ガイダンス」から「キャリア教育」へ移行し，さらに「キャリア・カウンセリング」への変化として捉えている。ここでは，この

120年あまりのキャリア・カウンセリングの歴史的変遷と世界の主要な出来事との関連を明らかにし，構成主義がキャリア介入の変化にどのような影響を与えたかを考察したいと思う。表7-1は，世界の出来事の動向とキャリア心理学の動向を年代順に示したものである。

1) 20世紀初頭のキャリア指導運動

職業行動に関する最初の重要な理論は，20世紀の初頭に誕生した。その理論は産業化や都会化そして移民に対処する上で有効なものであったとされる。なぜなら，多くの労働者をふさわしい職業に効果的に適合させるにはどうしたらよいかという疑問に答えたからである。この疑問への答えは，人の能力や興味を職業の要求と報酬とに適合させるとするParsons (1909) の理論の中に見られた。その後の50年ほどに亘り，個人を職業に適合させるParsonsのモデルは，人－環境理論へと発展していった。Holland (1997) が提唱した職業選択の一致理論は世界的に高い評価を獲得し，キャリア介入の多くの実践家は現在でもこのモデルを用いて，(a)自己知識の強化，(b)職業的情報の増加，(c)自己を職業に適合する，といったクライエントを支援する職業ガイダンスを実施している。わが国でも，旧労働省はHollandの理論に基づくいくつかのキャリア・アセスメントを作成し，自己知識の強化として広く使用されてきた。

2) 20世紀後半の時代背景とキャリア発達理論

第二次世界大戦の後，多くの国において階層化した仕事組織で働く人が増加した。その結果として20世紀の中ほどには，人は職階のある組織でどのようにキャリアの階段を登っていくのかということが問題とされ，それに答えるものとして職業的発達理論が提唱された。その代表的理論であるSuper (1957) の職業発達モデルは，(a)キャリアの段階を理解する，(b)差し迫ったキャリア発達上の課題について学ぶ，(c)それらの課題を習得するために必要な態度や信念，能力を練習する，といった支援を提唱し，それらはキャリア教育の中で実践された。

第7章　構成主義キャリア・カウンセリングを教える

表7-1　キャリア・カウンセリングの歴史的変遷

世界の動向		キャリア心理学の動向	
1876	電話の発明		
	■産業化、工業化	1909 Parsons「特性因子理論」	■多くの労働者をふさわしい職業に効果的に適合させる
1914-1918	第一次世界大戦		
1929-1939	大恐慌		
1939-1945	第二次世界大戦	1939 Williamson「学生相談」	
1950-1953	朝鮮戦争	1953 Super「職業発達の理論」	■会社で働く人の増加　終身雇用、昇進が理想
	■大量生産・大量消費		
	■競争社会	1957 Holand「人-環境適合理論」	■心理検査を活用したキャリア・カウンセリング（科学的とされる方法）
1961-1973	ベトナム戦争		
1969	アポロ11月面着陸	マッチング理論の全盛	
1977	アップル社がパソコンを発売		
1989	ベルリンの壁崩壊	＜新しいキャリア理論の兆し＞	■新しいキャリア理論の特徴
1991	湾岸戦争	1989 Gelatt「積極的不確実性理論」	★変化に柔軟に対応できる理論
	■脱産業化社会＝情報化社会		★一人ひとりの多様性を大切にする
	★変化の激しい社会	1999 Krumboltz「計画された偶然性理論」	★将来の可能性を大切にする
	★不安定な経済・政治		★自分にとってのキャリアの意味を大切にする
	★環境の悪化		
2007	リーマン・ショック	＜構成主義キャリア理論の出現＞	■ストーリーとしてのキャリア
	倒産・破綻した大会社（ゼネラル・モーターズ、クライスラー、デルタ航空、ノースウェスト航空、山一証券、日本航空、そごう、マイカル……）	2005 Savickas「キャリア構築理論」	■ナラティブ・アプローチ
	■これからの社会の特徴		
	★将来が予測できない不確実な社会		
	★競争ではなく共存		
	★社会貢献、博愛		
	★文化や人種などへの多様性への配慮		

233

3) 21 世紀の時代背景と構成主義的キャリア理論

職業ガイダンスに適用される Holland（1997）の職業選択理論とキャリア教育に適用される職業発達理論とは，いかに労働者を職業に適合させるか，階層的組織の中でいかにキャリアを発達させるか，を考える上で今日でも依然として有用である。しかしながら，21 世紀の幕開けとともに企業は形を変え，キャリアの主体は組織から個人へと移動した（Hall, 1996）。安定した組織の中でキャリアを発達させることより，デジタル革命は個人に自らのキャリアを管理することを要求する。このように組織から個人へと責任がシフトすることにより，個人はいかに職業を変える人生を上手く乗り越えるかという新たな疑問が喚起された。キャリア構築理論（Savickas, 2001, 2005）は，この問いへの1つの答えとして提唱された。

(3) キャリア構築理論とは

キャリア構築理論は，職業組織の再編成（リストラクション）や就労形態の変更（非正規雇用者の増加），グローバル化に直面して，怒りや不安を感じている今日の労働者を支える。不確実な社会では，スキルや能力を開発することも依然として重要だが，"自分という感覚"を持ち続けることがより重要である。自分の人生を自らデザインし，一見バラバラに見える仕事経験を統一あるストーリーに組み立てていくことが現代人の課題であり，それを支援するのがキャリア・カウンセラーの役割であると，キャリア構築理論は考える。キャリア構築理論に基づくカウンセリングでは，以下の3つの作業を目指す。

> (a)小さなストーリー（マイクロ構成主義）を通してキャリアを構成する
> (b)小さなストーリーを大きなストーリー（マクロ構成主義）へと脱構築または再構築する
> (c)ストーリーの中に次のエピソードを構築する

以下は，キャリア構築理論における主要な概念の説明である。

1) ナラティブ・アイデンティティ

　キャリア構築理論では，アイデンティティ（自分が何者かという問への答え）はナラティブ（語り）によって形成され，ナラティブの中に表現されると考える（McAdams, 2001）。この自己について語るストーリーを，ナラティブ・アイデンティティと呼ぶ。McAdams & Olson（2010）は，ナラティブ・アイデンティティを「人が青年後期に発達させ始め，人生に意味と目的を提供する内在化され，進化したライフ・ストーリー」と定義している。構成主義アイデンティティは，予想外の理不尽な出来事が起きた場合には，その変化に対処するよう改訂が求められる。

2) マイクロ・ナラティブからマクロ・ナラティブを構成する

　ナラティブ・アイデンティティを作るために，人は日常的な小さなストーリー（マイクロ・ナラティブ）を大きなストーリー（マクロ・ナラティブ）に統合する必要がある。ストーリーの糸を集め，1つのタペストリーへと編み上げる様子をイメージしてほしい。このとき小さなストーリーは特定の出来事を客観的に記録しているが，大きなストーリーは過去の経験に現時点での主観的な意味を与えている。このプロセスは伝記に似ているので，伝記的ワークと呼ぶ

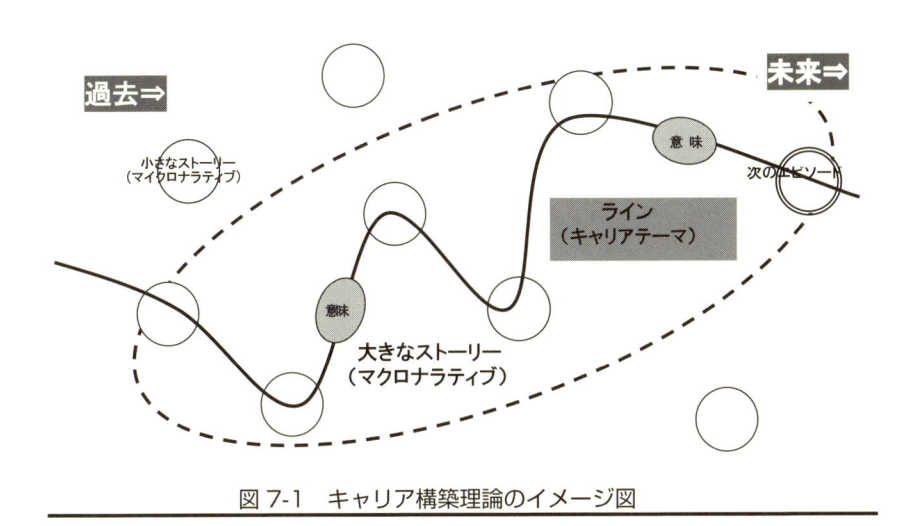

図7-1　キャリア構築理論のイメージ図

こともある。一見バラバラに見える過去の経験を何らかの法則で取捨選択し，経験を系統立てて整理することによって，過去の経験により広くより深い意味を与える。カウンセラーはこの伝記的ワークを助け，ナラティブ・アイデンティティの共著者となることが求められる。

3) キャリア・ストーリー

ストーリーは予期しなかった出来事への対応として作られる。もし全てのことが予想どおりであれば，ストーリーは必要ない。ストーリーは，正常でない，不適切な，予想に反した出来事に，納得できるような意味を与えようとする営みだからだ。このとき，ストーリーをプロット（筋書き）に仕上げる必要がある。プロットはある特定の出来事群だけを取り上げて他は無視することにより，出来事を一貫性のある全体へと構成する。また多くの場合，プロットには始まりから結末に向けて因果関係が与えられる。

4) キャリア・テーマ

小さなストーリーをたくさん集めると，その中に同じことが何度も繰り返し出てくることに気づくことがある。例えば，あるケースで小さなストーリーの中に，『作ることに惹かれる（それ以外のことに惹かれない）』ということが繰り返さたとする。これが"暗黙のパタン"である。暗黙のパタンは小さなストーリーを貫くラインとして考えるとよい。このラインは小さなストーリーをマクロ・ナラティブに向けて1つに統合する。キャリア・テーマは過去の記憶や現在の経験，そして未来の抱負に個人的な意味を与え，その結果として将来に見通しを与える。マクロ・ナラティブには多様な経験が含まれるが，それにもかかわらずキャリア・テーマを明確にすることによって，人は一貫性を保つことができる。もしクライエントのキャリア・テーマが明らかになれば，クライエントが職業生活に何を求め，何を目標にしているかを理解することができる。それが分れば職業選択の意志決定や問題解決に見通しが与えられ，最善の対応ができるとキャリア構築理論は考える。

(4) キャリア構築理論におけるカウンセラーの役割

1) ナラティブの再構築

再構築とは，クライエントのマイクロ・ナラティブをマクロ・ナラティブへ作り直すことである。クライエントの全ての話は1つのパタンあるいは1つのテーマに行き着く。そのキャリア・テーマを明らかにするプロセスがナラティブの再構築である。

2) ナラティブの脱構築

脱構築とは，キャリア・チェンジの選択肢を制限するような予測や有害な考えを取り除くことと定義される。未来のキャリアの可能性を最大限に切り拓くために，カウンセラーはクライエントのストーリーに性別や年齢，社会的地位などによる先入観や制約がある場合はそれを指摘し，修正を求める。

3) ナラティブの共構築

クライエントが次のステップに向けて行動を起こせるように，カウンセラーはクライエントと一緒にプランを練る。このとき，クライエントがキャリア・テーマを未来に拡張し，自分らしくいられる場所を見つけ，自分自身のストーリーを前進させる手助けをすることがナラティブの共構築である。

4) 新しい目で見る

構成主義キャリア・カウンセリングが目指すのは，必ずしも新しい考えをクライエントに提案することではない。クライエントが馴染み深いストーリーの間に新しいつながりを発見し，肯定的な新しい解釈を受け入れるよう促し，「古い事実を新しい視点で見る」ことができるように援助する。クライエントの弱さや限界ではなく，希望や強さに焦点をあて，クライエントがどこに向かうことを望んでいるのかを尊重する。何よりも，クライエントが勇気を出して前向きに，自分のこれからのストーリーを作っていくことを応援する。

2．構成主義キャリア・カウンセリングの実践を教える

(1) キャリア構築理論によるカウンセリングの進め方

　Savickas（2006）によれば，キャリア構築理論に基づく典型的なキャリア・カウンセリングは3回のセッションで終結する。1回目のセッションでキャリア・ストーリー・インタビュー（表7-2参照）を実施し，2回目のセッションまでの間に，カウンセラーはクライエントのストーリーの中に埋め込まれた"意味"を理解するよう務める。キャリア・テーマに注目してストーリーを語り直す準備をする必要があるからだ。2回目のセッションではクライエントに再構築したストーリーを語り，ナラティブ・アイデンティティをクライエントと共に構築する。同時にこれからの行動（クライエントが相談にきた目的）に向けたプラン作成に取り組む。3回目は最終回のセッションとしてカウンセリングを締めくくる。この時点で，カウンセリングの冒頭でクライエントが述べた目標が達成できたかを確認することが重要である。1回目と2回目の間は1週間，2回目と3回目の間は2〜4週間空けることが望まれる。もしセッションが1回だけしかできない場合には，カウンセリングの前半の時間をインタビューに当て，残りの時間でナラティブを再構築する。Savickas（2006）のDVDでは，わずか1回のセッションで卓越したキャリア・カウンセリングが展開されている。

(2) キャリア・ストーリー・インタビューを実施する

　キャリア構築のための構成主義カウンセリングは，表7-2に示したように冒頭で相談に何を期待しているかを表明してもらう。これはカウンセラーとクライエントが一緒に達成する目標となるため，初めに明確にしておく必要がある。その後に，5つの質問を順次行い自由に応えてもらう。もし回答に詰まった場合は，ヒントや例を出して回答を促す。表7-2の左側にはキャリア・ストーリー・インタビューの質問，右側には回答が表現している内容を示した。授業

や講座では，この表を参考にしながら，キャリア・ストーリー・インタビューを実施するとよいだろう。

　筆者が担当している学部生対象の授業（キャリア心理学概論）では，Savickasのキャリア構築理論を学習するまでに，Parsons の特性因子理論，Super の職業的発達理論，Holland の人‐環境適合理論，Gelatt の積極的不確実性理論などを学習する。また，各理論にそったワークとして，キャリアの虹，キャリア自己診断テスト（SDS），将来を積極的に設計するワーク（10年後のマイ・キャリア・ビジョン），人生のテーマを見つけるワーク，キャリア・ストーリー・インタビューなども体験する。筆者としては，代表的な理論を相互に比較しながら学ぶことが学生にとって有益であると感じている。特に，客観的なアセスメントと主観的なワークを共に体験することにより，両者のメリット・デメリットに気づかせることも狙いの1つである。

表7-2　キャリア・ストーリー・インタビュー（Savickas, 2011）

質問	質問の意味，回答が表す内容など
あなたが自身のキャリアを構成するために，私はどのようにあなたの役にたてるでしょうか？	クライエントは自分自身の人生におけるたった一人のエキスパートとして見なされる。キャリア・カウンセラーは彼らに役立つことがベストである。クライエントは自分のゴールを伝え，カウンセリングのための場面を設定する必要がある。
1. 6歳以前にあなたが憧れていた人やロールモデルになった人を3人あげてください。その理由も。	憧れていたという代わりに尊敬していたとしてもよい。有名な人でなくても，実在しない人物でも，時には動物やアニメのキャラクターでも構わない。ただし，両親や家族があげられた場合には，それ以外に3人あげてもらう。 ロールモデルはクライエントの自己概念や中核的な人生のゴールを表す。彼らはクライエントの中核的な人生問題に解決を与える可能性がある。ロールモデルは，クライエント自身またはなりたい自分を表している。特にロールモデルとしてあげた3人に共通する特徴に重要な意味がある。
2. あなたの最も好きなa) 雑誌, b) テレビ番組, c) ウェブサイトは何ですが？何故ですか？	クライエントのライフスタイルに適合した，あるいは好みの環境を示す。職業興味やどんな環境で働きたいと思っているのかがわかる。構成主義キャリア・カウンセリングでは，検査ではなくクライエント自身のことばから興味を明らかにするほうがクライエントの役に立つと考える。

3. 本や映画のストーリーであなたが最も好きなものは？	クライエントは自分の好きな本について語りながら、自分の将来の可能性について語っている。クライエントと同じ問題に直面している登場人物が明らかになり、その問題を登場人物がどのように解決するかを示す。
4. 最も好きなモットーやことわざを3つ	現時点でクライエントが自分自身に与えるアドバイスを示す。モットーは、クライエントが次のステップに向けて動き始めるための直感的方略を簡潔に述べてる。
5. あなたの人生で最初の記憶は何ですか？最も幼い時期の思い出です。あなたが6歳までに起きたことで思い出せることのなかで、3つのストーリーをお聞きしたいと思います。	幼い頃の記憶は、クライエントが直面している中核的な問題、つまり不安を明らかにする。クライエントは自分の人生の始まりにどんな出来事があったのかを語ることにより、クライエントが頻繁に経験するあるいは人生を支配するような感情を表明する。主要なライフ・テーマが浮かび上がる。ライフ・ストーリーの筋書きまたはシナリオが示される。 3つのストーリーが語られた後で、それぞれに新聞のヘッドラインのような見出しをつけてもらう。これはクライエント自身が自分の幼少期のストーリーを吟味し、ストーリーに主観的な意味を与えることに役立つ。

　以下は、キャリア構築理論に関する学生の感想であるが、構成主義の特徴を学生なりに理解し、主観的な意味づけの重要性に言及している点が興味深い。また、自分のこれまでの経験の中から自ら選んだライフ・テーマは、将来のキャリアを創造するための力強い支えとなることが窺え、これこそがキャリア構築理論の真骨頂であると感じた。

　学生の感想①

　「構成主義キャリア理論は、職業は主観的意志によって選ぶものであると考え、過去の経歴だけをみるのではなく、経歴を次のワーク・ライフにつなげることが大切であると唱えた。その経歴というのはキャリア・ストーリーのことである。このキャリア・ストーリーに繰り返し語られるものがライフ・テーマである。私は高校生のときに勉強についていけず、大きな挫折を経験した。3年間とても辛い思いをして過ごしたのだが、それ自体は悪いことだとは思っていない。Savickasが語ったように、この辛い経験が次のワーク・ライフで生

かされると思うからだ。私のライフ・テーマは，自分の視野を広げて，さまざまな角度から物事を捉えられるようにすることである。高校生のときにした経験で，自分はどのような性格で，どのように物事を考えたり，行動をすれば過ごしやすくなるかなどを教わった。これから社会人になっていく上で，もちろん大学でもそうなのだが，さまざまな人と出会う機会が増えていく。その人々とコミュニケーションを積極的にとり，さらに視野を広げていくことが今後の私の大きな目標である」

　学生の感想②

「Savickas は激しく変化している現代では，職業の主観的意味づけが重要になってくるとした。彼は『キャリアは意味を運ぶもの』として，過去から現在までの経験を自分なりに意味づけ，また，入社後の職業生活の中でも自分なりの，自分らしい生き方を見出していくことがキャリアだとした。経歴そのものというよりは，経歴に対して，どのように意味づけをなしていくのかが重要であるという理論。私は，これまでのキャリア・ストーリーで，中学の部活での厳しい練習や，高校では毎週あるテストで毎日満点を目指し，大学では『強く，優しく』（所属する大学の教育スローガン）をモットーに生活している。他にも様々な出来事があったが，私なりの意味づけでライフ・テーマを考えると，『強く生きる』だと思う。強く生きていくために，少し難しいと思う資格でも強い気持ちで立ち向かい，資格がとれるまで，何度でも，チャレンジしていきたい。仕事に就いてからは，しばらくは辛いと感じると思うが，強い気持ちで仕事を続けていきたい。これから，さらに大きな壁が数えきれないほど出てくるが，強い気持ちで乗り超えていきたい。強く生きて，達成感のある将来にしていきたい。スクールカウンセラーを目指しているが，子どもたちに，『強くいきる』ということを伝えていきたい」

　学生の感想③

「構成主義キャリア理論では，ライフ・テーマという人生の中で一貫したまとまりをもつ意識を常に持ち，それによってキャリア・ストーリーを構成することが第一歩だ。この理論では，自分の一見まとまりのなさそうな過去の経験も物語的真実として再構成することが必要だ。私のライフ・テーマとしては『やることには責任をもつ』というものがあるので，それをこれからの人生で

カウンセラー	来談者
①今日はどのようなご相談ですか？	②実は将来の仕事のことで，とても迷っています。私は小さい時から，警察官になりたいと思っていました。でも，採用される確率が低いのと，本当に私に向いているか自信がありません。
③わかりました。それでは，私がこれからいくつかの質問をしますから，それに答えながら，進路の迷いについて一緒に考えていきましょう。	
④小さい時にあなたはどんな人に憧れていましたか？その人のどんなところに憧れたのですか？	⑤小さい時に憧れていた人物は，指輪物語のレゴラス（責任感が強いから），プリキュアのなぎさ（正義感が強いから），それから小さい時ではありませんが宮本邦彦警部（自殺者を助けて殉職した方）をとても尊敬しています。記事を読んだ時，泣きました。
⑥あなた自身も，責任感や正義感が強そうですね。お友達にそう言われることがありますか。	⑦そう言われます。変に強すぎるみたいです。
⑧よく読んでいる雑誌や本はありますか？	⑨雑誌はダヴィンチが好きです。本は綾辻行人と夢枕獏をよく読みます。
⑩ミステリーが好きなのですか。	⑪犯罪者が追いつめられて，最後には正義が勝つところがたまりません。
⑫好きな格言やモットーがあったら教えてください。	⑬「だれかのためにつくせ」と「ぜったい負けない」っていうのが好きです。
⑭ここで，人生のテーマを見つけるワークをやってみましょう。リストの中から，あなたが人生を通じて達成したいと思っているテーマを3つ選んでください。	⑮「良くない考えや暴力に屈せず，闘い，打ち勝つ」「困っている人を助ける」「不可能だと思っているようなことを成し遂げる」
⑯最後の質問です。10年後のあなたがどんな生活をしているか，できるだけリアルに想像してください。	⑰10年後の私は，警察官になって白バイを運転しています。子どもがいて，仕事と家庭生活を両立しています。旦那さんも家事をします。
⑱質問はここまでです。ご自分の答えから，進路について改めて何か気づいたことがありますか。	⑲警察官になることが，私にとってどんなに大切な夢なのか，すごく良く分かりました。そしてどうして警察官になりたいのかも，理解できました。「だれかのためにつくせ」とか「困っている人を助けたい」って言ってましたね。私，何かスゴイ！小さい時から，私は正義が好きだったんですね。もう迷わずに，挑戦しようと思います。
⑳そうですね。あなたは責任感と正義感が強いと思うので，きっと素晴らしい警察官になりますね。そして警察官以外にも，あなたのライフ・テーマである「困っている人を助ける」「正義のために戦う」が満たされる仕事があると思うので，範囲を広げて考えてみてください。	㉑わかりました。まずは警察官になることを目指して，精一杯頑張りますが，人生のテーマがはっきりしたので，範囲を広げて考えてみます。

図 7-2　キャリア構築理論によるカウンセリング

一貫して持ち続けたい。それを念頭に置いた上で過去を再構成すると，自分でやりたいと母に行った中学受験に受かり，目標をめざして心理学部に入学した。私なりの責任を持って果たしてきたように思う。そして将来，社会に出て働くときには，やいがいがあり責任の伴う，会社の中の重要な役割を任されたいと思っている。これをふまえ，ライフ・テーマに沿ったキャリア・ストーリーを進めていきたい」

図7-2は，筆者が大学の授業（キャリア心理学概論）で行ったワークへの実際の回答から作成したロールプレイ用の教材である。このワークには，キャリア・ストーリー・インタビューの他に，人生のテーマを見つけるワーク，10年後のマイ・キャリア・ビジョンのワークも含まれている。キャリア・ストーリー・インタビューの進め方や構成主義キャリア・カウンセリングにおけるカウンセラーの受け答えを理解するために有用であると思われる。なお，この教材に人生のテーマを見つけるワークと10年後のビジョンを加えた理由は，それらによってキャリア・ストーリー・インタビューの内容が確認され，補完されることが多いからである。逆に，キャリア・ストーリー・インタビューの中の幼少期の思い出については，ロールプレイ教材の内容から除いた。幼児期の思い出には不安や恐怖が示されるとこが多いため，カウンセラーの対応には慎重さが求められるからである。なお，幼少期の記憶に関しては，本章の後半「3．構成主義キャリア・カウンセリングが目ざすこと」で取り上げる。

(3) Savickasの実践ビデオを視聴する

ここで紹介するSavickas（2006）のDVDは，米国心理学会の心理療法シリーズ（特定集団向け特殊療法）の1つとして作成されたものである。このDVDには，大学院に在学中のTaraという黒人女性に対してSavickasが実施したキャリア・カウンセリングの1セッションが収録されている。そしてセッションの前後で，ホスト役のJohn Carlsonとのやり取りも含まれており，Carlsonの質問にSavickasが答える形でキャリア構築理論の解説が聞けるという非常に有益な教材である。筆者が担当する大学院の授業では，受講生は会話を日本語に訳した文書（筆者が授業用に作成したもの）を見ながらこのDVDを

視聴し，その後でカウンセラー（Savickas）とクライエント（Tara）役に分かれて日本語訳でのロールプレイを行う。受講生の感想としては，このカウンセリングセッションが楽しくワクワクしていること，Savickas の暖かい人柄が滲み出ていること，クライエントの言葉だけで締めくくられる最後のまとめの見事さなどが挙げられる。特に，Savickas 本人による解説は，受講生がこの理論を理解する上で大きな助けとなる。それは構成主義の対話により，クライエント自身が自分の考えや望みに気づいていく瞬間に，リアルに立ち会うことができるからである。

1) ケースの概要

 Tara は，既にカウセリング心理学の修士号を取っているが，今後進むべき方向について迷っている。具体的には，もう1つの修士号をソーシャルワークで取るか，心理学（PhD）か教育学（EdD）で博士号を取るかという選択肢を考えている。現在，スクールカウンセラーとして働いてもいるが，このまま続けるかどうかも迷っている。Savickas のキャリア・ストーリー・インタビューに対する Tara の回答を要約すると，以下のようになる。

①小さい頃に憧れた人，ロールモデル（できれば3人）
- 10代前半頃はジャネット・ジャクソン……若い時から自分の人生と仕事をコントロールしていたから。自分の人生を自分で切り開いていこうとする姿勢などに強く惹かれた。
- もう1人は6年の担任のスミス先生……独立独歩の人で，プロ意識もすごいし，かなりの野心家。黒人女性で，アメリカ史については何でも知っている。うわべを取り繕うことを絶対にしない人。いつも直球勝負というか，豪放磊落なところを尊敬していた。

②よく読んでいた雑誌や週刊誌など（できれば3つ）
- 『Forbs』……投資の秘訣，最新のビジネス情報，これから何が流行るのか，廃れていくものは何かがわかるから
- 『Black Enterprise』……『Forbs』と同じようなこと
- 『In Style』……最新のファッション情報，お金。この2つは切り離しては考えられないから。

③毎週欠かさず見ている TV 番組
- 「House」……主人公の無愛想むき出しなところが好き。受けないジョークとか。テーマが医療というところ。両親が医療関係者だからというのもある。

④趣味について。日曜日とか予定が特に無い日にしていること

　買い物。読書や旅行も好き。読書は，読書サークルに入っているので，毎月1冊ずつ持ち寄って，推薦されたものを読む。これまでに一番気に入っているのは『ライ麦畑でつかまえて』。ヨーロッパ人の青年が様々なことを経験して大人になっていく課程でおこる変化や生活を描いた作品。旅行で一番楽しいところは，自由を手に入れられるところ。心配事とか忘れられるし，日常から逃避できるから。

⑤好きな言葉や座右の銘

「マジですか？」

⑥高校時代の好きな科目や高校時代に夢中になっていたこと

　好きな科目は国語（英語），理科系はどれも好きだった。嫌いな科目は数学。理科は実践的だが，数学は訳わからないことばかり。国語（英語）が好きなのは本を読むところ。歴史を学んだり，英語文学，イギリス文学を読む，そういうものが好き。

⑦子どもの頃の話，人生最初の記憶，最初のエピソード（できれば3つ，それぞれに見出しをつける）

- エピソード1は，4歳くらいの時，父のキャデラックを壊したこと。ギアを入れてしまって，車はそのまま車庫に突っ込んでしまった。どこも怪我をしなかったが，母にひどく叱られた。見出しは「好奇心旺盛な子，車庫を破壊」
- エピソード2は，中学（8年生）卒業の時，卒辞を読む役にも卒業生総代にもなれなくて，とても悔しい思いをした。特別な賞を受ける資格もあったのに，両親が収入が多すぎるからダメと言われた。こんなの差別じゃないのと思った。心底，腹が立った。見出しは「恵まれし者だって苦悩する」
- エピソード3は，兄が卒業記念のダンスに行った時のこと。6歳か7歳の

頃，お兄さんがもう帰ってこないと思って取り乱した。見出しは「お兄さんは出て行った訳じゃない」

2) Savickas によるしめくくりと Tara の感想

Tara のキャリア・ストーリー・インタビューが終わって，Savickas は以下のようなまとめを行った。Tara は「どの方向に行けばいいのかわからない」と言ったが，好奇心が強いし，学ぶことが好き，向上心が旺盛だ。読書が趣味で勉強したい，情報と知識をコントロールしたい，自由になりたい，本当のことを知りたい，そういう人だから，選ぶべきものは PhD だということを知っているはずだ。怖がることは無い。僕の意見ではなく，それが答えだというように聞こえた。君は教授にだってなれる。そうなれたら，自分をコントロールできるし，自由になれる。長いこと温めていた人生の目的を，今達成する準備ができたのだ。

以上のしめくくりに対して，Tara は「なんだかとても心強くなってきました。ずっと持っていたもの，確信が持てなかったものが，今，先生のお話を聞いて勇気づけられました。……私，ここに来る前は今後進んでいくべき方向性が全く見えていなかったのですが，だいぶクリアになってきました。本当に」と感想を述べた。

3) Savickas による解説

キャリア構築理論に基づくカウンセリングでは，アセスメントのリストを与えてその分析をするような昔ながらのアプローチとは違い，クライエントが話をすることによって自分を知ることに重点を置く。クライエント自身の言葉を通して，何に興味があるのか，どんな人生を送りたいのかに気づかせるのだ。キャリア・カウンセリングは心理社会的介入であり，極めて個人的なものを世界に結びつけ，仕事を通して自分自身のあらゆる部分を表現していくように促す。カウンセラーはクライエントがなりたい自分になること，自分らしくいられる場所を見つけること，場所を作り上げることを手伝う。

ロールモデルの説明では，クライエントの自己概念が語られる。Tara はジャネット・ジャクソンやスミス先生を通して自己描写し，なりたい自分を明

らかにした。新聞の見出しについては，クライエントは見出しを作りながら自身で話を解釈し，意味を作り出し，話に潜んでいる価値を理解する。幼少期の思い出を語るときにクライエントが使う最初の動詞が重要である。その人の人生にとって最も大きな変化を表していることが多いからである。Taraの例では，「ギアを変える」ということが，「人生の新しいステージに進む」ことを表し，それを自身でコントロールしたいという望みが表出されたと思われる。

　人生の途上には，不安や心配，苦痛なこと，その他色々な問題に直面するが，それらがポジティブなことへと変わっていくことも多い。Taraは「恐れ」について話しているが，それを「勇気」に置き換えることができる。クライエントの長所は短所から出てくることが多いので，「こういう短所があって悩んでいる」と言ったなら，彼らに長所もあることを教える。一番の短所は，同時に一番の長所でもある。

　キャリアは物語である。私たちは人生の本を書いているようなものだ。カウンセラーはクライエントに主導権を握らせ，権限をもたせることで，彼らが将来を描くこと，つまり物語を続けていくよう勇気づける。Taraはブレーキに足をのせて部屋に入ってきたが，帰る時はアクセルに足をのせて走っていった。

3．構成主義キャリア・カウンセリングが目指すこと

(1) 自分自身の声を聞き，自ら道を切り拓く

　Savickasが著書やDVDで述べているように，キャリア構築理論ではクライエントが問題解決の主体であり，彼らには自分の人生を生き抜くための十分な能力が備わっていると考える。したがってカウンセラーは，クライエントの潜在的な力や意欲を掘り起こすことに専念すればよい。カウンセリングに対するこのような姿勢の転換は，クライエントとの関係や会話のやり取り，すなわちカウンセリングの実践そのものを大きく変える。筆者自身，クライエントの話を聴くことにより集中し，クライエントが話を深めることができるよう質問を工夫するようになった。その結果，セッションはよりリラックスした雰囲気

で進み，クライエントの満足感が向上したと感じている。しかし一方で，自分のストーリーを語りたくない人や実証的な方法を好むクライエントに対しては，構成主義キャリア・カウンセリングは限界があることも事実である（宗方，2011）。また，Reid（2006）はカウンセラーの訓練と経費に関わる問題点を指摘し，構成主義的カウンセリングの理論を十分に理解し，適切な方法を用いてカウンセリングを実施することはそれほど容易ではないとしている。こうした限界や問題点はあるものの，先にみた学生の感想からも分かるように，構成主義キャリア・カウンセリングがもたらす「キャリアの主人公は自分である」という感覚は，他の方法からは得がたいものである。クライエントが，カウンセラーとともに作り上げた物語的現実によって，自らの経験に意味とまとまりを与え，そのようにして構成された現実を通して，自らの人生を理解し，生きることができるようになることを多いに期待するものである。

(2) 痛みを希望に転換する

　Maree（2013）は，Savickasのキャリア構築理論が南アフリカの若者のキャリア支援にどのように役立ちうるのかを検討している。幼い頃から，貧困，暴力，病気などの脅威にさらされながら生きてきた若者にとって，自分のキャリアを切り拓くという課題の達成は容易ではない。彼はこの課題達成に際して，キャリア・ストーリー・インタビューの初期記憶が重要な役割を果たすと考える。初期の思い出は，クライエントのライフ・ストーリーを構成する出来事の連鎖を特徴づけることが多い。同じパタンのストーリーを繰り返すことにより，過去の経験を通して自分に警告を与え，慰め，達成すべき目標に向けて準備をさせ，より良い将来と出会うことに役立つというのだ。Cochran（2011）も，初期の思い出は人生とキャリアの筋書きのための原型を提供すると主張する。精神力動論によれば，私たちは幼児期の何千という経験の中から，自分の人生全般に見通しを与えるものとしていくつかの経験を選択し，記憶することを選ぶ（Adler, 1931）。それ故，初期の思い出は自身のライフスタイルを暗示する可能性がある。

　Maree（2013）は，初期経験に埋め込まれたクライエントの「痛み」を識別

し，当面は「癒し」と「幸福」へ向かう道を，そして最終的には「社会貢献」へと転換する方法をクライエントに見つけさせることが，カウンセラーの役割であると主張する。そのことにより，受動的に苦しんできた事柄を能動的に征服することができるからである。障害や病気，経済的困難を経験した人が，同じ苦しみにある人を支援する職業に就こうとすることは，広く社会に認められる現象である。彼らは，自らの痛みを通して他者の痛みに共感し，他者の痛みを取り除く仕事に懸命に取り組む中で，他者を癒し，最終的には自らを癒すことになると考えられる。その時，彼らの「弱みは強みへ」，「挫折は達成へ」，「苦しみは喜びへ」，「敗北は勝利へ」と転換される。カウンセラーは，クライエントが人生の転機をうまく乗り越えられるように支援し，クライエントが自分を保ち，ケアし，培い，育てるためにストーリーを用いるように導く必要がある。「彼らは，悲劇的で，しかも絶望的な内容の自己語りを抱えて，私のもとを訪れました。これらの人びとは，自己のストーリーを語るなかで，やがて奮い立ち，それまで甘んじてきた人生のあり方に対して異を唱えることができるようになりました。そして，辛いと感じられていた出来事が，実は，より大きな人生のストーリーが展開するなかで起きたエピソードであるとの見方ができるようになりました（McLeod, 1997）。」

参考文献

Adler, A. (1931) *What life should mean to you.* Shropshire, Little, Brown. （岸見一郎（訳）（2010）人生の意味の心理学　上・下　アルテ）

Cochran, L. (2011) The promise of narrative counseling. In K. Maree(Ed.) *Shaping the story; a guide to facilitating narrative counseling.* pp.7-19, Rotterdam, The Netherland: Sense.

McLeod, J. (1997) *Narrative and Psychotherapy.* London: Sage. （下山晴彦（監訳）野村晴夫（訳）（2007）．物語としての心理療法　誠信書房）

Hall, D.T.(1996) Protean careers of the 21st century. Academy of Mnagement Executive, 10, pp.8-16

Holland, J. L. (1997) *Making vocational choices: A theory of vocational personalities and work environments (3rd).* Odessa, FL: Psychological Assessment Resources.

Maree, J.G. (2010) Brief Overview of the advancement of postmodern approaches to career counseling, *Journal of Psychology in Africa*, 20, pp.361-368.

Maree, J.G. (2013) *Counseling for Career Construction. Connecting lifetheme to construct life portraits: Turning pain into hope*, SensePublishers.

McAdams, D. P. (2001) The psychology of life stories. Review of General Psychology, 5, pp.100-122.

McAdams, D. P.,& Olson, B. D. (2010) Personality development: Continuity and change over the life course. Annual Review of Psychology, 61, pp.517-542.

宗方比佐子（2012） 構成主義的キャリアカウンセリングの現代的意義と課題　金城学院大学論集　人文科学編　7（1）pp.91-102.

Parsons, F. (1909) *Choosing a vocation.* Boston, MA: Houghton-Mifflin.

Reid, H. L. (2006) Usefulness and truthfulness: outlining the limitations and upholding the benefits of constructivist approaches for career counseling. In M. McMahon and W. Patton (eds.) *Career counseling: Constructivist approaches.* Abingdon, Oxon: Routoledge.

Savickas, M. L. (2001) Toward a comprehensive theory of career development : Dispositions, concerns, and narratives. In F. Leong & A. Barak (Eds.), *Contemporary models in vocational psychology.* Mahwah, NJ: Erlbaum.

Savickas, M. L. (2005) The theory and practice of career construction. In S.D.Brown & R.W. Lent (Eds.), *Career development and counseling: Putting theory and research to work.* Hvoken, NJ: Wiley.

Savickas, M. L. (2006) *Career Counseling* (Special Treatments for Specific Populations Video Series). Washington, DC: American Psychological Association Press.

Savickas, M. L. (2011) *Career counseling.* Washington DC: American Psychological Association.

Savickas, M. L. (2013) Career construction theory and practice. In S. D. Brown & R. W. Lent (Eds), *Career development and counseling : Putting theory and resarch to work (2nd ed).* pp.147-183 Hoboken, NJ: Wiley.

Super, D. E. (1957) *Psychology of career.* NY: Harper & Row.

あとがき

　ここしばらく，たくさんの方と社会構成主義キャリア・カウンセリングやナラティブ・アプローチ，質的キャリア・アセスメントについて話してみて，気付いたことがあります。心理学の王道を歩いていた研究者の方々からは「難しい」「職人技」と聞くことが多いということです。確かに Gergen などの理論家の著作を読むと「小難しい」「分かりにくい」という感じは伝わってきます。Savickas などの社会構成主義キャリア・カウンセリングの著書も少なくとも前半部分は哲学書のようです。一方でカウンセラーや教育者などの実践家の方々からは「分かりやすい」「ピンと来やすい」「使いやすい」という声を聞くことが多いように思います。私も「分かりやすい」「使いやすい」と思っているうちの1人です。

　この差はいったいどこから来るのでしょうか。私が思うに，研究者からすると質的キャリア・アセスメントは「標準化されていないもの」，即ち「難しい・職人的解釈が必要」ととられるのではないか，実践家からするとこれまで徒手空拳で戦っていたカウンセリングについて「（半）構造化された形式」，即ち整理された感じ，目の前が開けた感じがあるのではないか，と思っています。私自身もこの質的キャリア・アセスメントを取り入れる中で，自分自身のカウンセリングが変わったように感じています（具体的には，簡単に言えば「クライエントのライフ・キャリア・ストーリー（または未来への資源として使えそうなマイクロ・ナラティブ）を探すようになった」ということに収束されてしまうのですが……）。

　本書はたくさんの方々のご協力により完成しました。共著者になっていただいた下村英雄先生，新目真紀先生，五十嵐敦先生，楡野潤先生，高橋浩先生，宗方比佐子先生のほか，福村出版の宮下基幸さんや小川史乃さんにも多大なるご協力をいただきました。またこれら共著者の先生のほか労働政策研究・研修機構の室山晴美先生や関西大学の川崎友嗣先生などにも参考文献を教えていただきました。金城学院大学の宗方比佐子先生には Savickas「キャリア・カウンセリング」の DVD の存在を教えていただきました。本当にありがとうございます。（DVD はアメリカ心理学会（APA）から出されています。詳細はこちらをどうぞ。http://www.apa.org/pubs/videos/4310737.aspx）

ところでこのDVDの中で，Savickasは「人生の一時期に章名をつける」という．本人のキャリア・ストーリー・インタビューの中では触れていない技法を使っています（※注：Savickasをちゃんと追いかけると使っているようですが）。むしろCochranやPeavyが好んで用いている技法です。それを見つけたとき「それ，あなたの技法じゃないじゃん！」と心の中で思ってしまいましたが，この辺りが社会構成主義の実践家の真骨頂だと思っています。即ち，相手の話の流れに合わせて，相手のライフ・キャリア・ストーリーを（どんな方法でも）紡ぎだせればいいのだろうということです（なお同DVDではSavickas先生が師であるSuper先生から学び，Adler先生の影響を受けたことも告白しており，とても面白いDVDに仕上がっています。ご興味のある方はぜひご覧ください。ちなみにアメリカ心理学会ではこうしたカウンセリング関係のDVDを多数制作していますので，ご興味のある方はいろいろ探してみてください。参考になったものがあれば私にもぜひ教えていただければ）。

　学問分野の発展には，情報や意見の共有・交換が欠かせないと思っています。そのためにはまず自分から発信することが大切です。本書と同時期に平木典子先生他監訳のSavickas著『サビカス　キャリア・カウンセリング理論─〈自己構成〉によるライフデザインアプローチ』（福村出版，2015）が刊行されるのも何かのご縁だと思っています。

　本書やSavickasの訳書，また2013年に発刊された『D・E・スーパーの生涯と理論』等をきっかけに，学会発表やシンポジウム等の場で社会構成主義キャリア・カウンセリングやナラティブ・アプローチ，質的キャリア・アセスメントの議論が盛んになることを期待しています。また実はこれら技法は（当然ですが）キャリア・カウンセリングだけでなくカウンセリング一般やスーパービジョンにも拡張して考えることができると思っています。実際，社会構成主義（なり構成主義）を十分に理解してからナラティブ・セラピーやブリーフセラピーの本を読むと，社会構成主義キャリア・カウンセリングとの共通点が見えてきて，理解度が深まることに気づかれるのではないかと思います。今後，キャリア分野だけでない実践家の方々との情報・意見交換を楽しみにしているところです。

　皆さんもぜひ実践・議論にご参加ください。

平成27年5月
秋田県立大学　渡部昌平

編著者プロフィール

(編著者)
渡部 昌平

　秋田県立大学総合科学教育研究センター准教授。国際基督教大学教養学部教育学科卒業（心理学専攻），明星大学大学院人文学研究科心理学専攻修了，修士（心理学）。1996年労働省（当時）入省。札幌公共職業安定所，職業安定局，飯田橋公共職業安定所，職業能力開発局，沖縄労働局等を経て2011年から現職。専門はキャリア教育，キャリア・カウンセリング。主な著書『募集・採用ハンドブック』（社会経済生産性本部生産性労働情報センター，2006），『はじめてのナラティブ／社会構成主義キャリア・カウンセリング―未来志向の新しいカウンセリング論』（川島書店，2016）。

(著者／執筆順)
下村 英雄

　独立行政法人労働政策研究・研修機構キャリア支援部門主任研究員。筑波大学大学院心理学研究科修了，博士（心理学）。主な著書『キャリア教育の心理学―大人は，子どもと若者に何を伝えたいのか』（東海教育研究所，2009），『成人キャリア発達とキャリアガイダンス―成人キャリア・コンサルティングの理論的・実践的・政策的基盤』（労働政策研究・研修機構，2013），『キャリア・コンストラクション　ワークブック―不確かな時代を生き抜くためのキャリア心理学』（共著，金子書房，2013）。

新目 真紀

　職業能力開発総合大学校能力開発院能力開発応用系准教授。早稲田大学国際情報通信研究科修了，博士（工学）。2006年，青山学院大学総合研究所客員研究員を経て，2011年より青山学院大学ヒューマン・イノベーション研究センター客員研究員。2015年から現職。専門は教育工学，社会工学。各種キャリア系学会会員。

五十嵐 敦

　福島大学総合教育研究センター教授（キャリア研究部門）。1992年福島大学教育学部採用後，同人間発達文化学類を経て現在に至る。専門は，職業心理学，キャリア

発達心理学，産業安全衛生など。2002年から労働者健康福祉機構福島産業保健総合支援センター相談員。主な著書『新・青年心理学ハンドブック（29章　職場）』（共著，福村出版，2014）ほか。

梛野 潤

　独立行政法人労働政策研究・研修機構キャリア支援部門主任研究員。1992年，関西大学大学院社会学研究科博士課程後期課程社会心理学専攻単位取得満期退学。専門は職業相談研究。主な論文「職業相談の困難場面における対応方法の研究」（共著，独立行政法人労働政策研究・研修機構ディスカッションペーパー 12-05, 2012），「職業相談の研修研究と実践―認知的タスク分析の手法を取り入れたグループワークの開発」（独立行政法人労働政策研究・研修機構ディスカッションペーパー 15-02, 2015）。

髙橋 浩

　ユースキャリア研究所代表。日本キャリア開発協会顧問。法政大学講師。立正大学大学院心理学研究科博士後期課程単位取得満期退学，博士（心理学）。1987年，弘前大学教育学部を卒業後，日本電気アイシーマイコンシステム株式会社に入社。半導体設計，経営企画，キャリアカウンセリングに従事。その後，キャリアカウンセラーとして独立。主な著書『社会人のための産業・組織心理学入門』（共著，産業能率大学出版部，2013），『新時代のキャリアコンサルティング』（共著，労働政策研究・研修機構，2016）。

宗方 比佐子

　金城学院大学人間科学部教授。名古屋大学大学院教育学研究科博士課程修了。研究テーマは，女性のキャリア発達，大学生の職業選択など。主な著書『女性が学ぶ社会心理学』（共編著，福村出版，1996），『キャリア発達の心理学―仕事・組織・生涯発達』（共編著，川島書店，2002），『経営組織心理学』（共著，ナカニシヤ出版，2008），「構成主義的キャリアカウンセリングの現代的意義と課題」（金城学院大学論集，2012）。

装丁：臼井弘志（公和図書デザイン室）

社会構成主義キャリア・カウンセリングの理論と実践
――ナラティブ、質的アセスメントの活用

2015年7月10日　初版第1刷発行
2017年1月20日　　　第2刷発行

編著者　　渡 部　昌 平
発行者　　石 井　昭 男
発行所　　福村出版株式会社

〒113-0034　東京都文京区湯島2-14-11
電話　03-5812-9702　FAX　03-5812-9705
http://www.fukumura.co.jp

印刷　株式会社文化カラー印刷
製本　本間製本株式会社

©Shohei Watanabe 2015
Printed in Japan
ISBN978-4-571-24056-0
定価はカバーに表示してあります。
乱丁本・落丁本はお取替えいたします。

福村出版◆好評図書

M. L. サビカス 著／日本キャリア開発研究センター 監訳／乙須敏紀 訳
サビカス キャリア・カウンセリング理論
●〈自己構成〉によるライフデザインアプローチ

◎2,800円　ISBN978-4-571-24055-3　C3011

キャリア構成理論の旗手，サビカス初の邦訳。クライエントの人生物語を再構成し，最適な職業選択へと導く。

S. S. ハンセン 著／平木典子・今野能志・平和俊・横山哲夫 監訳／乙須敏紀 訳
キャリア開発と統合的ライフ・プランニング
●不確実な今を生きる6つの重要課題

◎5,000円　ISBN978-4-571-24050-8　C3011

グローバルな変化のなかで，人生というキャリアを追求しているキャリア支援の専門家，実践者，研究者に贈る。

M. R. ゴールドフリード 編／岩壁茂・平木典子・福島哲夫・野末武義・中釜洋子 監訳／門脇陽子・森田由美 訳
変容する臨床家
●現代アメリカを代表するセラピスト16人が語る心理療法統合へのアプローチ

◎5,000円　ISBN978-4-571-24052-2　C3011

著名なセラピストが語る個人史と心理療法統合への変容の軌跡。現代アメリカの心理療法の流れがみえてくる。

J. A. コトラー・J. カールソン 編著／岩壁茂 監訳
ダイニングテーブルのミイラ セラピストが語る奇妙な臨床事例
●セラピストはクライエントから何を学ぶのか

◎3,500円　ISBN978-4-571-24046-1　C3011

信じられない話，奇怪な話，おかしい話，怖い話，心温まる話……，著名なセラピストが経験した印象的な臨床事例。

M. ロシター・M. C. クラーク 編
立田慶裕・岩崎久美子・金藤ふゆ子・佐藤智子・荻野亮吾 訳
成人のナラティヴ学習
●人生の可能性を開くアプローチ

◎2,600円　ISBN978-4-571-10162-5　C3037

人は，なぜ，どのように，語ることを通して学ぶのか。ナラティヴが持つ教育的な意義と実践を明快に説く。

S. B. メリアム 編／立田慶裕・岩崎久美子・金藤ふゆ子・荻野亮吾 訳
成人学習理論の新しい動向
●脳や身体による学習からグローバリゼーションまで

◎2,600円　ISBN978-4-571-10153-3　C3037

生涯にわたる学習を実践する人々に，新たなビジョンを与え，毎日の行動をナビゲートする手引書。

M. G. フローリー＝オーディ・J. E. サーナット 著／最上多美子・亀島信也 監訳
新しいスーパービジョン関係
●パラレルプロセスの魔力

◎4,000円　ISBN978-4-571-24043-0　C3011

どう取り組むかで，心理療法が大きく変わるスーパービジョンを，受ける側と行う側の双方の立場から徹底解説。

◎価格は本体価格です。